CONTES
POPULAIRES
et
LÉGENDES
de
PROVENCE

CONTES POPULAIRES et LÉGENDES de PROVENCE

FRANCE LOISIRS
123, boulevard de Grenelle, Paris

Les textes populaires qui composent ce volume ont été rassemblés par Marie-Thérèse Souverbie.

Édition du Club France Loisirs, Paris,
réalisée avec l'autorisation des Presses de la Renaissance

ISBN 2-7242-7759-7

CONTE-PRÉFACE

LOU SIBLAIRE[1]

Les Provençaux sont de deux sortes : ou taiseux ou causeurs, et chacun excelle en son caractère. Aussi ce garnement de *Jan lou barjacaire*[2] ne faisait pas mentir son surnom. C'était bien le plus bavard d'entre Carcès et Salernes, où, avant tout, le soleil câline les vignobles qui alanguissent la Provence varoise et devrait obliger les gens à se taire. Mais ce Jean-là tenait d'un cep d'ancêtre tout en langue et ne savait rien faire d'autre que de bouger les lèvres.

Or, qui remue de par là consomme pas mal de mots et, parlant pour parler, disant pour dire, ne peut qu'enquereller son entourage. Ainsi donc, malgré ses tout juste seize ans, ce *barjacaire* jetait du venin comme une vieille fille, vierge et rancie. Sa langue était si mauvaise qu'elle eût fait se battre entre elles les pierres du chemin et, même, eût dressé l'une contre l'autre, haineuses, les hautes falaises du Caramy pourtant solidaire-

1. Le siffleur.
2. Bavard et mauvaise langue.

ment blessées de bauxites et abruties sous les torrides cascades solaires.

Aussi se gardait-on d'alimenter sa chaudière à médisances et ne disait-on devant lui que des choses banales, ou rien. Seuls les étrangers, rencontrés sur les routes et séduits par sa faconde, s'en distrayaient et se laissaient aller à lui raconter les travers des gens de chez eux. Propos que le bavard décousait et recousait sur certains du pays, loin de mériter de telles guenilles.

Mais, grâce au ciel, sa notoriété de menteur s'était à la longue infiltrée alentour comme l'huile en trop qui file par-dessus le pressoir et va oindre la plus inaccessible fissure. Personne ne l'aurait cru même si, montrant la lune, il avait prétendu que c'était la lune.

Un midi de franc printemps, alors qu'il braillait à tue-patience tout en allant sur la route de Cotignac, le *barjacaire* aperçut une paire de pieds qui dépassait sous un buisson. Il s'approcha encore plus bruyamment et réveilla le citoyen qui dormait là, à l'ombre, enroulé dans cette vaste houppelande de laine crue, encore en suint, que portent en toutes saisons les bergers gavots, ou, si l'on préfère, ceux du haut pays.

Il s'assit à côté de lui et, sans gêne, se lança à demander d'où il venait, où il allait, ce qu'il faisait et patati, patata.

L'homme s'était redressé du buste et, le dos béquillé par ses bras, coudes en terre, fixait le bavard sans plaisir. Son visage maigre, de grand marcheur solitaire vieilli

Lou cabanoun
Lou retour

d'avance par le grand air, n'incitait guère à la conversation, mais cela n'entrava nullement la curiosité du galopin qui en arriva tout de suite aux ragots.

L'inconnu, qui n'avait d'oreilles que pour le crissement de ses semelles sur les routes et de regards que pour la nature, pensa éloigner le gêneur en se remettant dans son sommeil.

C'était ne pas connaître les bavards. Celui-ci redoubla de mots, si bien que l'autre rouvrit les yeux et, pour s'en débarrasser, avança, avec son dur parler de Provençal d'en-haut, que tout bon curieux se devait d'être meilleur siffleur encore : « ... de la sorte, pensa-t-il, qui est occupé à siffler n'a pas le temps de médire ».

Lui n'était pas bavard mais n'avait pas son pareil pour imiter tous les gazouillements, gloussements, cris et sifflements de la volière céleste, au point qu'on le surnommait *lou siblaire.* Il se leva et se mit à « tirelirer » et à « turluter » vers les quatre horizons, comme alouette à la fête.

L'imitation avait une telle vérité de ton que le *barjacaire* sentit glisser un nœud de stupeur autour de son larynx et qu'il s'en trouva étreint de silence. Mais, lorsqu'il vit arriver, fascinées par les « tirelirements », des douzaines d'alouettes, pourtant méfiantes aux imitateurs et qui se posèrent sur les bras tendus de l'homme, il convint que l'art du sifflement lui manquait et il envia ce don.

À son tour, il voulut les intéresser à sa personne, mais ses appels restèrent vains.

Alors, comme pour mieux le mettre en appétit, le

siblaire contrefit le chant du coucou : « Tou-Pu... Tou-Pu » — là, il faut préciser que l'ouïe des Provençaux n'entend pas « cou-cou » comme les « Franciots » du Nord, mais « Tou-Pu ». Et voilà que ces farouches solitaires qui ne s'éloignent jamais de leur gîte vinrent faire cercle, perchés sur les buissons autour de lui, « touputant » à grandes becquées.

Cette fois, le bavard ne chercha pas à copier, mais supplia le *siblaire* de lui apprendre son secret. L'homme lui ayant demandé de quel oiseau il aimerait pénétrer l'intimité, il choisit les hirondelles sans aucune hésitation et avec une sorte de cupidité.

Après lui avoir enseigné la façon de lancer à la volée leur « cri-cri-Jésus-cri », le *siblaire* fit rapidement virevolter son index comme s'il était soudain ailé, le portant de ses propres lèvres à celles du *barjacaire*, tout en marmonnant des mots étranges.

Dès qu'il eut quitté le *siblaire*, le bavard alla s'essayer face à un pan de falaise où il savait des nids inaccessibles. Il fit à la façon de l'autre, et des hirondelles vinrent aussitôt se percher sur ses épaules, lui trissant à leur tour une manière de politesse, tout comme s'il était vraiment l'une d'entre elles. Il put même en saisir deux et les garder dans ses mains sans qu'elles cherchassent à fuir... Une fière aubaine, pensez ! Plus besoin de fronde ni de gluaux pour les attraper afin de leur ouvrir le ventre et de rechercher la *peiro d'Aroundo*, que, dit-on, certaines y cachent jalousement : cette fameuse pierre d'agate de diverses couleurs qu'achètent très cher les guérisseurs parce qu'elle guérit les maux d'yeux.

Ainsi, grâce au *siblaire*, allait-il pouvoir régner souverainement et s'enrichir du trésor des hirondelles. Et de trisser jusqu'à plus souffle, tout en éventrant avec son canif tant et plus de ces confiants oiseaux qui accouraient sans cesse. Il fit carnage et se couvrit autant de sang que de honte. Sans le *siblaire*, enfin alerté par l'ardeur sauvage des trissements fatals et qui courut l'empêcher de torturer ses victimes renouvelées, il eût, en quelques heures, vidé les parages de toutes leurs hirondelles.

Mais, en lisant la férocité qui brillait dans les yeux du *barjacaire*, l'homme comprit qu'il était pire en siffleur qu'en bavard. Mieux valait, pour sa conscience d'initiateur, mettre fin à cette mauvaise engeance, et porter une plume de remords, plutôt que de rester toute sa vie accablé sous un repentir de plomb.

Pour le désintéresser de la chasse à la pierre d'hirondelle, il lui proposa de l'initier à un appel plus efficace encore : celui qui attirait l'« arc-en-ciel des roches », oiseau rare sécrétant une goutte du « diamant d'oubli », cette ultime panacée valant mille *peiro d'Aroundo*.

Après une dernière et lourde hésitation qui fouetta encore l'impatience du *barjacaire*, il lui montra enfin comment replier la langue en cornet, le bout entre les lèvres, pour « soufflesiffler » comme l'oiseau joaillier. Puis, avant de le quitter sur un regard impitoyable, il lui indiqua un proche éboulis de roc cuisant au soleil.

Le bavard s'y précipita, « soufflesifflant » sans perdre de temps. Mais il eut beau s'appliquer, aucun oiseau arc-en-ciel ne vint à lui. Au bout d'un moment, il pensa qu'il était peut-être préférable de se cacher. Il s'allongea entre deux roches, sous un voile d'ombre, le dos sur des feuilles sèches, et resta là, à pousser l'appel jusqu'à ne plus pouvoir, tout en lorgnant vers le ciel, toujours vide. Mais la chaleur l'assoupit. C'est alors que des lanières de froid se coulèrent lentement par les jambes de son pantalon, les manches et l'échancrure de sa chemise, et se plaquèrent si fortement à sa peau qu'il fut réveillé en sursaut.

Avec horreur, il comprit soudain et ne put maîtriser un hurlement d'homme épouvanté qui désenvoûta aussitôt les horribles visiteuses, leur révélant la méprise qui les avait attirées vers cette présumée femelle, venue s'offrir par le chant du frai de printemps.

Lorsqu'on retrouva *Jan lou barjacaire* on crut d'abord à une mauvaise chute. Puis on accabla l'insolation. Mais, en se penchant, on vit ses yeux ouverts, restés hagards et marqués par l'effroi.

La peau de son visage livide luisait d'une visqueuse suée de terreur et son corps, gonflé d'un œdème généralisé, poché de larges taches noirâtres, était parsemé de brèves glaires laissées par les vipères mâles en même temps que la mort.

Claude SEIGNOLLE

CONTES ÉTRANGES
ET MERVEILLEUX

LA PATTE LUZERNE

La *Patte Luzerne* était un navire qui fréquentait jadis les côtes de Provence. Il était tellement grand que lorsqu'il partait de Toulon, son arrière débouchait à peine de la rade tandis que son beaupré sortait déjà du détroit de Gibraltar. Il avait dans ses vastes flancs des champs de blé, des vignes, des arbres fruitiers de toute espèce et des plantes potagères, tout cela en assez grand nombre pour pouvoir nourrir un nombreux équipage.

Ces champs étaient labourés par des bœufs qu'on employait aussi comme viande de boucherie ; il y avait à bord de la volaille et du gibier.

Les mâts étaient tellement hauts que les mousses qui montaient jusqu'au haut de la mâture et descendaient de l'autre côté avaient la barbe blanche en arrivant sur le pont.

Chaque poulie renfermait une auberge, une brasserie ou un café ; il y en avait même où se trouvaient des maisons de tolérance, afin de permettre aux matelots de ne pas trop s'ennuyer pendant leur long voyage.

Pendant le siège de Rhodes auquel assistait ce navire,

l'équipage se battit vingt-quatre ans sur le gaillard d'avant ; à l'arrière on n'en savait rien et l'on y dansait toujours.

RÉCITS À FAIRE PEUR

On racontait aux enfants dissipés des histoires de diable, de Drac, de Garamaudo, de monstres, d'Esprit fantasti, ou des récits fantastiques naïfs, à morale, tels ceux notés par Guinier pour Malaucène.

La garamaudo, mi-serpent, mi-dragon, avait vingt mètres de long. On en menaçait les enfants pour les empêcher de se rendre aux bords du canal de Marseille (qui passe tout près du village). Cette *garamaudo* se trouvait aussi au fond des puits ; donc il ne fallait pas s'en approcher, on pouvait tomber dans le puits et être dévoré. Même menace pour les enfants qui refusent de laisser peigner leur tignasse (parfois habitée) au peigne fin. On leur disait que, la nuit, les poux formaient une immense chaîne et sortaient les enfants de leur lit pour les traîner jusqu'à la Durance où ils les noyaient.

À Vence, lorsque le vent faisait entendre ses plaintes, on disait aux gosses que c'était la *Mélaudino* (déformation de Mélusine).

On menaçait les enfants désagréables soit de l'Ogre, soit de l'Homme au sac.

L'âne masqué de La Ciotat. — Un soir de dimanche, après avoir longuement godaillé en compagnie, six jeunes gens de La Ciotat rentraient chez eux, vers minuit, lorsqu'en jouant près de l'abattoir communal ils voient, dans un pré, un âne qui avait l'air d'être abandonné, et les regardait avec curiosité. Ils s'approchèrent de lui en riant, et l'un d'eux, voulant plaisanter, lui saute sur le dos. Un camarade imite le premier ; un troisième en fait autant, si bien que tous finissent par se trouver sur la bête dont l'échine s'allongeait à mesure. Mais voilà que bientôt, l'âne se met à marcher, puis à courir, d'abord en trottinant, puis d'une allure plus relevée. Enfin, il alla comme le vent dans la direction du Bec-de-l'Aigle. Arrivés sur le bord de la falaise, les jeunes gens qui avaient cessé de rire, et qui peu à peu avaient pris peur, eurent, d'un commun accord, l'idée de faire le signe de la croix. Ils furent aussitôt jetés par terre et l'âne fantastique disparut en leur criant : « Vous avez bien fait de vous signer, car sans cela, j'allais vous *débausser* (précipiter) du haut du Bec-de-l'Aigle dans la mer. »

Le chien Cambau. — Cet animal était un monstre à faire peur. Il avait, disait-on, trois têtes et trois gueules, comme si une seule ne suffisait pas pour dévorer les enfants pleureurs. Cambau écoutait à la porte de la maison et lorsqu'il entendait les cris et les sanglots du petit mutin, il ouvrait la porte, se jetait sur lui et l'emportait. Il était si méchant et si fort avec ses trois mâchoires qu'il enlevait le pleureur et même sa mère, si celle-ci osait opposer de la résistance.

Morale : *C'est une vilaine chose que de pleurer !*

La Porte Saint-Jean. — On raconte aux enfants que l'énorme rocher situé au quartier des Aréniers à Malaucène et appelé (on ne sait trop pour quelle raison) Porte Saint-Jean, tourne comme sur un pivot et s'ouvre de lui-même, tous les ans, le jour de Noël, à la messe de minuit. Il existe derrière cette solide porte une roche d'or pur et massif tellement considérable qu'elle suffirait à faire la fortune du monde entier. Pour en prendre, il faut être exact et prompt, car la porte s'ouvre au commencement de l'épître, pour se refermer à la fin de l'évangile.

Morale : *L'argent ne se gagne pas en dormant.*

La chèvre damnée. — Une chèvre (à cause de ses mœurs capricieuses et légères, sans doute) avait été condamnée aux enfers ; mais comme elle était fort remuante et tracassière et ne pouvait longtemps tenir en place, elle avait obtenu la permission d'en sortir et d'habiter un antre du fort. Au XIIIe siècle, une femme qui cheminait seule, la nuit, dans les rues de la ville fut rencontrée par la chèvre damnée. Celle-ci la saisit, la conduisit au fond de sa caverne, pour la dévorer, car elle ne se nourrissait que de chair humaine. Sur les supplications de la femme qui ne voulait plus sortir seule après le coucher du soleil, la chèvre lui fit grâce de la vie. Après une détention de plusieurs années, la malheureuse prisonnière profita, pour s'évader, du moment où la bête terrible et cruelle était sortie, à la tombée de la nuit, pour saisir une nouvelle proie. Rentrée dans sa maison, ses parents ne la reconnurent pas, tellement elle avait vieilli par suite de ses privations et souffrances de tout genre.

Morale : *Le soir, il faut rester chez soi.*

Le talisman. — Un jeune homme se promenait un jour, grave et pensif. Ses yeux remarquèrent par hasard sur le chemin un petit caillou à forme régulière, il se baissa, le prit et, sans trop savoir ce qu'il faisait, le mit dans sa poche. C'était un talisman, aux effets subits et merveilleux. En effet, dans un clin d'œil et à son grand étonnement, il se trouva sur le rempart du château, près de la grande tour (appelée Bramafan, à cause des prisonniers condamnés, disait-on, à y mourir de faim), et peu après dans la salle connue sous le nom de chambre mystérieuse. Il voulut alors se rendre compte de la cause de ce transport à travers les airs. Absorbé par ses réflexions, il mit machinalement la main dans sa poche et en tira la pierre qu'il déposa sur un meuble, à côté d'un tas de petites perles. Celles-ci se convertirent aussitôt en autant de grosses pièces d'or, toutes frappées au coin du roi de France. De plus en plus étonné, n'étant déjà plus maître de lui-même, le jeune homme se précipite sur ces richesses inattendues, s'en empare et se hâte de descendre. Bientôt il s'aperçoit que, dans sa précipitation, il a oublié son talisman, source de tant de bonheur. Il s'élance vers le château ; tous ses efforts demeurent inutiles. Les portes en sont si bien fermées qu'il lui est impossible d'y pénétrer de nouveau. « J'ai été indiscret et ingrat », se dit-il. Au fait, il ne put jamais reprendre sa pierre merveilleuse. Il l'avait laissée au château ; elle y est encore. Pour la retrouver, il n'y aurait peut-être qu'à bien chercher.

Morale : *En cherchant on trouve.*

LA POULE INVISIBLE

Il y avait une fois une fille qui, étant restée sans père et sans mère, fut obligée d'aller au village chercher du travail et de passer dans un bois au milieu duquel il y avait une maison que l'on disait habitée par un sorcier. Quand cette fille arriva devant la maison le sorcier était sur la porte et avait dans ses bras une poule blanche qu'il caressait. Le sorcier l'arrêta en demandant où elle allait. Cette fille dit qu'elle était malheureuse et qu'elle allait chercher du travail. Le sorcier lui dit de rester avec lui, d'avoir soin de son ménage et surtout de sa poule blanche, et la fille accepta. Un jour que la fille était à la cuisine, elle entendit une voiture s'arrêter devant la porte. Le sorcier, étant chez lui, descendit, prit la poule blanche dans ses mains et dit à la fille de répondre à celui qui demanderait par qui était habitée la maison qu'elle l'habitait seule. Le sorcier, tout en caressant sa poule, dit : « Nuit devant moi et jour derrière pour que personne ne puisse me voir », et il disparut avec sa poule. Les voyageurs, étant descendus, entrèrent dans la maison et demandèrent à cette fille de les laisser se reposer un peu, car ils étaient fatigués. Un moment après, quand les voyageurs se disposèrent à partir, ils trouvèrent le cocher sur sa voiture, mais tous leurs bagages fouillés et leur argent disparu. Le cocher déclara ne pas avoir quitté la voiture et n'avoir vu personne. Les voyageurs, tristes et étonnés, retournèrent au village. La jeune fille avait vu ce qui s'était passé, et elle avait entendu le sorcier dire : « Nuit devant moi et jour derrière moi pour que l'on ne puisse me voir » ; et, enfin, elle avait vu reparaître le sorcier avec sa poule, le sac d'argent en main, qui lui défendit de parler à personne de ce qu'elle avait vu si elle ne voulait mourir. Un jour que le sorcier était sorti, elle prit la poule dans ses bras et répéta les paroles du sorcier et disparut avec la poule. La jeune fille, après avoir marché longtemps, se trouva devant un fort entouré de soldats et qui était fermé. Comme elle était invisible elle put entendre tout ce que l'on disait. Il y avait dans ce fort un roi et sa fille que l'on voulait mettre à mort à dix heures sonnées. La jeune fille entra dans le fort et déclara au roi et à sa fille qu'ils allaient mourir, mais qu'elle était venue pour les sauver. Elle caressa la poule en lui disant : « Nuit devant moi et jour derrière moi afin que personne ne puisse nous voir. » Elle put partir ainsi avec le roi et sa fille et sortir du fort sans être vus. Les soldats cherchèrent partout le roi et sa fille et ne purent jamais les retrouver.

LES TROIS FILEUSES

Il y avait une pauvre femme qui avait une fille de quinze à seize ans qui était quelque chose de beau à voir, mais qui passait toutes ses journées à la toilette et à la fenêtre pour voir les passants quand, au contraire, sa mère avait besoin de son travail. Ayant essayé de tous les moyens, et les avertissements restant sans effet, un beau jour, la mère prit un bâton et elle frappa et frappa jusqu'à en être lasse. Pendant qu'elle battait sa fille, le fils du roi vint à passer. Il demanda à cette femme pourquoi elle battait ainsi sa fille. « Parce qu'elle travaille tant qu'elle file *jusqu'à la laine des brebis*[1] ! — S'il en est ainsi, dit le fils du roi, donnez-la moi et je verrai si c'est vrai. » Il l'emmena dans son palais, l'enferma dans une chambre où il y avait des vêtements de toute sorte, des pendants d'oreille et des bagues. Il lui laissa un rup (huit kilos) de lin à filer dans la journée et lui fixa l'heure. Elle ne pensait aucunement au lin, mais aux bijoux qu'elle se mit à essayer devant la glace pour voir si cela lui allait bien. À la fin, comme il ne manquait plus que quelques minutes à l'heure fixée, elle se mit à pleurer et à se lamenter. En ce moment, elle vit un paquet de chiffons tomber dans l'âtre et une vieille femme en sortir. Cette vieille femme lui dit : « Ne

1. Locution exprimant une grande ardeur de travail.

t'effraie pas, car je suis venue pour ton bien : je file, et toi, fais l'écheveau. » Au quart d'heure tout le lin était bel et bien filé. Pendant le travail le nez de la vieille s'allongeait. Alors la jeune fille dit à la vieille : « Comment ferai-je pour vous récompenser ? — Moi, je ne veux rien autre chose qu'une invitation au dîner du fils du roi, quand il t'épousera. Il suffit que tu appelles *Coloumbina* et je viendrai ; mais n'oublie pas mon nom, car tu serais perdue ! » Au bout d'un instant le fils du roi arriva, il trouva le lin filé et, tout à fait content, il dit : « Bien, demain tu en fileras deux rups. » Le lendemain, au lieu de filer, elle fit ce qu'elle avait fait le jour précédent, et quand l'heure fut proche elle se mit encore à pleurer. Voilà que de nouveau elle vit tomber des chiffons de la cheminée et en sortir une autre vieille qui agit comme la première. Au bout d'un quart d'heure, le lin étant filé, la vieille dont le nez était devenu deux fois plus long que l'autre, dit à la jeune fille qu'elle ne voulait qu'être invitée au dîner de noces : « Tu appelleras *Coloumbara* ; mais n'oublie pas mon nom, ou gare à toi ! » Le prince arriva et dit à la jeune fille : « Tu as donc tout filé ? — Oui, il y a longtemps que j'ai fini. » Le fils du roi lui donna, pour dernière épreuve, trois rups de lin à filer le lendemain. Les mêmes faits se reproduisirent une troisième fois, et la même demande, suivie de la même recommandation, fut faite par une troisième vieille, appelée *Coloumboun*, dont le nez était devenu aussi long que celui des deux autres ensemble. Le fils du roi, complètement satisfait, dit : « Bien, alors tu seras ma femme. » En attendant, il donna les ordres nécessaires pour la fête et il envoya des cavaliers, de tous côtés, inviter les seigneurs et les nobles. Mais le jour du banquet, au moment de se mettre à table, l'épouse se rappela qu'elle devait inviter les trois vieilles ; mais elle pensa et pensa en vain, elle ne savait plus leurs noms. Elle ne rit plus, ne parla plus et tomba en une mélancolie qui donnait à penser. Le prince lui demanda ce qu'elle avait, il tenta tous les moyens à sa portée pour la faire parler, mais en vain. Il appela tous les plus habiles saltimbanques et les plus drôles farceurs de son pays pour la faire rire : tout fut inutile, de manière qu'il décida de tout renvoyer à un autre jour plus propice. Il alla seul un jour à la chasse ; il fut surpris par l'orage, au milieu de la forêt, et il se mit à l'abri dans une petite cabane. Pendant qu'il était là, il entendit une voix qui appela : « Ô Coloumbina, Coloumbara, Coloumboun, montez la marmite pour faire la polente ; cette maudite épouse devra nous la payer ! » Il se retourna et il aperçut trois vieilles qui avaient un nez monstrueux ; l'un était plus long que l'autre. En retournant chez lui, il se disait : « Tiens, maintenant je sais comment la faire rire ; si elle ne rit pas à présent, elle ne rira vraiment jamais ! » Il l'appela et lui dit : « Écoute, tu vas rire ; aujourd'hui, pour me mettre à l'abri de la pluie, je suis entré dans une cabane : j'ai entendu appeler Coloumbina ! Coloumbara ! Coloumboun ! je me retournai et je vis trois vieilles au nez énorme ; je m'imagine que Coloumbara ! Coloumboun ! Je me retournai et je que le plus long était celui de Coloumboun. » L'épouse eut un éclat de rire de folle et dit au prince : « Commande le repas de mariage ; mais accorde-moi une grâce : puisque ce sont ces vieilles avec leur long nez qui m'ont fait rire, je te prie de les inviter au repas. » Le fils du roi, content d'avoir pu faire rire sa femme, commanda la fête pour le lendemain, et, pour avoir occasion de rire, fit inviter les trois vieilles. De fait, elles vinrent, mais elles furent mises à part autour d'une petite table ronde, assez grande à peine pour placer un plat où elles pouvaient manger toutes trois ensemble, de manière que les nez se rencontraient et se battaient l'un contre l'autre de façon à faire crever de rire. À la fin, le fils du roi leur demanda ce qui avait pu leur procurer un aussi long nez. Coloumbina répondit : « Pour moi, c'est parce que j'ai filé un rup de lin en un quart d'heure. — Pour moi, dit Coloumbara, je l'ai deux fois plus long, parce que j'ai filé deux fois plus dans le même temps. — Et moi, ajouta Coloumboun, je l'ai trois fois plus long, parce que j'ai filé trois fois plus de lin aussi dans un quart d'heure. C'est nous qui avons filé le lin que vous aviez donné à votre femme. Si elle l'avait filé elle aurait maintenant un nez aussi long que nos trois nez réunis. » Le fils du roi, apprenant ces choses, dit aux trois vieilles : « Avez-vous vos instruments à filer ? — Oui, nous les portons toujours avec nous. — Bien, montrez-les ! » Et il les fit brûler aussitôt, parce que, si filer fait venir le nez long, personne ne doit le faire. Quant à moi, je pense que le nez ne devient long qu'à ceux qui cherchent à tromper les autres et qui sont eux-mêmes trompés. En somme il fut fait une noce à tout casser : il y avait trois plats : un poisson frit, une immense omelette, un chat salé ; et moi, j'ai fini de conter.

LE POT DE TERRE

Une vieille sorcière avait un fils qui s'était marié. Tous les soirs, à la même heure, la vieille mère quittait ses enfants, pour aller ils ne savaient où. À la fin, la belle-fille se dit : « Il y a là un mystère que je veux découvrir », et elle se mit à épier sa belle-mère. Un soir, elle l'entendit qui murmurait :

Ougné, Ougné pignatan
Pouarta mé douna é aoutré san ![1]

Dès qu'elle entendit ces paroles elle accourut dans la chambre de sa belle-mère et ne trouva personne. « Elle a disparu ! s'écria-t-elle, disons comme elle, et voyons si je disparaîtrai :

Ougné, Ougné pignatan
Pouarta mé soubré douna é aoutré san ![2] »

1. Oint, oint pot de terre, porte-moi où les autres sont.
2. Oint, oint, pot de terre, porte-moi au-dessus de l'endroit où sont les autres.

Soudain elle fut transportée sur un noyer au-dessous duquel des sorciers et des sorcières tenaient leur sabbat ; sa belle-mère se trouvait parmi eux. Elle se tint bien tranquille et écouta ce qui se disait. Après avoir tenu conseil, le sorcier en chef s'adressa à la vieille sorcière et lui dit : « Demain matin tu te changeras en une grosse racine et tu te placeras sur le chemin de ton fils lorsqu'il se rendra à la campagne ; la mule fera un faux pas et son maître se cassera le cou. » La vieille sorcière ne répondit rien, obligée qu'elle était de faire tout ce qui lui était ordonné. Le sorcier dit encore : « Je veux que le fils du roi meure d'une maladie de langueur, et que dès cet instant ses forces commencent à décliner. — Mais, dit une des sorcières, si l'une de nous voulait le guérir, que faudrait-il faire ? — Cela ne sera pas, répondit le maître. Pourtant je vais vous indiquer le seul remède. » Il énuméra alors une foule d'herbes qui devaient composer ce remède souverain. Un silence se fit. « La séance est levée », cria tout à coup le sorcier et tous de disparaître. La belle-fille restée sur l'arbre se hâta de murmurer les paroles magiques en ajoutant : « Porte-moi dans ma maison avant le retour de la vieille. » Le lendemain elle suivit son mari lorsqu'il alla aux champs : « Tu resteras sur la mule, et moi je la conduirai, dit-elle ; je me charge aussi de la pioche. » L'homme ne comprenait rien à cette conduite ; mais il la laissa faire et la tint pour folle. Tout au long du chemin, elle coupait toutes les racines qu'elle rencontrait. Apercevant enfin une racine plus grosse que les autres, d'un coup de pioche elle la coupa à moitié. La vieille sorcière en eut une jambe cassée. Arrivée à la campagne la femme expliqua tout à son mari et le soir, à leur retour, ils trouvèrent la vieille couchée. « Qu'avez-vous ? », lui dirent-ils, tous les deux. Pas de réponse. Enfin, pressée de questions et comme la douleur augmentait, elle finit par avouer s'être cassé la jambe. « Et comment avez-vous fait cela ? dit la belle-fille. — Tu oses me faire cette question, quand c'est toi qui es la cause de mon mal ? — Ah, j'avais bien raison de me méfier de vous, cria la belle-fille, je sais tout ! Je vous ai imitée, j'étais dans le noyer lorsque vous et vos amis étiez réunis au-dessous. » Peu de jours après, la vieille mourut des suites de sa blessure. Pendant ce temps, l'enfant du roi dépérissait à vue d'œil, les médecins ne pouvaient le guérir. Le roi promettait des richesses à qui trouverait un remède pour guérir son fils. Alors la bru de la sorcière s'en fut dans les champs où elle fit provision des herbes voulues pour composer le remède. Puis, elle se présenta au palais et demanda à soigner l'enfant. Le remède fit son effet. Le roi voulut garder cette femme auprès de lui et lui donna une place dans son palais ainsi qu'à son mari.

JEAN DE L'OURS

Il y avait une fois au pays de Vaucluse une fille nommée Orsane, qui était sans père ni mère, obligée de gagner sa vie. Elle allait dans la forêt cueillir des bouquets au printemps, des fraises en été, des champignons en automne, des glands en hiver et les vendait à la ville pour acheter son pain.

Mais il y a dans les forêts de ce pays une herbe très fine qu'on ne voit pas, c'est *l'herbe d'égarement.* Elle marcha dessus et la voilà perdue car elle y avait appuyé son talon gauche. Elle aurait dû compter treize pas et mettre sa chaussure gauche au pied droit mais elle ne savait pas cela et elle se mit à errer en tous sens toute la journée. À la nuit elle se réfugia dans une caverne pour dormir, étant épuisée de fatigue. Elle fut réveillée par un grognement sonore. C'était un ours énorme, aux yeux luisants dans sa fourrure, qui lui demanda : « Qui es-tu ? Que fais-tu chez moi ? » Elle raconta son histoire en pleurant. L'ours lui dit : « Reste si tu veux mais tiens-toi tranquille sans parler et mange comme moi. »

Elle se contentait très bien de miel et de fruits et elle avait chaud la nuit contre la fourrure de l'ours. Elle se résigna à son sort. L'été suivant, le 24 juin, elle eut un beau petit enfant, c'est pourquoi elle l'appela Jean. Il grandit très vite, luttant avec les louveteaux et les marcassins, toujours le plus fort. Quand il eut douze ans, ne trouvant plus personne capable de lui faire face, il donna un coup de tête à son père. Celui-ci lui donna une bonne correction. Alors Jean ne voulut plus rester dans la forêt et il décida sa mère à partir avec lui, car il savait tous les chemins sans craindre l'herbe d'égarement. Cependant, arriva le jour de la Chandeleur et un beau soleil de renouveau. L'ours, en sortant, aperçut son ombre qui lui fit peur et il rentra pour dormir encore pendant *quarante jours*. Jean en profita pour se libérer. Il partit avec sa mère vers le village pendant le sommeil de l'ours.

Les gens furent bien étonnés de revoir Orsane qu'on croyait dévorée par les loups, et plus encore, un si beau garçon qu'elle ramenait. Elle reprit sa vie dans sa maison et envoya Jean à l'école, mais ses camarades se moquaient de sa grande taille et de son aspect velu et ils l'appelèrent Jean de l'Ours ; Jean se mit à les battre pour se faire respecter. Le maître voulut le gronder, alors il l'assomma et s'enfuit. Les gendarmes le poursuivirent et l'emmenèrent en prison. Orsane pleurait, mais il lui dit en riant : « Prépare-moi la soupe, je la mangerai avec toi. » En effet, à midi, Jean donna un coup d'épaule à la grosse porte cloutée de sa prison et il vint manger à la maison.

Mais il avait soif de liberté. Il embrassa sa mère, prit ses souliers neufs et partit. Au bout d'une semaine, passant devant un forgeron il s'arrêta : « Salut, maître, dit-il, voulez-vous de moi pour travailler ? — Si tu veux, dit le forgeron, entre et bats-moi ce fer pour voir. » Jean posa sa besace, prit la pince, empoigna le marteau et du premier coup enfonça l'enclume dans le sol. — « Ce n'est pas mal, dit le maître, mais comment remonter l'enclume ? » Jean appuya son pied contre la masse de fer et la déracina comme un radis, puis il la porta plus loin d'une main. — Le forgeron choisit les besognes les plus écrasantes à lui confier, mais, chaque soir, il avait rompu tant de barres de fer, éclaté tant de marteaux que le maître voulait le chasser, tant il en avait peur.

Enfin, il lui parla doucement en l'encourageant à visiter le monde. Jean de l'Ours, sans se fâcher, lui demanda la permission de forger tout le fer qu'il avait gaspillé. Il en fit une barre grosse comme une poutre, qui pesait bien six quintaux et sa « canne » sur l'épaule il partit pour Marseille.

Vers le soir, alors qu'il se reposait, il vit passer par trois fois d'énormes pierres à la volée, dans le ciel. Il eut le temps de discerner une meule de moulin. Alors il chercha d'où elles provenaient et, dans la vallée, il aperçut un homme qui se préparait à en lancer encore une. « Voilà de beaux palets ! dit Jean, comment t'appelles-tu ? — Deferre Moulin, répondit l'homme. Je faisais ça pour m'amuser. — Bon, dit Jean de l'Ours, tu me plais, viens avec moi. — Volontiers. » — Et ils partirent. Le lendemain en passant dans une forêt ils virent un bûcheron qui coupait les arbres en deux coups d'une faucille à ramasser l'herbe aux lapins. Il arrachait les chênes et les sapins et en faisait des fagots. Jean de l'Ours enchanté lui cria : « Comment t'appelles-tu ? — Tord-Chêne, répondit l'autre, je gagne ma vie. — Veux-tu venir avec nous ? — Volontiers. » — Et ils partirent tous trois. Le soir ils arrivèrent au pied d'un rocher au sommet duquel se trouvait un château illuminé. Ils demandèrent à une vieille qui gardait sa chèvre : « À qui est ce château ? » Elle répondit : « N'y allez pas. Plus de cent y sont entrés et n'en sont jamais ressortis. »

Jean de l'Ours, toujours intrépide, entraîna ses compagnons et ils escaladèrent le rocher. À leur surprise le château avait les portes grandes ouvertes. Ils pénétrèrent. Toutes les salles étaient complètement vides quoique bien éclairées et luxueuses.

Jean de l'Ours pensa que cette demeure lui conviendrait et ils se couchèrent. Le lendemain au réveil, après une bonne nuit sans incident ils décidèrent de se préparer à manger. Deux d'entre eux iraient à la chasse et le troisième ferait la soupe avec les restes des besaces. Ce serait à tour de rôle. Deferre Moulin s'installa dans la cuisine, le sort l'ayant désigné. Vers midi il décrocha un cor pendu au manteau de la cheminée pour appeler ses compagnons. À peine avait-il gonflé ses joues qu'un bruit de pierres dans la cheminée le fit se retourner. Il vit un petit nain devant lui, tout chétif et tout nu. Il avait la tête d'un chat sauvage. « Que veux-tu ? dit Deferre Moulin. — Je veux manger de la bonne soupe. — Va-t'en, vermine, ou je t'écrase. — C'est bon, dit le nain, gare à toi », et il s'élança sur Deferre Moulin et lui administra une volée de coups d'une petite baguette de coudrier qui étaient si cuisants qu'ils étendirent Deferre Moulin évanoui sur le sol.

Il était tard quand Jean de l'Ours et Tord-Chêne affamés arrivèrent. Ils réveillèrent par leurs cris Deferre Moulin : « Fainéant, pourquoi ne nous as-tu pas appelés ? — J'avais fait une excellente soupe, mais un énorme géant est arrivé qui a voulu la manger. Il a été plus fort que moi et m'a laissé pour mort. »

Le lendemain, c'est Deferre Moulin qui accompagna Jean de l'Ours à la chasse. Tord-Chêne n'appela pas plus que Deferre Moulin n'avait fait la veille. À midi

quand ils eurent trop faim les chasseurs rentrèrent et ils trouvèrent Tord-Chêne étendu sur le sol. Ils lui jetèrent de l'eau froide pour le « revenir ». Enfin remis, Tord-Chêne raconta qu'un géant bien plus gros et grand et furieux que celui de la veille était venu, qu'il l'avait battu à mort pour manger la soupe. Deferre Moulin riait sous cape sachant quel petit nain était ce géant.

« C'est bon, dit Jean de l'Ours, je verrai bien demain de quoi il retourne. »

Les deux compères se réjouissaient au fond d'eux de la raclée que recevrait le fameux Jean de l'Ours.

Le lendemain donc Jean de l'Ours prépara la soupe pour midi. Il saisit alors le cor et sonna si fort que les murailles tremblèrent et que les deux camarades furent saisis d'effroi dans le bois. Ils se hâtèrent de revenir. Pendant ce temps le petit nain et sa baguette se présentaient. Jean de l'Ours éclata de rire devant un tel géant et avec rapidité frappa le crâne de chat d'un grand coup de sa poutre de fer. Mais le petit nain resta intact au milieu des étincelles et frappa plus méchamment encore avec sa baguette. Malgré une douleur extrême, Jean de l'Ours continua à frapper. Enfin il finit par aplatir le petit homme qui demanda grâce et promit de révéler le secret du château.

« Sous la pierre de la cheminée, dit-il, il y a un caveau et au fond du caveau une princesse qui attend qu'on la délivre. »

Sans rien dire de ses intentions, Jean de l'Ours expédia au diable le mauvais nain.

Les camarades arrivèrent, le dîner était prêt. « Tu

n'as donc pas vu le géant ? — Non, je n'ai vu qu'un chétif petit homme que j'ai battu ! vous n'êtes que deux peureux incapables et inutiles. » Ils mangèrent le repas et Jean de l'Ours consentit à garder les deux incapables, pensant qu'ils pourraient tout de même l'aider. Avec sa canne de fer, Jean de l'Ours souleva la dalle de la cheminée. Ils virent un puits noir qui s'enfonçait dans le rocher. On attacha sous les bras de Deferre Moulin une longue et énorme corde mais quand elle fut au bout elle se mit à s'agiter. « Remontez-moi, elle est trop courte », cria Deferre Moulin. On le remonta des profondeurs. Jean de l'Ours voulait ajouter une deuxième corde et le redescendre mais il ne voulut pas dire ce qu'il avait vu. « Vas-y, Tord-Chêne », dit Jean de l'Ours. On attacha la corde deux fois plus longue sous les bras de Tord-Chêne. La descente se passa de même, la corde s'agita et la voix beaucoup plus lointaine de Tord-Chêne supplia qu'on le remonte. Quand il fut hors du puits il était pâle et dit que la princesse lui importait peu, qu'il avait eu trop peur. « N'y va pas », dit-il à Jean de l'Ours. Mais l'intrépide se fit descendre avec une corde trois fois plus longue.

Il toucha enfin le sol dans la nuit noire. Il se détacha de la corde et s'orienta vers une sorte de lueur. Il arriva finalement dans un espace très clair dont la voûte au lieu du ciel était de l'eau. Il y avait beaucoup d'ossements et d'armures brisées sur le sol. Un grand lévrier blanc sculpté dans la pierre gardait ces dépouilles. Comme Jean de l'Ours faisait une prière pour les cent valeureux chevaliers morts, le lévrier de pierre vint lui lécher les mains.

Jean de l'Ours chercha son chemin. Il vit une rivière qu'on traversait sur une planche mouvante très étroite. Avec beaucoup d'adresse Jean de l'Ours arriva à passer, à l'autre bout un dragon se présenta qui crachait du feu. Jean de l'Ours brandit sa poutre et lui cassa les reins, mais il survint un autre dragon qui avait sept têtes. D'un seul coup porté horizontalement les sept têtes voltigèrent, mais des yeux des sept têtes coulait une sorte de lave lumineuse qui allait ensevelir Jean de l'Ours. Vite de la pointe de son épieu il creva les yeux et courut de côté. Alors la mère des dragons arriva sur le bord de ce lac suspendu en place de ciel. Elle avait une robe verte qui traînait dans l'air avec une très longue queue. Elle entortilla Jean de l'Ours dans sa traîne et se mit à remonter. Lui avec son épieu de fer lui troua le ventre. Elle se dégonfla comme un ballon et continua à monter. Alors avec son couteau Jean coupa la queue qui l'entourait et s'y cramponna. Cette queue coupée se tortillait comme une anguille mais elle amena Jean de l'Ours devant une fenêtre où l'on entendait une voix des plus mélodieuses. Jean de l'Ours ne douta pas d'entendre la voix de la princesse, mais comment entrer dans cette maison dont il faisait le tour sans voir d'issue ? Enfin il aperçut une poterne de fer, alors il frappa la queue de toutes ses forces et le petit homme nu et chétif à tête de chat apparut et ouvrit la porte, du moins Jean de l'Ours le croyait, mais le nain se faufila si vite qu'il laissa échapper sa baguette avant de refermer. Jean de l'Ours rassemblant toutes ses forces frappa trois fois la porte de sa barre de fer, le bois, le fer, la pierre éclatèrent, et alors enfin il put se précipiter.

Ce fut un chat plus gros qu'un cheval qui lui apparut, tenant toute la hauteur du passage. Jean l'attaqua avec sa canne de six quintaux, mais le chat ne sentait rien et Jean était sanglant. Enfin la canne éclata en mille morceaux. Se voyant perdu, aveuglé de sang, Jean de l'Ours ramassa à tâtons la baguette de coudrier et, témérairement, en frappa un grand coup sur le chat géant qui tomba raide mort.

La princesse, intriguée par tout ce tapage, sortit de sa retraite, se jeta dans les bras de Jean de l'Ours et l'embrassa.

Jean de l'Ours sous ce baiser s'évanouit de bonheur. Enfin, il se décida après les premiers moments de douceur à sortir de ce puits. Il lia un bâton en travers au bout de la corde pour faire asseoir la princesse. Elle ne voulait pas monter la première et elle avait raison. Jean de l'Ours qui ne voulait pas la laisser au fond aimait mieux la libérer quitte à la perdre pour lui-même. La princesse tendrement donna deux violettes à son fiancé puis elle remonta tirée par Tord-Chêne et Deferre Moulin qui avaient reçu le signal de remontée convenu. Jean de l'Ours se méfiait des deux mauvais compères. Quand ils virent la princesse plus belle que le jour qui souriait au sortir de la cheminée ils se regardèrent en clignant de l'œil. Ils firent semblant de descendre la corde mais pour la remonter ils firent mille contorsions pour laisser croire à la princesse que c'était impossible d'arriver à sortir Jean de l'Ours et d'un commun accord ils lâchèrent la corde. Un bruit sourd monta du fond du puits et la princesse s'évanouit.

Jean de l'Ours qui avait lié une grosse pierre à la corde vit qu'il ne s'était pas trompé sur le compte des deux coquins.

Cependant il fallait sortir de là. Il retourna à la maison de la princesse et regarda le tas d'ossements et pensa qu'il allait peut-être augmenter le nombre des vaillants chevaliers morts et il jeta sur le tas une des violettes. Alors le lévrier de pierre vint lui lécher la main et dit : « Puisque tu as volé une fois, vole une deuxième fois. » Jean de l'Ours sortant de son découragement courut à la queue du dragon. Il s'assit dessus, s'enroula dedans et quand son corps fut bien recouvert il sentit qu'il s'envolait. Il arriva ainsi en haut du puits sous la cheminée.

Hélas, il ne trouva ni la princesse ni les deux faux camarades. Ceux-ci avaient décidé, après s'être bien disputés, de se partager la princesse un jour chacun. Ils l'apitoyèrent sur leur amitié pour le pauvre Jean de l'Ours définitivement mort malgré leurs efforts. Ils avaient droit à une récompense. Ils entraînèrent la princesse comme une prisonnière. Elle pleura bien fort. Elle n'avait aucun plaisir à retourner sur la terre et même à revoir ses parents.

Le roi, son père, terrorisé par l'aspect des deux formidables sauveurs supposés de sa fille, accepta de préparer de belles noces.

Un banquet fut servi dehors car toutes les salles du palais étaient trop petites.

Jean de l'Ours du haut de son tapis volant aperçut du remue-ménage et il descendit en tournoyant sur la table du roi. Il tenait à la main la violette. La princesse, malgré qu'il fût couvert de poussière et de sang, l'avait reconnu et se précipita vers lui. Elle le prit dans ses bras devant tous en disant : « C'est celui-ci mon sauveur. » Les deux vauriens partirent, pris de peur, dans la forêt en arrachant tous les arbres pour se protéger, mais Jean de l'Ours était trop heureux pour leur courir après...

... Et la narratrice du conte termine comme toujours : « Moi j'étais à la noce. J'avais un chapeau de beurre, des souliers de verre et une robe en toile d'araignée, j'avais aussi une sonnette pour sonner din, din din... C'est la fin. »

TERRA-CAMINA

Il y avait un homme et une femme qui avaient déjà un grand nombre d'enfants et ils eurent une fille. Ils ne savaient plus par qui faire faire le baptême. Ils s'adressèrent à une fille qui ne le fit pas avec plaisir ; pour aller faire le baptême elle roula en bas de l'escalier.

« *T'en faiou et t'en refaiou*[1] », dit-elle à cette enfant ; « il faut que tu me fasses rire autant que tu m'as fait pleurer ». Deux ou trois jours après la mère avait la lessive à faire ; elle s'adresse à ses enfants : « Que quelqu'un m'aide ! » La petite dit : « Si vous voulez, moi, j'en suis

1. « Je t'en fais, et je t'en refais », formule d'incantation.

capable ; je ferai ce que je pourrai, donnez-moi quelques objets à porter ou bien le savon. » Elle porta le savon. Tout le monde criait : « *A terra camina*[1] *!* » Deux jours après, sa mère la mit dehors pour qu'elle allât gagner son pain. Cette petite s'en alla frapper à la porte d'un hôtel. Elle était si petite qu'elle n'arrivait point au cordon de la sonnette. Monsieur vint et il ne vit personne. Il prend la lumière et regarde derrière la porte et il voit cette petite fille. Elle lui dit que sa mère l'avait mise dehors et s'il voulait lui donner quelque chose à manger. Tout ce qu'elle se mettait à faire, elle le savait ; on lui donna donc à coudre et elle cousait à merveille.

Dans le pays il y avait un roi qui avait trois enfants et qui ne savait à qui donner la couronne. Il ne savait quelle œuvre leur donner à accomplir et il leur ordonna de lui amener une charretée de fil ; celui qui apporterait le plus beau aurait la couronne. Alors l'un s'en va d'un côté et les autres de l'autre. Le plus jeune des trois s'en vint dans l'hôtel où se trouvait la petite. Il demanda où il pourrait trouver quelque vieille pour lui faire filer le fil et la petite lui dit : « Si vous voulez, moi je vous le file ! » Ils achètent le chanvre et ils le montent dans une chambre. Elle avait défendu que personne vînt pour voir. Elle prit le chanvre et le brûla ; puis elle prit deux boîtes et une cuillerée de cette cendre : « *T'en faiou et t'en refaiou !* Que ce soit le plus beau fil du monde », dit cette petite. Sa marraine lui avait accordé ce don. Le

1. *La terre marche,* devenu son sobriquet. Elle était si petite que la terre semblait marcher quand elle s'avançait.

matin, le fils du roi va charger la charretée de fil. « Prends les deux boîtes et charge la charrette. » Plus on en enlevait, plus il y en avait. Il arrive et c'est le plus beau fil et voilà qu'il gagne la couronne ; mais ses frères n'étaient point satisfaits. Voyant qu'ils n'étaient point satisfaits, le roi dit : « Allez me chercher la plus belle fille. »

Le plus jeune partit et alla au même endroit où il avait trouvé le fil. Quand il fut là il dit à la maîtresse du lieu : « Je ne sais où donner de la tête pour trouver la plus belle fille. » La petite lui répondit : « Vous pouvez m'y mener, moi. » Il fut un peu surpris. Il pensa un moment et ensuite il dit : « Oui, nous partons demain matin, tenez-vous prête ; si je ne gagne la partie, au moins ils riront ! » La petite voulut aller à cheval sur un gros coq. Ils marchent, ils marchent et ils passent une rivière ; il y avait la marraine qui lavait. Cette dernière se mit tant à rire qu'elle dit : « *T'en faiou et t'en refaiou !* Sois la plus belle fille du monde. »

En arrivant au palais, les deux autres filles se regardaient l'une l'autre et les deux autres frères aussi. Ils commencent par se mettre à table. Le père dit : « Je compte sur votre ami, regardez, je crois que la plus belle c'est celle-ci. » Le plus âgé dit : « Non, la plus belle c'est la mienne. » Le second dit la même chose. Alors il fit appeler toutes les dames de la cour pour faire décider cette affaire. Les dames de la cour dirent : « La plus belle c'est le plus jeune qui l'a amenée. » Le plus jeune gagne la couronne.

Après souper le bal commence. Celle-ci dit à son

époux : « Tu vas rire ce soir. » Et elle se met des morceaux de toutes les choses qu'on mangeait dans la poche. Les deux autres la voient. Le bal commence et pendant qu'elle dansait, il lui sortait de la poche toutes sortes de belles choses, des oiseaux d'or et des diamants. Les deux autres se dirent : « Faisons comme elle », et elles se mettent des morceaux de tout dans la poche et elles commencent à danser ; mais il leur tombe de la poche une grosse marmelade, si sale que c'était vergogne. Il y eut une grande risée, et le mariage fait, le fils du roi et Terra-camina ont eu plus d'enfants qu'un balayeur de rues n'a de poux sur la tête.

LE CONTE DE JEAN AVEC LE ROI

Voilà que Jean et sa dame étaient les fermiers du roi, au Revest. Ils avaient dans leurs possessions une vache pour le lait.

Un beau jour, Jean se décide à tuer sa vache pour vendre la peau. Le jour de la foire, il part avec sa peau de vache sur le dos. En cours de route, il passe près d'un endroit où des voleurs qui avaient volé un trésor étaient en train de se partager les pièces d'or. Mais la peau faisait tant de bruit en passant dans les ronces que les voleurs se crurent surpris et qu'ils s'enfuirent abandonnant leur trésor.

Jean, voyant le trésor, resta ébloui. Il en prit tant qu'il pouvait en porter et retourna après avec sa femme pour ramener tout ce qu'il restait encore.

Le jour même, il envoie sa dame au roi pour lui demander un double décalitre. Le roi lui demande à quoi le double décalitre allait servir. La femme lui répond :

— C'est pour mesurer des pièces d'or que mon mari a retirées de la vente de la peau de la vache.

Le roi, malin, pour bien s'en assurer, colle au fond du double décalitre un morceau de poix de cordonnier. Le lendemain, Jean, en allant lui rendre le double décalitre, lui dit :

— Monsieur le roi, si j'étais à votre place, je tuerais toutes les vaches et j'irais les vendre. Vous feriez une fortune colossale ! J'ai vendu la peau de ma vache au prix de mille francs le poil.

Le roi fait immédiatement abattre toutes ses vaches. Et à la prochaine foire, il envoie tous ses valets porter les peaux à vendre. Ils criaient :

— Qui veut acheter des peaux à mille francs le poil ?

Bien entendu, les gens les traitent de fous et les valets s'en retournent avec les peaux sans en avoir vendu une.

Mais Jean, qui savait ce qui allait lui arriver de la part du roi, prend ses précautions. Il envoie sa femme remplir une vessie de sang et il la lui fait placer sur son ventre en lui disant :

— Le roi, en venant, va me chercher dispute. Je lui dirai que c'est toi qui m'as conseillé de lui dire de tuer ses vaches. Alors je te donnerai un coup de couteau pour te tuer ; tu tomberas par terre en faisant la morte et tu feras ce que je te dirai de faire.

Le roi, en arrivant chez Jean, était fou de rage. Mais Jean, de suite, lui dit :

— Monsieur le roi, c'est ma femme qui en est la cause. Pour la punir, je vais la tuer.

Jean se jette sur sa femme avec un couteau à la main et il lui envoie un coup dans le ventre et la tue. Le roi s'excuse en lui disant :

— Jean, tu n'aurais pas dû faire ça ; je t'aurais pardonné.

Mais Jean répond au roi :

— Ça lui servira de leçon pour la prochaine fois.

Alors il va dans son placard, il prend un vieux violon, il va devant sa femme en jouant du violon et lui dit :

— De la part de mon violon, que ma femme dresse un bras !

Elle dresse un bras. Il joue encore du violon et dit :

— De la part de mon violon, que ma femme dresse l'autre bras !

Elle lève l'autre bras. Le roi était *estupéfait.* Jean lui dit :

— Monsieur le roi, laissez-la faire. De la part de mon violon, que ma femme se dresse et vienne m'embrasser !

La femme se dresse et saute dans les bras de son mari. Le roi n'en revenait plus. Le roi s'excuse et lui dit :

— Jean, il faut que tu me vendes ce violon.

Jean lui dit :

— Mais, monsieur le roi, j'y tiens à ce violon, parce qu'il me sert à corriger ma femme.

— Eh bien ! Jean, moi que ma femme est si méchante, il faut que tu me vendes ce violon.

Jean finit par accepter. Le roi s'en retourne à la maison. Sa femme, en le voyant arriver avec le violon, lui demande pour quoi c'est faire. Le roi lui répond :

— Avec cela, ça me servira à te corriger.

Au bout d'un certain temps, ayant eu une discussion avec sa femme, il lui envoie un coup de couteau et la tue. Tous les valets du château se portent auprès de la morte et le roi les écarte en leur disant :

— Vous allez voir qu'elle n'est pas morte.

Le roi va chercher son violon et il se met à gratter dessus en disant :

— De la part de mon violon, que ma femme dresse un bras !

N'ayant aucun résultat, il demande qu'elle dresse l'autre bras. Même résultat. Pour la troisième fois, il dit :

— Que ma femme se dresse et vienne m'embrasser !

Malheureusement, elle était bien morte. Le roi l'avait tuée. Fou de colère, il fait jeter sa femme dans la rivière avec le carrosse du château.

Jean arrive à ce moment-là, et le roi lui dit que son violon n'avait pas répondu comme à lui et que fou de colère il avait jeté sa femme dans la rivière. Mais Jean lui dit :

— Monsieur le roi, allez chercher ce violon ; vous n'avez pas su le faire marcher. Moi je vais sortir votre femme de la rivière.

Mais voyant qu'elle ne remontait pas à la surface, Jean dit au roi :

— Pour moi, elle est rentrée dans le carrosse et elle demande du renfort pour le renflouer.

Et à tour de rôle, le roi envoie tous ses valets au fond de la rivière pour sauver la reine et monter le carrosse. Tous ils se noient.

Jean dit au roi :

— Monsieur le roi, on n'attend plus que vous pour le sortir.

Et le roi, à son tour, se jette dans la rivière. Et, bien entendu, personne n'est remonté.

Voilà la fin du conte de Jean.

LA FÉE

Les temps loin de nous, je veux parler de l'époque où les animaux avaient le don de la parole, étaient des temps heureux, parce que chacun avait une bonne fée qui le tirait d'affaire en de mauvais moments, d'une manière qui nous paraît merveilleuse maintenant ; mais qui, alors, était facile à expliquer.

Dans la ville qui, dans la géographie, se trouve sous le nom de *Valachercher,* vivaient une pauvre vieille et son fils Charlot. Sans provisions pour les mauvais jours de l'hiver, un beau matin, la vieille dit à son fils : « Il est temps que tu apprennes à gagner ta vie, va chercher fortune. »

Le lendemain Charlot partait et marchait, marchait ; puis il donna le vieux morceau de croûte de pain, qui restait encore dans sa poche, à une bonne vieille qui était une fée.

Pour le récompenser de son bon cœur la fée lui fait présent d'une belle petite table de bois précieux, d'un sabre, d'un sifflet, d'un bonnet et lui dit : « Tu allais chercher fortune ? Tu l'as faite ! Tu n'as plus besoin de travailler ni pour toi, ni pour ta mère, parce que la petite table te donnera tout ce dont tu auras besoin ; le sabre, à ton commandement, te défendra de tes ennemis ; le bonnet te donnera une armée ; le sifflet fera ressusciter les morts. »

Charlot, après avoir remercié la fée, retourne chez lui, et sa mère qui le voit arriver : « Comment, mon fils, lui dit-elle, je t'ai dit de ne revenir que lorsque tu aurais fait fortune et te voici ? — Je l'ai faite », répond Charlot, et il raconte tout ce qui lui était arrivé, après avoir recommandé à sa mère de ne jamais parler à personne des dons précieux de la fée.

Les vieilles aiment à parler et la mère de Charlot ne faisait point exception à la loi commune, car, le lendemain, ce n'était plus un secret pour personne que Charlot par les présents de la fée était le plus puissant du monde.

Le roi du pays, dès qu'il sait la rumeur qui courait, envoie des gendarmes chercher Charlot et sa petite table, son sabre, son sifflet et son bonnet.

Heureusement, Charlot était sorti ; la petite table seule se trouvait à la maison ; et, quand Charlot revient et trouve sa mère qui pleure, devinant la vérité, il l'envoie chez le roi sans lui reprocher d'être la cause de tout : « Dis-lui de me rendre ma petite table, sinon il me trouvera demain dans la plaine des Querelles prêt à lui en faire voir des vertes. »

La vieille mère revient bientôt après en s'arrachant les cheveux : « Que t'a-t-il répondu ? » dit Charlot.

— Il m'a fait donner des coups de bâton !

— C'est bien !

Le lendemain, il faisait une magnifique journée et la plaine des Querelles resplendissait du feu des armes, c'était l'armée du roi qui attendait Charlot pour lui faire subir le plus terrible supplice.

Charlot arrive à cinq pas des ennemis, il jette son bonnet en l'air et il est immédiatement environné d'une troupe innombrable ; le roi frémit, la bataille commence : « Va, sabre, fais ton devoir, mais respecte le roi, la reine et sa fille ! » En cinq minutes, de l'armée ennemie il n'existait plus personne.

— O Roi, dit Charlot, me donnes-tu ma petite table ?

— Oui !

— Je veux, en sus, ta fille ; me la donnes-tu ?

— Je ne puis refuser.

— Alors je te rends ton armée.

Le sifflet fait son office ; mais la fée qui lisait dans le cœur du roi avait enlevé une partie de son pouvoir au sifflet miraculeux et, seuls, ceux qui étaient renommés par leur science et leur sagesse revinrent à la vie.

Cinq ans après, le roi étant mort, Charlot régnait.

TRIBORD-AMURE

Or donc cela commence ainsi : le roi avait une fille qui lui fut enlevée pendant la nuit. Il fit dire partout, par le crieur public, que celui qui la lui ramènerait aurait une grande fortune. Il y avait un capitaine de navire qui supposait qu'elle devait avoir été enlevée sur mer et qui voulait aller la chercher. Les matelots ne s'embarquaient point avec plaisir parce qu'ils avaient peur de risquer leur vie. Alors ce capitaine s'en va sur le port et il trouve un homme que l'on appelait *Tribord-amure,* qui était un fainéant et un bon à rien. Et voilà qu'ils partent ayant cet homme à bord comme matelot et ils marchent. Il lui avait dit : « Je ne te donnerai pas beaucoup d'argent, je vais chercher la fille du roi, si nous la trouvons je te donnerai une forte somme. » Ils naviguent six mois peut-être et le capitaine, inquiet de ne rien trouver, voulut se débarrasser de Tribord-amure. Ils le firent descendre dans une chaloupe et l'abandonnèrent. Au prix de grands efforts il finit par aller aborder à un îlot. En s'y promenant il vit une petite trappe et au-dessous un grand vide. Il se dit : « Mourir pour mourir, allons un peu voir ce qu'il y a ici dedans. » Il y trouva la fille du roi qui dit à celui-ci : « Comment avez-vous fait pour arriver jusqu'ici ? J'ai fait de tout pour en sortir et je n'y suis point parvenue. » Il lui répondit : « Je suis allé à la pêche, je me suis perdu et à la belle étoile je me suis trouvé ici. — Vous avez peu de temps à rester parce que c'est un dragon qui m'a enlevée, fuyez ! » Elle lui donna des lignes et lui dit : « Pendant trois heures du jour, le dragon qui m'a enlevée devient une moule. Il vous faut aller à la pêche aux moules, il doit se trouver par là, allez ! Faites attention, préparez-vous quelque chose pour taper parce que lorsque vous l'attraperez il deviendra une colombe. » En pêchant longtemps il finit par saisir la moule. Il se mit à frapper avec l'aviron ; il fit du mal à la colombe, mais il ne parvint pas à la tuer. Cette bête s'enfuit, souleva la trappe et se réfugia auprès de la fille du roi en lui disant qu'elle l'avait trahi : « Ici, dans ma maison quelqu'un est venu, je le sens à l'odeur ! » Au moment où il disait cela, on soulève encore la trappe en haut ; le jeune homme descend et voit que le dragon est malade et il finit de l'assommer ; puis il dit à la fille du roi : « Ce n'est pas le tout, il faut que je te conduise à ton père ; allons à la garde de Dieu, je ne sais si nous pourrons y arriver parce que j'ai un bien petit bateau. » Ils partent et font du chemin ; le temps n'était guère favorable. Ils finirent par découvrir un navire, mais bien loin. Il s'enleva la chemise et la mit au bout d'un bâton. La fille du roi lui fit présent d'un anneau, une alliance avec un diamant qu'elle avait. Il se trouve que ce bateau était le même qui avait abandonné Tribord-amure, avec le même capitaine. Et voilà que le capitaine reconnaît Tribord-amure et il les fait monter à bord avec beaucoup de bonnes manières. Ils étaient déjà bien près du pays où ils devaient aborder. On fit boire ce pauvre diable et on le fit enivrer. Ce capitaine alors dit à la fille du roi : « Il faut que vous me fassiez le plaisir de dire à votre père que c'est moi qui vous ai sauvée et non pas cet ivrogne. » La fille du roi dit qu'elle ne pouvait dire ni oui ni non. En entendant cela le capitaine fut fâché et trouva le moyen d'avoir quelque chose à reprocher à Tribord-amure. Il le fit mettre de nouveau dans le petit bateau pour le perdre ; puis, il file droit et arrive vite au pays ; mais voilà que Tribord-amure dans son petit bateau arrive au même port tout couvert d'algues. Quand ils furent arrivés au port une grande bande de musiciens était là pour attendre la fille du roi. Le capitaine prit le bras de cette fille du roi pour l'accompagner sur la planche ; et Tribord-amure fit le tour de la planche et alla passer devant la fille du roi. Le capitaine reconnut Tribord-amure et se dit : « Je suis perdu, mais quand même, perdu pour perdu, allons de l'avant. » Le roi, content que le capitaine lui eût ramené sa fille, lui dit : « J'ai dit que celui qui me ramènerait ma fille deviendrait son époux ; capitaine, je vous donne ma fille. » Content d'un côté, il était triste de l'autre. On donna un grand repas à l'occasion du mariage de la fille du roi. Ce Tribord-amure s'habilla en vitrier et s'en vint passer devant la cuisine du roi. Il s'y trouvait une vitre cassée. La cuisinière voulut la faire mettre immédiatement, de manière que le roi ne s'en aperçût point. Elle fait entrer ce vitrier pour placer la vitre. On reconnut la bague avec le diamant et on l'invite à monter devant le roi pour s'assurer qu'il était ce qu'il paraissait être. Le dîner était presque terminé et le capitaine racontait ce qu'il avait fait pour sauver la fille du roi. Tribord-amure se met lui aussi à raconter ce qu'il avait fait. Le roi dit : « Faites attention à ce que vous dites parce que je vous fais couper la tête. » Tribord-amure tire l'alliance de sa poche et le mouchoir de la fille du roi. Alors la fille du roi dit : « Oui, ce que dit cet homme est vrai, c'est lui m'a sauvée ! » On prit le capitaine et on le fit brûler dans un baril de goudron et Tribord-amure devint l'époux de la fille du roi.

LE FIN VOLEUR

Il était une fois un homme pauvre ayant trois fils qui habitait une chaumière dans la forêt. Le roi du pays qui chassait souvent allait se reposer chez le bûcheron et, avant de partir, lui donnait toujours une petite somme d'argent. Un jour, les fils aînés dirent : « Père, nous vous sommes à charge, laissez-nous partir, nous apprendrons un métier et nous vous enverrons de l'argent pour vous aider. » Ils s'éloignèrent chacun de son côté. Les années s'écoulaient sans que ni nouvelles ni argent arrivent. Un soir que le père et son plus jeune enfant étaient assis dans la cabane, celui-ci lui dit : « Père, puisque mes frères ne donnent plus signe de vie, c'est qu'ils sont bien, je veux partir aussi. Je ne ferai pas comme eux et je vous enverrai beaucoup d'argent, laissez-moi aller. » Il partit ; chemin faisant, il rencontra une bande de voleurs qui lui demandèrent la bourse ou la vie. « Je n'ai rien à vous donner, leur dit-il, si vous me laissiez la vie sauve, j'irais avec vous et je vous prouverais que je suis plus habile que vous tous ! » On le conduisit au chef qui lui dit : « Tu vas nous en donner la preuve ; tu te rendras sur-le-champ dans le quartier le plus fréquenté de la ville, il y passera un brillant équipage, tu l'assailliras. » Il obéit et, le brillant équipage venant à passer, il se jeta sur la voiture et s'y mit à sauter, puis s'en alla. Le soir, lorsque les voleurs se trouvèrent réunis, le chef lui dit : « Qu'as-tu fait ? — J'ai assailli[1] la voiture et je l'ai arrêtée. — Et l'argent ? — L'argent, vous ne m'avez point dit de le prendre. — C'est ainsi que tu entends ton métier ? Pour cette fois je te pardonne, mais si tu recommençais jamais, gare à toi ! » Alors, il lui commanda d'aller prendre la bourse d'un riche seigneur. Le voleur alla et revint avec la bourse, laissant l'argent. « Où l'as-tu mis ? », dit le chef — « Comme vous m'aviez dit de prendre la bourse, j'ai obéi et laissé l'argent à son maître, n'est-ce pas ce que vous m'aviez commandé ? Une autre fois, expliquez-vous mieux ! » Alors le chef lui dit : « Pour la troisième fois je vais t'essayer ; si tu ne réussis pas, tu es perdu ! » Puis il ajouta : « Tu vas te poster sur le chemin et à la première personne qui passera tu enlèveras la peau, la bourse et

1. Il y a ici un jeu de mots dans le patois entre *asautá*, assaillir, et *sautá*, sauter.

l'argent. » L'autre s'éloigna et fit ce qu'on lui avait ordonné. Le soir il posa sur la table du chef la peau de la personne qu'il avait écorchée, la bourse et l'argent. « À la bonne heure, dit le chef, je suis content de toi et tu fais partie de ma bande ». Et chacun le regarda comme le plus fin des voleurs. Ainsi qu'il l'avait promis à son père il lui envoyait beaucoup d'argent. Le bûcheron fit élever un palais à la place de la misérable cabane. Un jour que le roi alla à la chasse, il fut surpris de voir une pareille maison et demanda le nom du propriétaire. Lorsqu'il le sut il fit venir le père du voleur et lui demanda qui lui avait fourni l'argent nécessaire pour faire construire. « C'est mon plus jeune fils qui me l'envoie ; à vous dire vrai, je ne sais quel métier il fait pour gagner tant. — Eh bien, faites-le venir pour que je le voie, il faut que je lui parle. » Quelques jours après le fils arriva et révéla tout à son père. « Malheureux, qu'as-tu fait, nous sommes perdus ! — Ne vous inquiétez pas, ce n'est pas pour rien que l'on me surnomme le fin voleur. » Il se rendit chez le roi à qui il raconta son histoire. Le roi lui dit : « Je vais vous mettre à l'essai. Après trois épreuves vous serez libre si vous réussissez. Il faut que ce soir vous entriez dans ma chambre et que vous preniez le diamant qui est sur ma commode ; demain matin vous me le présenterez. » Le roi fit fermer toutes les portes du palais et mit des gardes à l'entour. Notre voleur passant derrière le palais vit qu'on avait oublié de fermer une porte de service. Il entra et à force d'adresse il parvint jusqu'à la chambre du roi, où il entra, prit le diamant et s'enfuit. Le lendemain il le porta au prince étonné. « C'est bien, dit-il, voici la seconde épreuve : il faut que vous vous empariez du sceau royal qui est dans la bibliothèque, demain matin vous me l'apporterez. » Toutes sortes de précautions furent prises, les gardes doublées ; mais le voleur, ayant observé que la même porte était ouverte, put s'emparer du sceau et le porter au roi le lendemain. Tant d'adresse étonnait le roi : « C'est vraiment un voleur rusé, il faut nous en débarrasser à tout prix ! » Il lui dit : « Voici votre dernière épreuve : il faut que ce soir vous alliez enlever le coussin de dessous la tête de ma femme, pendant que je serai là. Si vous ne réussissez pas, je vous fais trancher la tête. » Le voleur s'en retourna, se demandant comment il pouvait faire. Puis, il fabriqua un homme de paille et lui mit ses vêtements. Le soir venu, il alla l'appuyer contre une planche sur une échelle, en face du palais. Tout était fermé, les gardes faisaient la ronde et pas le moindre vestige de passage. Alors, il prit un sifflet et siffla plusieurs fois, donnant ainsi l'alarme. Les gardes accoururent aussitôt, et voyant un homme sur une échelle crièrent : « Au voleur ! » Des coups de fusil se firent entendre et l'homme tomba sur le pavé. Pendant que les gens du roi criaient : « Nous l'avons, nous l'avons ! » le roi descendit, laissant la porte ouverte. Au milieu de tout ce tapage le rusé voleur monta au plus vite dans la chambre du roi, s'approcha du lit de la princesse et lui prit le coussin ; puis, il descendit, plus vite encore qu'il n'était monté, et retourna chez lui, se disant : je suis sauvé ! On s'aperçut bientôt du piège. Lorsque le roi monta chez lui, la reine lui dit : « D'où vient que tu as enlevé mon coussin tout à l'heure ? » Alors le roi devina ce qui s'était passé et l'expliqua à sa femme. Le lendemain il fit venir le voleur et lui dit : « Je vois que vous êtes vraiment le fin voleur (*ou ladrou fin*). Partez de mon pays, je vous laisse la vie, ainsi que je vous l'ai promis ; allez vous faire pendre ailleurs. » Le voleur ne se le fit pas dire deux fois, partit et devint riche, si riche qu'il épousa une belle princesse et qu'il abandonna son triste métier.

CORPS SANS ÂME

Il y avait une veuve qui avait un fils unique de treize à quatorze ans du nom de Giouanin. Ce garçon qui, du reste, aurait été beau, était toujours sale comme un rétameur de casseroles et se tenait dans un coin. Il arriva qu'une fois un pèlerin dit à cette veuve : « Pourquoi ce garçon se tient-il toujours si sale ? Pourquoi ne va-t-il pas chercher son pain et se faire homme ? » Il en dit tant qu'à peine ce pèlerin fut parti, Giouanin dit à sa mère : « Je veux aller courir le monde. — Qu'iras-tu faire à travers le monde ? Ne vois-tu pas que tu es trop petit ? Quand tu seras capable de renverser le pin qui est derrière la maison en le poussant avec les pieds, alors tu partiras. » Tous les matins, dès qu'il était levé, Giouanin allait essayer et faisait des efforts inouïs. Enfin, un beau matin il réussit à jeter l'arbre, les racines en l'air. Aussitôt il courut à sa mère qui lui dit : « Maintenant, mon fils, tu peux aller où tu veux. » Il fit ses adieux à sa mère et il partit ; il marcha et il marcha. Après plusieurs jours il arriva dans la ville où demeurait le roi et il entendit dire que le roi avait un très beau cheval que personne ne pouvait dompter. Giouanin fit dire au roi qu'il se sentait de force à lui dompter le cheval Roundelou. Il fut de suite appelé et conduit à l'étable. Il s'approcha du cheval, il l'appela, le caressa ; puis, il sauta dessus en le détachant et il le conduisit dehors, le tournant vers le soleil, parce qu'il s'était aperçu que le cheval avait peur de son ombre ; il l'étreignit des genoux, tira sur la bride et le laissa partir... Au bout d'un quart d'heure, Roundelou était bel et bien dompté. Mais personne d'autre ne pouvait le monter ; avec Giouanin seul il était paisible comme un agneau. Depuis ce jour-là le roi voulut tant de bien à Giouanin que les autres serviteurs commencèrent à lui porter envie. Alors ils se mirent d'accord pour le perdre et ils dirent au roi que Giouanin se vantait publiquement d'être capable de délivrer sa fille des mains du sorcier *Corps sans âme*. Il eut beau s'excuser, le roi pour toute réponse lui dit : « Ou tu me la délivres, ou je te fais couper la tête ! » Giouanin se retira tout malheureux et s'en fut à l'écurie où Roundelou lui dit : « Comment se fait-il que tu sois si mélancolique ? » Giouanin raconta le fait et Roundelou lui répondit : « Comment, c'est pour cela ? Va, n'aie peur de rien ; dis seulement au roi qu'il te donne le sabre rouillé qui est derrière la porte. » Ainsi encouragé par Roundelou, Giouanin se fit donner le sabre et partit content. Après avoir fait un bon morceau de chemin, se trouvant dans un bois, il vit un lion qui l'appela. Giouanin se mit à trembler de peur ; mais pensant qu'il était inutile de fuir, il prit courage et s'avança pour lui demander ce qu'il voulait. Quand il fut près, le lion lui dit : « Giouanin, tu vois que nous sommes ici, moi, un chien, un aigle et une fourmi ; nous avons cet âne mort à partager ; tu as le sabre, fais notre part à chacun ! » Giouanin coupa la tête de l'âne et la donna à la fourmi, lui disant : « Voici une tanière et de quoi manger tant que tu veux. » Il coupa les jambes et les donna au chien, lui disant : « Voici de quoi ronger tant que tu veux ! » Il arracha les boyaux et les donna à l'aigle, lui disant : « Voici de quoi manger, tu peux tout porter sur les arbres que tu choisis ! » Tout le reste il le donna au lion, comme étant le plus gros des quatre, et s'en alla. Il était déjà loin qu'il s'entendit appeler ; avec la peur de ne pas avoir fait les parts justes, il retourna en arrière, mais le lion lui dit : « Tu nous as bien servis et nous ne t'avons rien donné en reconnaissance. Voici une de mes griffes, quand tu te la mettras tu deviendras un lion plus féroce que tout au monde. » Et le chien : « Voici une de mes moustaches, quand tu te la mettras tu deviendras le chien le plus agile qu'on ait jamais vu. » Et l'aigle : « Voici une plume de mes ailes, tu peux devenir l'aigle le plus gros et le plus puissant des airs. » Et la fourmi : « Et moi, je te donne une de mes petites jambes, quand tu te la mettras tu deviendras une fourmi tellement petite qu'on ne pourra la voir. » Giouanin prit tout, remercia et s'en alla. Quand il fut arrivé hors de vue, et comme il n'était pas sûr qu'on ne se fût moqué de lui, il fit l'essai et trouvant que c'était vrai, il s'en fut en avant tout content. Arrivé hors du bois, et sur le bord d'un lac, il vit là, tout au milieu, le château du sorcier. Il se transforma en aigle et il vola et se posa sur le bord d'une fenêtre fermée ; il se changea en fourmi et pénétra par une fissure, dans une belle chambre, sous la jupe de la fille du roi ; il s'ôta la jambette et se levant il fit faire une cabriole à la princesse. Elle s'effraya mais Giouanin lui dit : « N'aie pas peur ! Je suis venu pour te délivrer ; il faut te faire dire par le sorcier ce qu'il faut pour le tuer. » La princesse dit : « Il est heureux que, dans ce moment, il ne soit pas ici, car il te mangerait ; mais quand il arrivera laisse-moi faire ; maintenant, entre dans cette chambre et demeure coi. » Peu après le sorcier arriva et dit : « Je sens l'odeur de chrétien ! » Et la princesse dit : « Qui veux-tu que ce soit ? C'est moi ; tu sens l'odeur parce que tu es absent depuis plusieurs jours ! » Et elle le caressa et le fit asseoir près d'elle. Elle lui fit mettre la tête sur ses genoux et après beaucoup de choses elle finit par lui dire : « Tu vois, je t'aime bien ; mais tu sais aussi que je suis curieuse ; eh bien, contente-moi, une fois, et dis-moi comment il faut faire pour te tuer ? Tu ne dois rien craindre puisque, corps sans âme, tu ne dois point pouvoir mourir ; or, je suis bien contente de cela, car je n'ai pas à craindre que tu me laisses. » Le sorcier lui répondit : « Je te le dirai, car tu ne peux me trahir. Pour me tuer il faut qu'il se trouve un lion qui mette à mort un lion noir qui est dans le bois ; le lion tué, il en sortira un chien, et il faut qu'il se trouve un autre chien qui tue le premier. De ce chien sortira un aigle, si un autre aigle le tue et lui enlève l'œuf qui se trouve à l'intérieur et brise cet œuf sur mon front, je suis bel et bien mort ; cela te paraît-il facile ? » Pendant ce temps Giouanin, qui avait tout entendu, changé en fourmi, sortit de l'habitation ; changé en aigle, il vola dans la forêt où il se changea en lion. Il ne fut pas longtemps à trouver le lion noir, il l'attaqua et le tua ; il en sortit le chien, il se changea en chien, l'attrapa et le tua ; il en sortit l'aigle, il se changea en aigle, le poursuivit, le tua et en retira l'œuf, et retourna au château. Le sorcier s'était mis au lit et se sentait de plus en plus malade. Giouanin, en arrivant, trouva la princesse toute contente et il lui donna l'œuf en disant : « Maintenant c'est à toi d'agir. » La princesse lui répondit : « Comment as-tu fait ? — Peu importe, va ! » Elle entra dans la chambre du sorcier qui lui demanda une tasse de bouillon en lui disant : « Quelqu'un m'a trahi, je sens que tout est fini pour moi ! » Elle le consola, apporta le bouillon et, pendant qu'il buvait, elle lui brisa l'œuf sur le front ! Le sorcier était mort. La princesse et Giouanin, contents et heureux, ouvrirent toutes les fenêtres du château. Ils virent une barque de pêcheurs qui s'approcha et ils appelèrent en faisant des signaux indiquant aux pêcheurs que le sorcier était mort. Puis, ils s'embarquèrent avec les trésors du sorcier pour retourner à la cour du roi. Les pêcheurs, apprenant que c'était la fille du roi que Giouanin avait sauvée, pensèrent qu'ils pouvaient le faire mourir et dire que c'étaient eux qui avaient tué le sorcier. L'un d'eux dit à Giouanin : « Regarde quels beaux poissons ! » Et pendant qu'il regardait, d'une poussée de la main, il le jeta à l'eau ; puis il dit à la princesse : « Tu vois qu'il est perdu et noyé ; je veux que tu dises que c'est nous qui t'avons délivrée ou ta fin est résolue. » Quoique de mauvais gré, elle promit ce qu'on voulait. Arrivés au palais, le roi ordonna un grand festin pour célébrer le mariage de sa fille avec un des pêcheurs ; mais Giouanin, après avoir bien nagé, avait mis les pieds hors de l'eau, avait fait sécher la plume de l'aigle, se l'était mise et enfin était venu se poser sur une des fenêtres du palais. Il apparut dans la salle du festin. À peine la princesse, qui était aux côtés du pêcheur, l'eut-elle vu qu'elle lui sauta au cou en s'écriant : « C'est lui qui m'a délivrée ; celui-là l'a jeté à l'eau pour le noyer et voulait me tuer si je te le disais ! » Le roi fit aussitôt pendre les pêcheurs et donna sa fille à Giouanin. Il fut fait un grand repas de noces ; quant à moi, ils m'ont jeté un os que j'ai encore au genou.

LA FONTAINE DES DEUX LIONS

Il y avait une fois, dans un vieux manoir, trois jouvenceaux qui se désolaient auprès de leur père qui allait rendre les derniers soupirs. « Ne pleurez pas, leur disait le pauvre moribond, si ma vie est achevée, et si je n'ai plus qu'un moment à demeurer avec vous, ne me le rendez pas plus triste par vos pleurs » ; mais le cœur plein d'amertume, les yeux baignés de larmes, ils étaient là et rien ne pouvait les consoler. La mort tenait de sa main de squelette son horrible faux, jamais ébréchée ; elle l'élève pour trancher le fil des jours du bon vieillard...

— Pan ! pan ! qui frappe à la porte à cette heure ?

On ouvre, une vieille femme revêtue d'une robe noire parsemée d'étoiles d'argent s'approche ; de sa tête descendaient deux rubans bleus au milieu de ses cheveux blancs ; sur son front, couleur de parchemin, un croissant comme celui de la lune élevait ses pointes.

— Je suis, dit-elle, la Reine des fées, et si vous m'écoutez, je vous retirerai de l'anxiété qui vous tourmente.

À ces paroles les trois jouvenceaux reprennent espoir, ils aimaient tant leur père que leur plus grand bonheur aurait été de le sauver. Ils avaient assez de confiance dans cette fée, car elle était bienfaisante, et, dans sa grotte, ils lui avaient souvent apporté ou le chevreau enlevé à la mamelle, ou la branche remplie de ses fruits.

— Je vous enseignerai, continua-t-elle, le seul remède qu'il y ait ; il faut aller chercher un flacon d'eau à la fontaine des deux Lions ; je ne veux pas vous laisser ignorer que c'est très dangereux, tous ceux qui jusqu'à présent y sont allés n'en sont pas revenus.

— J'irai, s'écrient ensemble les trois jouvenceaux.

— Ce n'est pas nécessaire, tous trois ; alors voici ce qui peut se faire.

Matelot provençal (1837).

De la fenêtre, la vue s'étendait sur un lac qui baignait le pied de la montagne voisine ; un vol de pluviers le traversait à quelques mètres de hauteur.

— Voyez, dit la Reine des fées, l'oiseau qui se pose sur le frêne vis-à-vis sur l'autre rivage ; celui qui en approchera le plus avec une flèche ira chercher l'eau bienfaisante.

Chacun assurément aurait voulu gagner un tel prix.

Vite on détache l'arc qu'un clou d'airain retenait à la cheminée. L'aîné met la main dans le carquois de noyer et en tire une flèche pointue et barbelée ; autant que faire se peut la corde est tendue, et le trait va tomber dans le miroir du lac ; la flèche du second passe sans atteindre le but ; le plus jeune enfonce la sienne dans la ramée, et l'oiseau effrayé gagne le haut des airs.

La Reine des fées lui dit : « Puisque le sort te désigne, écoute, mon beau, tu prendras cette écharpe, tu iras au travers du bois d'Enfer au fond duquel est la fontaine ; tu verras un bœuf paître dans l'éclaircie, tu le tueras et tu en prendras quatre morceaux que tu jetteras aux deux plus féroces animaux que la terre ait portés : jette-leur-en deux en allant et deux en revenant. Si tu trembles, tu es perdu ; si tu t'arrêtes, les lions voraces t'achèveront d'un coup de dent. »

Cela va bien ; notre héros de l'amour filial part joyeux comme s'il allait à des noces. Il passe dans la forêt sombre, épaisse ; d'abord un silence de mort dominait le royaume sauvage des deux lions. Il n'est pas plutôt entré dans le bois qu'un mistral épouvantable tourbillonne et mugit ; vous diriez une centaine de démons en plein sabbat. Que voulez-vous, tout de même, il y avait de quoi décourager le plus intrépide. Et peut-être, s'il n'avait pas eu la pensée de son père mourant, avec tout son courage, je crois qu'il se serait vite enfui.

Cependant il trouve le bœuf, l'assomme et en tire quatre parts ; il se dirige ensuite vers la fontaine mystérieuse ; dès qu'il paraît, les deux lions rugissent à faire trembler, ils tirent une langue de feu au milieu de deux rangées de crocs effrayants, des éclairs livides jaillissent de leurs yeux, et leurs queues battent les flancs qui retentissent. Au moment où leurs énormes pattes d'acier frappent la roche nue pour s'élancer et sauter sur le jouvenceau, *zóu !* il jette à chacun le quartier qu'il dévore ; pendant ce temps il emplit sa fiole dans la source, qui jaillit entre la menthe et la violette ; en partant il lance encore les deux autres quartiers.

Il eut de la peine à s'éloigner en emportant la fiole salutaire dans l'écharpe merveilleuse. Après avoir dépassé le milieu de la forêt, l'orage s'apaise, le bois suave exhale des parfums, les oiseaux font entendre mille et mille ramages, la lumière brille de toute part, et il trouve, à la lisière, Fée-marraine qui lui sourit et l'accompagne à sa demeure. Ses parents étaient impatients de le revoir ; ils comptaient les heures...

Quelle joie quand il embrassa son père et qu'il fit couler l'eau enchantée ! Le vieux malade revint vite à la santé, et tous deux de remercier la Reine des fées et de louer le grand cœur du jouvenceau.

PEQUELETOU

Une femme faisait, un jour, cuire des fèves dans un grand chaudron. Une mendiante se présenta à sa porte et lui demanda l'aumône : « Je ne puis rien vous donner étant très pauvre moi-même. — Pas autant que moi ! répondit l'autre. — Puisque vous avez quelque chose à cuire, donnez-moi un peu de ce qui est dans le chaudron, car je meurs de faim. — Ce sont des fèves, si je vous en donne une assiettée, ce sera autant de moins pour moi ! » Alors la mendiante lui dit : « Eh bien, qu'elles deviennent autant d'enfants ! » et elle s'en alla. Le feu s'éteignit et il sortit du chaudron autant d'enfants qu'il y avait de fèves, tout petits, qui se réunirent autour de la femme en criant : « Mère, mère, nous avons faim ! — Mon mari me tuera s'il voit toute cette bande ; mais je vais m'en débarrasser », se dit la femme. Elle prit un couteau, les saisit l'un après l'autre, leur coupa la tête d'un coup et les jeta loin. Quelques-uns eurent beau chercher à se sauver et à se cacher dans des caisses, des trous ou des tiroirs, ou derrière le balai, ils furent pris et eurent la tête tranchée. Lorsque la femme crut qu'il n'en restait plus, elle s'occupa de faire une tourte. Tout en travaillant, elle s'écria : « Si j'en avais gardé un, il m'aiderait maintenant. Je l'enverrais porter le dîner à son père. » Une petite voix se fit entendre qui dit : « Mère, ne vous tourmentez pas, il en reste un ! — Où es-tu ? Viens ! — Non pas, répliqua la petite voix, j'ai peur. Quand vous aurez tout préparé, je viendrai ; mais pas avant. » Lorsque la tourte fut prête, la femme en fit deux parts qu'elle mit dans deux paniers avec deux bouteilles de vin ; puis elle dit : « Viens, maintenant. » Du trou de la serrure elle vit sortir un petit bonhomme gros comme une fève qui dit : « Mère, vous m'appellerez Pequeletou et vous serez contente de moi. » Alors, elle lui donna les deux paniers en disant : « Celui où il y a la bouteille de vin blanc est pour ton père, l'autre pour toi » ; et, après s'être fait indiquer le chemin, Pequeletou partit. Après avoir beaucoup marché il trouva un petit ruisseau. « Comment ferai-je pour passer ? » se dit-il. Alors il vit un pâtre auquel il dit : « Beau pâtre, faites-moi passer le torrent, je vous donnerai un verre de bon vin blanc ! — Qui parle ? dit le berger, je ne vois personne. — Me comptez-vous pour rien », répliqua la même voix. Il s'avança et crut voir deux paniers qui marchaient tout seuls. « Que celui qui veut passer se fasse voir », cria le berger. Pequeletou monta sur le panier pour se faire voir et le berger le mit de l'autre côté du ruisseau. Avant d'arriver chez son père, la même chose lui arriva deux fois. Près d'arriver il trouva devant lui un tas de pierres. « Jamais je ne pourrai passer », se dit Pequeletou, et il se mit à crier : « Ohé ! mon père, venez me prendre. — Qui m'appelle, dit l'homme, je n'ai pas d'enfants. — Vous en avez un, venez me chercher. » L'homme vint et vit les deux paniers : « Où est donc l'enfant ? — Regardez bien et vous me verrez ! » Le père le vit enfin et se fit tout raconter. « Père, dit ensuite l'enfant, allez prendre votre repas, je surveillerai si aucun voleur n'arrive » ; et il alla se mettre dans un petit trou du mur. Quelques instants après, il survint trois brigands : « Emportons ces instruments de labour », dit l'un deux ; mais aussitôt Pequeletou se mit à crier : « Père, ô père, il y a des voleurs ! » Ceux-ci regardèrent de gauche à droite et, ne voyant personne, dirent : « Qui peut nous surveiller ? » La voix criait toujours : « Père, ô père, il y a des voleurs ! — Attendons, dirent les hommes, et nous verrons. » Bientôt après le père de Pequeletou arriva et ils lui demandèrent qui était leur surveillant. Le père leur répondit en montrant le trou du mur où était son fils. « Cédez-le-nous pour quelques jours et vous deviendrez riche. » Pequeletou fut obligé de partir avec eux. Chemin faisant ils lui dirent : « Nous allons voler une vache dans l'étable que tu vois là ; et, comme tu es tout petit, c'est toi qui feras l'affaire. » Arrivés à l'étable, Pequeletou entra par le trou de la serrure et de là, cria : « Il y a des bœufs et des vaches, que faut-il prendre ? » Comme il répétait toujours ces mots le maître de la maison entendit et s'écria : « Aux voleurs ! Aux voleurs ! » Les trois hommes s'enfuirent, laissant Pequeletou à la merci du propriétaire. Ce dernier ne vit personne mais la voix disait toujours : « Que faut-il que je prenne, un bœuf ou une vache ? » Comme la voix venait de la serrure le maître avança sa lumière pour y regarder : « Vous allez me brûler, dit la même voix, si vous avancez encore la lumière ! » Alors Pequeletou sortit de sa cachette et alla se réfugier dans la mangeoire des vaches et l'une d'elles, le prenant pour une fève, l'avala. Pendant ce temps le propriétaire entra, fit le tour de l'étable et ne trouva personne. Cependant une voix criait toujours : « Que faut-il prendre, un bœuf ou une vache ? — Je ne comprends rien à tout ceci, dit le fermier ; mais il me semble que la voix vient de l'estomac de cette vache ; tuons-la et nous verrons après. » On ne vit rien, mais on entendait toujours la voix qui répétait les mêmes mots. En dépeçant la vache on en laissa un morceau hors de l'étable. Un loup vint à passer qui avala le tout et Pequeletou avec. Pendant que le loup marchait, Pequeletou criait : « Sus au loup ! Sus au loup ! » Et ce dernier marchait sans jamais s'arrêter croyant que quelqu'un était à sa poursuite. À force de marcher le loup tomba épuisé de fatigue et mourut. Pequeletou sortit alors de sa cachette et s'en alla, courant à toutes jambes auprès de ses parents à qui il raconta ses aventures, leur faisant promettre que jamais plus ils ne l'abandonneraient ni ne le céderaient à personne.

L'ANIMAL À SEPT TÊTES

En ce temps-là, très loin de nous, il existait quelque part dans la Haute-Provence une bête affreuse, une espèce de serpent mi-lézard à sept têtes qui désolait la contrée par toutes sortes de méfaits abominables.

Elle gîtait dans une caverne profonde, au milieu de ses propres ordures qui empuantissaient les alentours, à tel point que personne ne pouvait s'approcher de son repaire.

Elle s'en prenait surtout à la jeunesse du pays, qu'elle dévorait sans pitié.

Il ne restait plus que la fille du Roi, belle demoiselle de vingt ans. Jusqu'ici la bête l'avait épargnée, mais, depuis quelque temps, l'animal à sept têtes la réclamait pour apaiser sa soif de sang et de carnage.

La pauvre Princesse se savait perdue, et se préparait, en ce beau dimanche de printemps au dernier sacrifice.

Ses parents, le Roi et la Reine étaient désolés, ils n'avaient que cette fille, belle parmi les plus belles, et florissante de santé. Tout le pays avec eux était en larmes, nul ne pouvait se résigner au malheur qui se préparait. Aussi, c'est en pleurant et en gémissant que chacun mettait la main aux derniers préparatifs de la procession qui devait conduire à la mort la belle Princesse.

Les cloches sonnaient le tocsin, la procession s'acheminait lentement vers la bête sauvage, lorsque vint à passer un beau chevalier monté sur un fougueux coursier, accompagné de deux superbes chiens qui répondaient aux noms de *Macho Ferro* et *Briso Mountagno.*

Surpris de voir ce spectacle plein de désolation, il s'enquit aussitôt quel en était le motif auprès d'une vieille femme qui passait par là.

— Ah ! Seigneur, lui dit-elle, c'est cet animal à sept têtes qui est la cause de tout cela, il a dévoré toute notre jeunesse sans que jamais personne ait pu le tuer pour nous en débarrasser. Aujourd'hui, c'est au tour de notre Princesse qui va être dévorée sans pitié.

— Si ce n'est que cela, lui répondit le chevalier, indiquez-moi où se trouve le gîte de cette bête abominable, et je me charge de vous en débarrasser.

Ainsi fut fait. Au fur et à mesure que le chevalier avançait vers la tanière de la bête, l'odeur nauséabonde qui s'en dégageait faillit le faire reculer plusieurs fois. Enfin, il arriva tout près de la caverne ; la bête abominable était là, le regardant venir.

— Insensé ! lui cria-t-elle, tu seras dévoré comme les autres !

— Pas si fou que ça ! répondit-il, et il lança son cheval au triple galop, lui fit faire un large détour, et suivi de ses chiens qui jappaient à la mort, il arriva sur la bête à bride abattue. D'un coup d'épée il fit sauter une tête.

C'est en vain que la bête cherchait à se défendre, essayant de se saisir des chiens. Le cheval, solidement monté par son cavalier, était insaisissable. En peu de temps les sept têtes volèrent et c'en fut fini de la bête. Sitôt après s'être rendu compte que l'animal à sept têtes était bien mort, notre beau chevalier disparut, nul ne sut jamais par où il était parti.

Mais la procession s'avançait, pendant ce temps. Quelle joie immense s'empara du peuple lorsqu'il constata que la bête qui les terrorisait avait été décapitée ! Le Roi et la Reine ne se sentaient plus de joie, leur Princesse était sauvée. Comment récompenser celui qui l'avait tuée ? Il fallait que tout le royaume soit au courant de cet exploit. Le Roi promit de grandes fêtes dans le royaume et fit savoir de toutes parts que le héros qui avait tué l'abominable bête veuille bien se présenter au château, qu'il serait honoré par toutes sortes de bienfaits et deviendrait l'époux de la Princesse qu'il venait de sauver du trépas.

Un homme se présenta au château, c'était un individu de mauvais renom, un être peu recommandable.

— C'est moi qui ai tué la bête.

— Fort bien, lui dit le Roi, mais prouve-moi que c'est bien toi qui l'as tuée.

— Voilà ! sire, je vous apporte en gage de ma bonne foi les sept têtes du monstre.

Le Roi ordonna aussitôt de grandes fêtes pour célébrer le mariage.

Ce jour-là, les cloches sonnèrent à toute volée, tous les gens du pays chantèrent d'allégresse, ce n'était qu'ornements, banderoles, bouquets de fleurs et oriflammes. Chacun avait orné ses fenêtres de ses plus beaux châles, de ses plus belles couvertures. Les tambourins, les fifres, les tambours battaient de toutes parts ; la joie était dans l'air.

Or ce jour-là revint à passer le beau chevalier, toujours monté sur le même coursier, et accompagné de ses inséparables chiens *Macho Ferro* et *Briso Mountagno.*

Heureux et surpris, il s'enquit aussitôt de la cause de toute cette joie.

— C'est à l'occasion du mariage de notre Princesse avec le héros qui nous a débarrassés de l'animal à sept têtes, lui répondit une vieille femme qui passait par là.

Fou de rage, il lança sa monture au triple galop vers le château, et demanda incontinent d'être confronté avec le prétendu héros de la journée.

Le Roi ne savait que faire, enfin il voulut bien consentir à recevoir notre beau chevalier.

— Sire, si le hasard ne m'avait pas fait repasser par là, je n'aurais jamais su que votre fille allait épouser un traître félon, la bête abominable c'est moi qui l'ai tuée !

— Sire, dit le félon, je vous ai bien montré les sept têtes que voilà ?

— Bon pour les têtes, dit le beau chevalier. Ouvrez-leur la gueule. Où sont les langues ?

On ouvrit les gueules, les langues n'y étaient pas.

— Les langues, les voilà ! clama notre beau chevalier, et il les jeta aux pieds du Roi.

On se saisit aussitôt du traître qui fut pendu haut et court. Et pendant que son cadavre se balançait au gibet, notre chevalier épousait la belle princesse au milieu des cris de joie d'un peuple enthousiasmé.

E iéu ravi de vous agué racounta tout acò bèu, mi signèri, et m'envenguèri.

(Et moi, ravi de vous avoir conté tout cela si beau, je me signai et m'en revins.)

LE DIAMANT

Du temps de *Babi-Babó*[1] vivait un pauvre Mentonnais qui avait trois filles qu'il voulait marier. Un homme, qui ne sortait que la nuit, rechercha en mariage une de ces trois filles. L'aînée refusa cette proposition, la seconde aussi ; mais la troisième accepta et dit : « Je l'épouserai. » Le mariage se fit immédiatement. Lorsque les nouveaux mariés furent seuls, l'époux dit à sa femme : « Je vais t'apprendre un secret. » Alors, il lui apprit que des sorcières l'avaient ensorcelé et condamné à être tortue pendant le jour et homme pendant la nuit, avec cette condition que, si une jeune fille consentait à devenir sa femme, à courir le monde et à supporter, pendant un certain temps et pour l'amour de lui, toutes sortes de mésaventures, le sort serait levé et il pourrait redevenir ce qu'il était auparavant, un jeune et bel homme. La femme lui répondit qu'elle était prête à se dévouer pour son mari. Aussitôt ce dernier lui remit un diamant en lui disant : « Sers-toi de cette pierre en toute occasion. » Elle partit. Sur son chemin elle rencontra une mendiante avec un enfant qui pleurait : « Bonne femme, lui dit-elle, donnez-moi votre enfant, et je le ferai taire. — Vous ne pourrez pas ; depuis ce matin, il ne cesse de

---

1. Au temps que la reine Berthe filait. De *Babi-Babó* on n'a pu savoir que son nom.

crier. » La porteuse du diamant ayant pris l'enfant dans ses bras murmura : « De par la vertu du diamant j'ordonne que cet enfant se taise et rie ! » Le petit se tut à l'instant et se mit à rire. Continuant son chemin elle trouva ensuite une boulangerie où elle entra en disant à la patronne : « Prenez-moi pour domestique, vous ne vous en repentirez pas. » On l'accepta. Le soir, avant de se coucher, elle dit : « De par la vertu du diamant j'ordonne que tout le monde vienne acheter son pain ici, pendant tout le temps que je resterai dans cette maison. » Il arriva ainsi qu'elle en avait ordonné, le pain se vendait comme par enchantement. Un jour, trois hommes vinrent séparément demander à la domestique de les laisser dormir une nuit dans sa chambre. Le premier lui offrit deux mille francs et chacun des deux autres en promit mille. « Oui, dit la belle servante, je vous accorde cette liberté » ; puis elle fixa l'heure du rendez-vous à chacun d'eux. Le soir les trois hommes arrivèrent successivement. La belle au diamant dit au premier : « Pendant que je vais mettre le levain, tamisez cette farine » ; puis, au second qui était survenu : « Soufflez le feu » ; et au troisième : « Fermez la porte. » Tout bas elle ajouta : « De par la vertu du diamant j'ordonne que chacun de vous fasse sa besogne jusqu'à demain. » Elle alla tranquillement se coucher, tandis que les autres passèrent la nuit à travailler. Le lendemain, elle se plaignit du bruit qu'ils faisaient et, sans pitié, les chassa de la maison. Ceux-ci tout honteux jurèrent de se venger. Ils allèrent se plaindre à la police et, comme dans ce temps-là c'étaient les femmes qui en étaient chargées, quatre femmes furent envoyées pour se saisir de cette maudite fille. Mais cette dernière dit tout bas : « De par la vertu du diamant j'ordonne que ces femmes se frappent le visage mutuellement jusqu'à demain ! » Aussitôt ces pauvres femmes s'accablèrent de coups et se donnèrent mutuellement des gifles. Les quatre femmes n'arrivant pas avec celle qu'elles étaient chargées d'amener, on envoya trois hommes à leur secours. En les voyant arriver la porteuse du diamant s'écria : « De par la vertu du diamant j'ordonne que ces hommes crient, sautent, se battent et brisent tout ce qu'ils trouvent jusqu'à demain. » Aussitôt commença un vacarme effroyable d'objets cassés, de coups et de cris désordonnés. La belle au diamant, faisant appel une dernière fois à la vertu de son talisman, disparut alors et fut transportée dans la maison de son mari qui l'attendait depuis longtemps déjà, transformé en un jeune et bel homme. Ils vécurent heureux pendant de longues années et eurent beaucoup d'enfants.

LA FILLE AUX BRAS COUPÉS

Il y avait une fois un pêcheur qui avait trois enfants et qui était veuf. Il allait à la pêche et ne prenait jamais de poissons. Un jour, dans son désespoir, il se mit à blasphémer. En ce moment il vit venir un monsieur qui lui demanda ce qu'il avait. Il répondit : « Beau monsieur, je me trouve dans la misère, j'ai trois enfants à nourrir, et je ne prends jamais de poissons. » Alors ce monsieur lui donna un sac d'argent et lui dit : « Il faut que tu me donnes ta fille. » Il fut tout étonné de la demande, car il était si pauvre. Cependant, de retour à la maison avec le sac d'argent, sur la demande de ses enfants qui voulaient savoir d'où venait cela, il dit qu'un monsieur le lui avait donné à la condition de lui donner sa fille la plus âgée en retour. La fille répondit alors qu'il en fît ce qu'il voulait. Le lendemain, le monsieur alla prendre la fille et, comme elle avait fait le signe de la croix avec de l'eau bénite, il ne put la toucher et il dit au père de lui enlever l'eau bénite. Le lendemain, il revint et, comme la fille avait encore fait le signe de la croix avec de l'eau bénite qu'elle avait cachée à la maison, il dit au père de couper les bras à sa fille, autrement il lui redemanderait le sac d'argent. Ce père ne savait comment le dire à sa fille ; enfin, un beau soir, il finit par tout lui dire. La fille répondit : « Il vaut mieux que vous me coupiez les bras, car nous n'avons plus l'argent, puisque, vous le savez, nous en avons payé toutes les dettes. » Alors cet homme fut obligé de couper les bras à sa fille et le lendemain matin ce monsieur vint et vit cette fille sans bras, il lui dit : « Maintenant je puis te prendre, car tu ne peux plus faire le signe de la sainte croix » ; ainsi ils connurent que c'était le Diable. Alors il la prit et la mit sur ses épaules et il passa à travers les déserts. Notre Seigneur la lui faisait paraître toujours plus pesante, tant et plus qu'il en fut réduit à l'abandonner en la jetant dans un ruisseau. Cette pauvre fille se trouvant perdue fit tout ce qu'elle put, se leva et se mit à marcher. Elle finit par trouver une grotte où elle se réfugia. Au moment où elle ne savait comment apaiser sa faim elle vit arriver un chien qui lui apportait tout ce que son maître lui donnait. Un jour, le roi qui donnait un grand dîner vit ce chien qui n'avait plus que la peau et les os, et il demanda à ses domestiques s'ils ne lui donnaient rien à manger. Les domestiques lui dirent : « Oui, mais le chien sort toujours avec le morceau à la gueule. » Alors le maître suivit ce chien et il vit qu'il apportait ce qu'il avait reçu dans une grotte. Et il vit cette jeune fille qui était toute nue. « Que faites-vous ici, sortez. — Je ne puis sortir si vous ne me jetez votre manteau. » Alors le roi la mit sur son cheval et la conduisit avec lui dans son palais. La mère du roi, quand elle la vit arriver dit à son fils : « Que m'as-tu amené ici ? — De ce que je vous ai amené vous aurez soin. » Un jour le roi alla à la guerre et, avant de partir, il dit à sa mère : « Vous aurez soin de ma femme et de ce qu'elle fera. » Toutes les lettres que la mère du roi recevait étaient détournées et remplacées par d'autres et la belle-mère disait : « Vous voyez, votre mari vous dit de vous en aller. » Et elle répondait : « Je m'en irai. » Un jour elle se coucha et eut deux enfants, un fils et une fille. Le garçon avait une épée au front et la fille avait une étoile. Alors la mère écrivit qu'elle avait eu un chien et un chat. Le roi lui répondit qu'elle eût soin du chien et du chat. Alors la belle-mère se décida à rendre sa belle-fille tellement malheureuse qu'il fallut qu'elle partît. La belle-fille dit : « Faites-moi une besace, passez-la-moi au cou et mettez-y mes deux enfants. » Les deux enfants lui demandèrent à boire. Voyez dans quelle situation elle se trouvait étant sans bras. En ce moment un vieillard vint à passer et elle lui dit : « Bel homme donnez un peu à boire à ces enfants. — Donnez-leur-en vous-même. — Ne voyez-vous pas que je suis sans bras ? — Arrangez-vous ! » Alors elle se baisse pour essayer de leur donner à boire et les enfants roulent dans la rivière : « Bel homme, prenez-les-moi vite, l'eau les entraîne. — Tirez-vous d'affaire ! » Elle se jeta dans la rivière et les bras lui revinrent. Il faut que ce vieillard soit Notre Seigneur ! Elle se mit à marcher et elle trouva un palais avec des domestiques et avec tous les biens de Dieu. Elle s'y trouvait comme une reine. Un soir qu'il pleuvait on entendit frapper, le domestique va ouvrir la porte et voit un monsieur à cheval et il va le dire à sa maîtresse qui lui dit : « Faites-le entrer et ayez soin de son cheval. » Alors cette dame le fit mettre devant le feu. Ce monsieur était triste et la dame lui dit : « Qu'avez-vous ? — J'avais une femme sans bras et ma mère l'a fait partir et je ne sais où la chercher. — Consolez-vous, vous la retrouverez. — Vous avez deux beaux enfants et moi qui dois en avoir deux, je ne sais où ils sont. » Ces deux enfants lui montaient toujours dessus et disaient : « Relève la jambette de mon père le roi ! — Que disent ces enfants ? — Ces enfants attendent leur père et ils croient que vous l'êtes. » Cette dame fit préparer un bon souper et cet homme soupirait toujours. Alors elle lui dit : « Ne soupire plus, car je suis ta femme. — C'est impossible parce que ma femme était sans bras ! » Alors elle lui fit voir l'anneau qu'il lui avait donné et qu'elle avait pendu au cou. Alors sa femme lui raconta toute son histoire. Ils retournèrent au pays et ils prirent la mère du roi et ils la brûlèrent.

LA FEMME EMPLUMÉE

Il y avait un homme qui avait douze enfants ; il arriva que pour le treizième il n'osa plus aller chercher un parrain et une marraine ; alors sa femme lui dit : « Vas-y pendant la nuit, de manière que personne ne te connaisse. » Il trouva un homme âgé tout déchiré qui l'appela par son nom et lui demanda ce qu'il avait pour être si triste. Alors il lui dit qu'il avait treize enfants et qu'il n'avait pas grand-chose à leur donner à manger et qu'il était triste pour cela, et parce qu'il cherchait un parrain et une marraine. Alors ce vieillard lui dit qu'il était un des mieux partagés du monde puisqu'il avait douze enfants, et il lui dit qu'il y avait de grands seigneurs riches qui auraient payé des milliards pour avoir un enfant ; alors en même temps il lui dit s'il voulait qu'il fût parrain. Alors l'homme se retourna et dit qu'il n'avait aucune difficulté à l'accepter comme parrain ; mais qu'il s'était aperçu qu'il était pauvre comme lui.

Alors il lui dit : « Marche un peu plus loin, tu trouveras un grand seigneur. » Quand il fut un peu plus loin, il vit ce seigneur à cheval qui l'appela par son nom. Il lui dit ce qu'il avait à être si triste. Alors le seigneur lui dit : « Ne sois pas si chagrin, je ne fais aucune difficulté pour être le parrain, mais, moi, dans l'église, je ne puis aller ; obtiens que je le sois par procuration, car je t'envoie les domestiques, ils te porteront du pain, des vermicelles, de la viande, de l'argent et de tout, jusqu'à ce que ton fils ait sept ans et trois jours. » Quand il eut dit cela il dit encore : « Ce n'est pas le tout, il faut que tu me le donnes lorsqu'il aura sept ans et trois jours. » Alors ce pauvre homme s'en vint tout chagrin à la maison et dit à sa femme : « Tu m'as mal conseillé, tu m'as fait sortir la nuit et je suis malheureux parce qu'il m'a demandé qu'après sept ans et trois jours mon fils devienne le sien. » Alors sa femme lui dit : « Ne sois pas si triste et, lorsque tu rencontreras ton compère, tu lui diras que l'enfant ce n'est pas toi qui l'as fait, que c'est moi qui l'ai fait, et tu lui diras comme ceci que, s'il veut l'enfant, il devine en trois fois quel est l'animal qui se trouve dans une chambre. » Quand les sept ans et trois jours furent passés, il trouva son compère qui lui dit : « Compère, prépare-toi, c'est demain le jour que je dois deviner quel animal est caché dans la chambre. » Or, le lendemain, la femme se déshabilla toute nue, s'enduisit de miel et prit ensuite un drap de lit plein de plumes et se vautra dedans. Le compère vint et dit à l'homme si cet animal était préparé. Alors la femme se dressa toute droite, éparpilla ses cheveux tout autour du corps, puis elle se baissa dans la chambre avec la tête au milieu des jambes. Alors le compère vint et le mari lui dit : « Je veux qu'en trois fois tu devines, mais je ne veux pas que tu mettes trop de temps entre une fois et l'autre. » Alors il ouvrit la chambre et le Diable vit cette bête, il s'épouvanta et dit qu'il n'avait jamais vu une bête comme celle-là. Alors il dit la première fois : « C'est un éléphant. — Non, et d'un. — C'est un tigre. — Non, et de deux. — C'est un loup des plus méchants. — Non, et de trois, c'est fini. » Alors la femme, qui vit qu'il n'avait point gagné, se dressant et parlant grossièrement, s'est enlevé les cheveux de devant la figure. Alors le Diable dit que *les femmes ont un point de plus que le Diable.* Maintenant, passe par une porte, passe par l'autre, va chez le roi qui t'en racontera une autre.

AU DIABLE LE TRAVAIL

Il y avait une fois un savetier pauvre comme un rat, qui n'avait jamais de travail... Et toujours il disait : « Ah ! si au moins j'avais du travail ! » Sa femme lui répondait : « Tu verras, un jour il t'en viendra tant que tu ne pourras le faire. — Bah ! lui répondait-il, dans ce cas je louerai des ouvriers pour m'aider ; quand bien même ce serait le diable qui viendrait à mon secours pour me sortir de cette misère, je ne le refuserais pas ! » Il n'avait pas plutôt dit que le diable se présentait : « Tu auras tout le travail que tu voudras, seulement ne va pas dire "au diable le travail", car tu aurais affaire à moi... Je te donnerai même trois bons ouvriers pour t'aider et, si tu veux, tu les auras dès demain matin. »

Le lendemain dans la boutique, c'était la procession. Les gens faisaient la queue pour se faire prendre les mesures de leurs pieds et commander des souliers. Il semblait que tout le pays se fût donné le mot pour être là. Les trois ouvriers se présentèrent. Le savetier leur distribua l'ouvrage, des ressemelages de cinq cents paires de souliers ferrés à exécuter et à expédier un peu partout. À midi, l'ouvrage était terminé. Le lendemain, il leur commanda mille paires de souliers de plus. Mais pensant bien que son travail serait encore trop vite exécuté, il raconta à sa femme que les ouvriers travaillaient trop vite, qu'il ne pourrait jamais suffire à ce rythme et que bientôt, il ne pourrait s'empêcher de renvoyer son travail au diable. Le diable alors prendrait son âme et il serait perdu... Le pauvre homme pleurait, sa femme le réconforta et lui promit de faire quelque chose... En effet, lorsque, à midi, les ouvriers se présentèrent pour reprendre le travail, elle en envoya un chercher de l'eau du puits avec une corbeille d'osier, l'autre laver dans la rivière une peau de brebis noire jusqu'à ce qu'elle devienne blanche, et au troisième elle demanda d'apprendre son catéchisme au petit qui n'avait pas trois mois... Cette fois les jours passèrent, les ouvriers ne revenaient plus. Le diable s'inquiéta et les trouva travaillant jour et nuit, trempés de sueur, épuisés.

— Qui vous a demandé ce travail ?

— La femme du savetier...

Le diable, ayant compté qu'en définitive le temps que perdaient ses ouvriers valait plus que l'âme d'un mauvais savetier, se dédit du pacte. C'est depuis ce temps-là que l'on dit que « personne n'a jamais pu tromper le diable si ce n'est la femme du savetier ».

CATHERINE

Il était un veuf, qui avait une fille. La fille avait pour marraine une sorcière, qui lui disait : « Persuade ton père qu'il m'épouse et tu seras heureuse. » Il arriva que le père épousa la marraine de Catherine. La fille, tant que la marraine n'eut pas d'enfants, fut toujours aimée d'elle ; et puis il arriva que la marraine eut deux enfants. Alors elle envoya Catherine garder une chèvre et lui donna une livre et demie de chanvre à filer. La fille, tandis qu'elle était au bois, pleurait tout le temps et la chèvre dit à Catherine : « Qu'as-tu, pour pleurer tout le temps ? » Catherine lui répondit : « Ma mère m'a donné une livre et demie de chanvre à filer et je ne puis le faire. » La chèvre dit à Catherine : « Mène-moi dans l'herbe épaisse et mets le chanvre sur ma tête, tu verras que le chanvre sera aussitôt filé. » Quand la fille s'en retourna à la maison sa mère dit : « Tu as fini de filer le chanvre ? » La fille répondit : « Oui, j'ai fini de filer. » Alors le lendemain au matin elle retourna dans le bois et sa mère lui donna de nouveau du chanvre à filer. Le soir elle retourna à la maison, et pendant qu'ils soupaient le père dit à la mère de tuer la chèvre. Alors Catherine se mit à pleurer et s'en fut à l'étable. La chèvre lui dit : « Qu'as-tu à pleurer tant ? » et Catherine répondit : « Mon père veut te tuer. » Alors la chèvre dit à Catherine : « Tu ne mangeras point de ma chair et tu réuniras tous les os, et tu les mettras dans une corbeille et quand tu voudras quelque chose tu n'auras qu'à aller trouver ces os et tu obtiendras ce que tu voudras. » Et la chèvre fut tuée. Son père, qui était un matelot et faisait des voyages au loin, dit à Catherine : « Que veux-tu que je t'apporte ? » Elle répondit : « Je ne veux rien, donnez le bonjour à ma tante. » Le père, arrivé à Gênes, s'en fut chez sa tante et lui dit : « Catherine vous envoie le bonjour. » Alors la tante donna une noix à son neveu pour l'apporter à Catherine. Le père, retourné à la maison, appela Catherine et lui dit : « Ta tante m'a donné cette noix pour que je te l'apporte. » Alors Catherine s'en alla dans sa chambre et elle brisa la noix et à l'intérieur il y avait une belle robe de soie. Le dimanche, sa mère habilla ses deux filles et dit : « Catherine, ne viens-tu pas à la messe ? » Catherine répondit qu'elle n'allait pas à la messe. Mais Catherine s'en alla dans sa chambre et se mit la robe de soie et puis elle s'en fut auprès des os de la chèvre et leur dit : « Os, beaux os, faites-moi devenir la plus belle de ce monde. » Or donc, elle fut changée en une belle fille ; elle alla à la messe, et quand elle arriva à l'église le fils du roi s'y trouvait. Il s'éprit tout de suite de cette fille. Elle alla s'asseoir à côté de ses sœurs. Elle se moucha et son mouchoir blanc tomba à terre. Sa sœur se baissa pour le prendre et Catherine lui dit : « Gardez-le. » La messe fut rapidement dite, et Catherine alla à la maison, se déshabilla et s'en fut auprès des os et elle leur dit : « Os, beaux os, faites-moi devenir ce que j'étais. » Le dimanche suivant, Catherine alla à la messe et le fils du roi mit des gardes à la porte pour pouvoir arrêter Catherine. Mais Catherine prit une poignée de son qu'elle leur jeta dans les yeux ; alors ces soldats ne purent se saisir d'elle, ils se frottaient les yeux. Catherine de nouveau revenue à la maison se déshabilla. Son père partit une seconde fois en voyage et dit : « Catherine, qu'est-ce que je t'apporterai ? » Catherine répondit : « Je ne veux rien, vous donnerez le bonjour à ma tante. » Alors cet homme, étant arrivé là-bas, dit : « Catherine vous envoie le bonjour », et la tante lui donna une amande pour elle. Le père, retourné à la maison, appela Catherine et lui dit : « Ta tante m'a donné une amande, que je t'apporte. » La fille écrasa l'amande et il y avait dedans une paire de pantoufles d'or. Le dimanche, elle s'habilla de nouveau et se mit ces pantoufles et la robe de soie et s'en fut à la messe. Arrivée dans l'église, le fils du roi plaça des soldats à la porte pour se saisir de Catherine. Mais elle avait mis des sous dans sa poche et quand elle arriva et que les soldats allaient la saisir, elle

prit une poignée de sous et les leur jeta dans les yeux. Puis elle s'enfuit, et en s'enfuyant elle perdit une pantoufle. Alors le fils du roi dit : « Je prendrai pour ma femme celle à qui cette pantoufle ira bien. » Et il alla dans toutes les rues essayer la pantoufle à toutes les filles. Elle était trop grande aux unes et trop étroite aux autres. Quand il arriva dans la maison de Catherine, il dit : « Avez-vous des filles ? » Alors la mère répondit : « Oui, j'en ai deux. » Mais la pantoufle n'a pu aller à aucune des deux. Alors le fils du roi lui dit : « N'en avez-vous pas d'autre ? » La mère lui répondit : « Oui, j'en ai encore une, mais elle est sale et je n'ose point vous la faire voir. » Le fils du roi lui dit : « Faites-la-moi voir que je l'épouse si la pantoufle lui va bien. » Et Catherine était dans sa chambre qui faisait sa toilette. Alors la mère s'écria : « Catherine, descends un peu jusqu'ici, on t'appelle. » Elle lui répondit : « Je descends maintenant », et elle descendit avec une pantoufle à un pied et rien à l'autre. Quand le fils du roi vit qu'elle n'avait qu'une pantoufle, il dit : « C'est elle qui a perdu la pantoufle. » Alors il la prit pour son épouse, il donna un grand repas. Et j'étais sous la table où je rongeais les os. Levez le loquet, le conte est dit.

L'INGRATITUDE

Il y avait un jeune homme assez riche qui se dit comme ceci : « Que fais-je, il faut que je me marie » ; et il se maria. Quand ils furent mariés, sa femme voulait commander et, tous les soirs, quand il revenait du travail, elle lui cherchait querelle. Elle en arriva au point de le frapper quand il arrivait. Cet homme était si bon, si débonnaire, qu'il jugea à propos de s'en aller pour la punir. Il s'enfuit à la garde de Dieu et il marcha. Quand il fut à une certaine distance, il rencontra un gros serpent sous une lourde pierre qui lui dit : « Ô bel homme, venez un peu me lever d'ici ; car il y a déjà passé bien du monde et personne n'a encore voulu me faire le plaisir de me venir en aide. » La compassion le prit et il lui enleva la pierre de dessus. Ce serpent, quand il fut libre, dit à l'homme : « Il y a déjà bien du temps que je suis sans manger et j'ai faim, il faut que je te mange ! » Cet homme dit : « Après le service que je t'ai rendu tu veux me manger ! — Oui, parce que, comme il ne passe personne autre, je suis obligé de te dévorer ! — Eh bien, faisons une chose, allons-nous-en ensemble ; si nous rencontrons trois personnes qui disent que tu fais bien de me manger, eh bien tu me mangeras ! » Ils se mettent en route et le premier qu'ils trouvent était un chien vieux, bien vieux. Ils lui disent :

« Ô beau chien, jugez un peu cette affaire ; voici, il y avait un serpent qui était sous une grosse pierre et qui m'a supplié de le lever de dessous cette pierre, et je l'ai levé et maintenant il me veut dévorer ! Cela est-il juste ? — Moi, quand j'étais jeune, c'était à qui pouvait me caresser ; maintenant que je suis vieux, mon maître m'a chassé ; votre affaire ne me regarde pas ! — Et d'un qui te donne tort, dit le serpent à l'homme. — Eh bien, allons en chercher encore deux autres ! » Ils firent un certain bout de chemin, ils trouvent un vieux cheval et ils lui disent de juger cette affaire et l'homme dit : « Est-ce juste ? — Moi, quand j'étais jeune, j'étais dans les brancards d'une voiture de milord ; plus tard, on me vendit à un charretier qui me donnait plus de coups que de foin ; maintenant que je ne suis plus bon à rien, ils m'ont chassé ; votre affaire ne me regarde pas ! — En voilà deux qui te donnent tort ; au troisième ! » Ce pauvre homme commençait déjà à trembler. Ils se mettent en route et ils trouvent un renard ; et le renard qui est rusé leur demande de juger l'affaire. L'homme lui dit ce qui s'était passé et ajoute : « Est-ce juste ? » Le renard dit : « C'est une affaire un peu délicate ; pour juger cette affaire, il faut que je voie comment le fait s'est passé. » Le serpent comme l'homme lui disent : « Oui, venez, nous allons vous le faire voir. » Quand ils furent sur place, le renard dit au serpent : « Mets-toi un peu dans la position où tu étais. » Et le serpent se met à l'endroit où il était quand il avait la grosse pierre dessus. Puis le renard dit à l'homme : « Pour pouvoir bien juger si c'est juste ou non, tourne-lui la pierre dessus comme elle se trouvait. » Quand il eut la pierre dessus, le renard se dit : « Ici j'ai quelque chose à gagner », et dit au serpent : « Est-ce ainsi que tu étais quand cet homme t'a enlevé la pierre de dessus ? — Oui. — Alors, restes-y ! » Ainsi l'homme fut délivré du serpent ! Cet homme dit au renard : « Je vous remercie beaucoup ; dites-moi, que puis-je faire pour vous être agréable ? — Oh, dit-il, pas grand-chose ; il faut que tu me laisses entrer dans ton poulailler pour que j'aille manger deux poules. » L'homme dit : « Oui, oui, viens avec moi ! » Il conduisit le renard dans sa campagne et la femme, qui vit venir le renard pour manger les poules, se mit à crier : « Le renard ! Le renard ! » Tous les voisins sortirent avec des fusils et obligèrent le renard à s'enfuir. L'homme prend la défense du renard qui l'avait sauvé et dit à sa femme : « Viens avec moi pour que je te montre un trésor. » La femme va avec lui et le renard et ils la conduisent où le serpent était sous la pierre : « Soulève cette pierre ! » La femme, qui ne se doutait de rien, soulève la pierre et le serpent sort, se jette sur elle et la mange ; et l'homme fut ainsi délivré de tout, du serpent et de sa femme.

LE PÈLERINAGE DE LA PAUVRE PETITE FOURMI

Il y avait une fois, au pays des Chimères, une petite fourmi, un œuf et une cigale, qui s'en allaient faire un pèlerinage à Jérusalem.

Ils étaient convenus qu'ils ne se sépareraient point, que le temps fût beau ou non. Quant à ce qui concerne les soucis du voyage, la part de l'œuf devait être de prendre le bon chemin, la part de la fourmi de penser à la nourriture, et la part de la cigale de chanter.

Au départ, le chemin était doux, le soleil commençait à paraître, la rosée étincelait, la fleur embaumait. C'était une journée de Dieu où tout tressaillait de joie et de plaisir.

L'œuf dit :

— Il fera doux, nous pourrons aller à notre aise.

La cigale dit :

— Il fera chaud, nous aurons longtemps du soleil.

La fourmi dit :

— Il fera beau, nous trouverons de quoi manger.

Dans une haie le grillon et à la cime d'un saule la bergeronnette essayèrent, par leurs propos, de les dissuader. Ils chantaient :

Celui qui demeure sous son toit,
S'il ne gagne rien, ne perd rien non plus

Mais, malgré ce, la fourmi, l'œuf et la cigale continuèrent à cheminer.

En traversant la montagne, ils perdirent toute joie.

À la montée, l'œuf se cassa.

À la descente un nuage couvrit le soleil, et la cigale, craignant d'avoir froid, ne voulut pas aller plus loin.

Ainsi la pauvre petite fourmi se vit obligée d'achever toute seule et péniblement son pèlerinage à Jérusalem.

Sur le tard, elle arriva au bord d'un ruisseau ; l'eau était gelée, et la bestiole, en essayant de passer, se cassa la jambe.

Alors, à moitié évanouie, elle fit sa plainte et dit :

— Ô gelée ! gelée ! — que tu es forte — d'avoir coupé la jambe — à la pauvre petite fourmi — qui s'en allait faire — un pèlerinage à Jérusalem !

La gelée répondit :

— Le soleil est bien plus fort, puisqu'il me fond !

La petite fourmi continua sa plainte :

— Ô soleil ! soleil ! — que tu es fort — de fondre la gelée, — gelée de casser la jambe — à la pauvre petite fourmi — qui s'en allait faire — un pèlerinage à Jérusalem !

Le froid avait fait entrouvrir la terre, et de la montagne dans la vallée descendait une bise frissonnante qui glaçait le sang.

Le soleil répondit :

— Le nuage est bien plus fort, — puisqu'il me couvre !

La petite fourmi reprit sa plainte :

— Ô nuage ! nuage ! — que tu es fort — de couvrir le soleil, — soleil de fondre la gelée, — gelée de casser la jambe — à la pauvre petite fourmi — qui s'en allait faire — un pèlerinage à Jérusalem !

Le nuage répondit :

— Le vent est bien plus fort, — puisqu'il m'emporte !

La petite fourmi reprit sa plainte :

— Ô vent ! vent ! — que tu es fort — d'emporter le nuage, — nuage de couvrir le soleil, — soleil de fondre la gelée, — gelée de casse la jambe — à la pauvre petite fourmi — qui s'en allait faire un pèlerinage à Jérusalem !

Le vent répondit :

— Le mur est bien plus fort, — puisqu'il m'arrête !

La petite fourmi reprit sa plainte :

— Ô mur ! mur ! — que tu es fort — d'arrêter le vent, — vent d'emporter le nuage, — nuage de couvrir le soleil, — soleil de fondre la gelée, — gelée de casser la jambe — à la pauvre petite fourmi — qui s'en allait faire — un pèlerinage à Jérusalem !

Le mur répondit :

— La terre est bien plus forte, — puisqu'elle m'affermit !

La petite fourmi reprit sa plainte :

— Ô terre ! terre ! — que tu es forte — d'affermir le mur, — mur d'arrêter le vent, — vent d'emporter le nuage, — nuage de couvrir le soleil, — soleil de fondre la gelée, — gelée de casse la jambe — à la pauvre petite fourmi — qui s'en allait faire — un pèlerinage à Jérusalem !

La terre répondit :

— Le bon Dieu est bien plus fort, — puisqu'il m'a faite !

La petite fourmi, à demi morte, reprit sa plainte :

— Ô Dieu ! Dieu ! — que tu es fort — d'avoir fait la terre, — qui affermit le mur. — Le mur a arrêté le vent, — le vent n'a plus emporté le nuage, — le nuage couvre le soleil, — le soleil ne fond pas la gelée, — et la gelée casse la jambe — à la pauvre petite fourmi — qui s'en allait, seulette et péniblement, — faire un pèlerinage à Jérusalem !

Alors Dieu eut pitié de la pauvre petite bête, et dit :

— Que la terre tremble !

La terre trembla. Du coup le mur se fendit, — le vent passa, — le nuage s'enfuit dans l'espace, — le soleil parut, — la gelée se fondit, — et la pauvre petite fourmi, — retirant sa jambe, — avec peine et toute seule, — acheva peu à peu son pèlerinage à Jérusalem !

MOITIÉ-DE-COQ

En grattant dans un fumier, Moitié-de-coq trouve cent écus d'or. Mais voici que passa le roi Zibo-Zoubo avec son armée qui lui emprunte ses cent écus promettant de lui rendre quand il reviendra de la guerre. À la fin de l'année, Moitié-de-coq voulant marier sa fille va chez le roi lui demander ses cent écus car il en a besoin pour la dot. En route, il rencontre un loup qui lui demande où il va. Moitié-de-coq lui propose de l'accompagner, il lui donnera même des sonnailles pour ses étrennes, s'il veut bien. Le loup rit bien fort. « D'accord, si tu me donnes les sonnailles, je viens. » Ils cheminent. Mais le loup est bientôt fatigué. Moitié-de-coq lui propose alors de se fourrer sous sa queue. Un peu plus loin, ils rencontrent le renard qu'ils entraînent également avec eux. Mais bientôt lui aussi est fatigué. Le pauvre Moitié-de-coq le porte alors sur sa crête. Enfin, ils rencontrent le Rhône qui vient aussi avec eux, mais que Moitié-de-coq porte alors dans son ventre. Ils arrivent enfin chez le roi qui leur offre à dîner mais avoue qu'il se trouve très gêné pour rendre l'argent emprunté ! Après le repas il propose à Moitié-de-coq de coucher dans la bergerie pensant qu'il se ferait tuer par les béliers et serait débarrassé de lui. Mais le loup vient délivrer le pauvre Moitié-de-coq en les tuant tous. Le lendemain, le roi leur offre encore à dîner, et, le soir propose à Moitié-de-coq de coucher au poulailler pensant qu'il se ferait tuer par les poules irritées de la présence de l'intrus. Mais le renard le débarrasse des poules en les mangeant toutes. Le lendemain, le roi les invite encore à dîner, et envoie Moitié-de-coq coucher dans le four du boulanger, espérant qu'il se ferait rôtir et qu'il n'entendrait plus parler de lui. Mais le Rhône le délivre en éteignant le feu. Le roi, alors, ne sachant plus comment s'en débarrasser, finit par lui rendre son argent.

L'OISEAU QUI PARLE

Il y avait une fois une reine qui avait un fils. Ce prince, un jour, en allant à la chasse, vit une bergère qui gardait ses brebis. Jamais on n'avait vu une si belle bergère ;

aussi, le prince l'aima et l'épousa malgré sa mère. La guerre ayant éclaté avec un pays voisin, le prince fut obligé de partir et de laisser sa femme. Aussitôt après le départ du prince, la jeune femme fut enfermée dans une tour où elle ne recevait que quelque nourriture par une petite fenêtre. Peu de temps après, la princesse mit au monde une fille belle comme le jour. La reine-mère, détestant de plus en plus sa bru, résolut de faire périr l'enfant ; elle manda donc un jour sa commère, une sorcière qui vivait près de là, et écrivit à son fils que sa femme était accouchée d'un porc. Le prince répondit de garder le porc, de l'élever pour qu'il pût le voir à son retour. La sorcière vint au palais royal, prit la petite, la mit dans une caisse et jeta le tout dans le réservoir d'un meunier. Un beau matin, cet homme trouva la caisse à la surface de l'eau. Il la prit et l'ouvrit. En voyant le petit enfant qu'elle renfermait, il le prit dans ses bras et le porta à sa femme, en la priant de sevrer le bébé qu'elle nourrissait et de nourrir la petite fille. La meunière n'y consentit qu'après bien des prières de la part du mari. Le prince retourna enfin dans son royaume. Il demanda le porc et fut très fâché de ne pas le voir. Sa mère lui assura qu'il était mort et qu'on n'avait pu le garder. Quelque temps après, il partit de nouveau pour un long voyage. La princesse n'était plus aimée de personne et était toujours enfermée. Il arriva que pendant cette nouvelle absence de son mari elle mit au monde deux beaux jumeaux. La reine écrivit de nouveau à son fils que sa femme était accouchée d'animaux : un chien et un chat. Comme la première fois le prince écrivit de conserver le chien et le chat, car il voulait les voir. La reine consulta sa commère qui lui dit : « De la disparition de la fille, le prince n'a rien su ; faites disparaître les jumeaux. » On mit également les deux enfants chacun dans une caisse et on les jeta aussi dans le réservoir du meunier. Le prince fut bientôt de retour, mais on ne lui fit voir ni le chien ni le chat. Le meunier trouva, un matin, les deux caisses et porta les deux enfants à sa femme : « Il faut les élever, dit-il, Dieu nous rendra le bien que nous faisons. » On éleva les deux garçons comme la petite fille, et ils grandirent en compagnie des enfants du meunier. Un jour, pendant qu'ils jouaient, le fils aîné du meunier leur dit : « Pourquoi appelez-vous mon père votre père ? — N'en avons-nous pas le droit ? — Non, mon père vous a trouvés dans le réservoir du moulin. » Les enfants s'informèrent auprès du meunier et sachant la vérité lui dirent : « Vous nous avez élevés, et nous sommes grands et forts, nous vous en serons reconnaissants un jour, mais nous ne pouvons plus maintenant rester avec vous. Nous allons essayer de gagner notre pain. Donnez-nous un fusil à moi et à mon frère et quelques provisions de route dans un panier à ma sœur. » Les trois enfants quittèrent donc la maison. Après avoir marché plusieurs jours, ils se décidèrent à habiter une grotte. Tous les jours les deux frères allaient à la chasse et la jeune fille restait seule à la grotte. Un jour, le roi, venant à la chasse dans cet endroit, aperçut la jeune fille et plus il la regardait, plus il l'admirait. Il lui demanda ce qu'elle pouvait bien faire dans ce lieu solitaire. « J'attends mes frères qui sont à la chasse », lui répondit-elle. En arrivant chez lui, le roi dit avoir vu une jeune fille qui ressemblait à sa femme. En entendant cela la reine se rendit aussitôt chez la sorcière : « Ma commère, lui dit-elle, les enfants que nous avons fait disparaître sont-ils vivants ? — Oui, répondit la sorcière. — Allez voir à la grotte dont a parlé mon fils si ce sont eux. » La sorcière s'y rendit et parla longtemps à la jeune fille. Celle-ci lui dit qu'elle avait deux frères qui étaient à la chasse. « Alors, en vingt-quatre heures vous serez morte, dit la sorcière, si vous ne buvez une bouteille d'eau de la mer Rouge. » Cela dit, la sorcière disparut et la jeune fille n'eut que le temps de rentrer dans la grotte, la fièvre la prit et elle ne faisait plus que se traîner. Quand les deux frères arrivèrent ils l'interrogèrent et leur sœur leur ayant raconté ce qui s'était passé, ils décidèrent qu'il fallait aller chercher la bouteille d'eau de la mer Rouge. Ils la cherchèrent et l'apportèrent. Après l'avoir bue, la jeune fille fut guérie. Le roi étant venu une seconde fois à la chasse, il causa longtemps avec la jeune fille, lui demandant des nouvelles de ses frères. Arrivé chez lui, le soir, il dit à la reine qu'il avait revu la jeune fille de la grotte et que rien n'était plus beau qu'elle. La reine accourut de nouveau chez sa commère qui l'informa de sa mission et de ce que les deux jumeaux avaient fait. La sorcière partit pour aller revoir la jeune fille. Après avoir longtemps parlé avec elle, elle lui dit en la quittant : « Si vous n'avez un oiseau qui parle, en vingt-quatre heures vous serez morte ! » À ces mots la sorcière disparut et la jeune fille, perdant ses forces, ne put même pas rentrer dans la grotte. Les deux frères, en apprenant cela, partirent et allèrent consulter tous les ermites des environs. Ils finirent par trouver un sorcier qui leur dit : « Rassurez-vous, je vais frapper cette table avec ma baguette ; il en sortira un grand nombre d'oiseaux. Celui qui se posera sur votre épaule vous parlera et vous le prendrez. » En effet, tout arriva comme l'avait dit le sorcier et le plus beau des oiseaux vint se poser sur l'épaule du fils aîné qui l'emporta et la sœur fut guérie. L'oiseau volait sans cesse de l'épaule de l'un à l'épaule de l'autre des enfants en disant : « Voici le porc, voici le chien, voici le chat. » Comme d'habitude le roi vint à la chasse. Il avait, avant de partir, commandé un grand festin auquel il invita les deux frères et leur sœur. En chemin, l'oiseau continua son manège ; puis, arrivé au palais, au moment où tout le monde prenait place à table, il se mit au milieu et dit : « Voici le porc, voici le chien, voici le chat ; Roi, votre mère et sa commère méritent d'être brûlées. Si vous ne punissez les coupables vous n'êtes point digne du nom de roi ! Le meunier mérite une récompense ! » Le roi comprit alors ce que voulait dire l'oiseau et reconnut ses enfants. La reine et la sorcière furent brûlées. Le roi voulant récompenser le meunier le fit appeler. Le pauvre homme se présenta la corde au cou, croyant que le roi voulait le faire tuer. « Enlève cette corde, dit le roi, je la mériterais plus que toi. » Depuis lors le meunier demeura au palais et le roi vécut heureux avec sa femme et ses enfants.

LA FLEUR QUI CHANTE

Il était une fois un roi et une reine qui avaient trois fils. Un jour, le roi tomba malade et dit à ses enfants : « Allez me chercher de la mauve pour me faire de la tisane. Celui qui en apportera le plus aura ma couronne en héritage. » Ils s'en allèrent aussitôt à la recherche de la fleur bienfaisante et firent une ou deux lieues ensemble ; puis les deux aînés se séparèrent du plus jeune qui continua son chemin. Il chercha partout de la mauve ; mais, n'en trouvant pas, il se mit à pleurer. Enfin, séchant ses larmes, il se remit à l'œuvre et rencontra, chemin faisant, de vieilles sorcières auxquelles il s'adressa : « Je cherche de la mauve pour mon père qui est bien malade. Savez-vous où je peux en trouver ? » Elles lui montrèrent alors un champ où il y en avait beaucoup. Quand il en eut rempli son panier, il se remit joyeusement en route en les remerciant de tout son cœur de l'avoir si bien aidé. Tout en marchant, il recontra l'aîné de ses frères qui n'avait pas cueilli autant de mauve que lui et qui lui cria : « Donne-moi de ta mauve, sinon je te tue ! — Mais non, répondit-il, va en chercher toi-même si tu veux ! » Alors le prince aîné tua son petit frère à coups de pierres et l'enterra dans un champ rempli de magnifiques fleurs. Puis il s'en retourna chez son père. Celui-ci lui ayant demandé : « Où est ton frère ? », il répondit : « Je ne le sais pas, il nous a laissés en route. » Un jour, un berger vint à passer à l'endroit où le fils cadet du roi était enterré et il cueillit la plus belle des fleurs qui croissaient là. Quand il l'eut prise dans sa main, elle se mit à chanter : « Berger, ô berger ! ce n'est pas toi qui m'as tué, mais mon frère aîné, pour un peu de mauve ! » Le berger porta la fleur au roi qui la prit dans sa main. Aussitôt la fleur se mit à chanter : « Mon père, ô mon père ! ce n'est pas toi qui m'as tué, mais mon frère aîné pour un peu de mauve ! » Le roi donna la fleur à la reine, et elle chanta : « Ma mère, ô ma mère ! ce n'est pas toi qui m'as tué, mais mon frère aîné pour un peu de mauve ! » La reine donna alors la fleur à son fils aîné, et elle se mit à chanter plus fort : « Ô mon frère, mon malheureux frère ! c'est bien toi qui m'as tué pour un peu de mauve, afin d'hériter de la couronne ! » Le père et la mère se firent aussitôt conduire à l'endroit d'où venait la fleur. On creusa la terre et on retrouva le cadavre du jeune prince qui fut transporté dans le cimetière de la ville. Deux jours après, le roi fit monter son fils aîné sur l'échafaud, et ce fut le second de ses fils qui hérita de la couronne.

LA SAUGE

N'avez-vous jamais ouï dire :

Qui de la sauge ne prend,
De la Vierge ne se souvient point ?

Je suis assuré que si. Et d'où vient ce dicton ? Un jour à la veillée, ma pauvre mère-grand me conta ceci, et je vais aussi vous le conter.

Les bourreaux du roi Hérode fouillaient, furieux et couverts de sang, les maisons de Bethléem, pour massacrer les enfants à la mamelle. La Vierge Marie, plus morte que vive, pauvrette ! courait, pendant ce temps-là, les montagnes de Judée ; et pressant son fils sur son cœur tremblant, elle fuyait les bourreaux.

Saint Joseph, dans la plaine, demandait, de *mas* en *mas*, l'hospitalité, que personne ne voulait lui donner.

Et voilà que soudain des hurlements de mort vinrent transpercer le cœur de la Mère de Dieu. Alors, elle se retourne, et que voit-elle ? Elle voit, là-bas au loin, les soldats d'Hérode courant après elle.

Aïe ! aïe ! aïe ! où se cacher ? Pas de caverne dans le roc qui puisse l'abriter.

C'est alors qu'elle vit près d'elle une rose qui s'épanouissait :

— Rose, belle rose, dit-elle, épanouis-toi bien et

abrite, avec tes feuilles, et le pauvre enfant que l'on veut faire mourir, et sa pauvre mère qui est quasi morte !

La rose lui dit :

— Passe vite, passe ton chemin, va ! car les bourreaux, en me frôlant, pourraient me salir. Il y a là, tout à côté, l'œillet : va lui dire de t'abriter, et peut-être t'abritera-t-il.

— Œillet, œillet joli, lui dit Marie, épanouis-toi bien, et abrite, avec tes feuilles, et le pauvre enfant que l'on veut faire mourir, et sa pauvre mère qui est quasi morte !

L'œillet lui dit :

— Passe vite, passe ton chemin ; je n'ai pas le temps de t'écouter, car il faut que je me fleurisse. Il y a là, tout à côté, la sauge. La sauge a toujours été le refuge des pauvres gens.

— Sauge, brave petite sauge, épanouis-toi bien et abrite, avec tes feuilles, et le pauvre enfant que l'on veut faire mourir, et sa pauvre mère qui est quasi morte !

Et tant s'épanouit la brave petite sauge, et tant elle élargit ses feuilles et ses fleurs qu'elle en abrita l'Enfant-Dieu et sa mère.

Et quand passèrent les bourreaux, la mère frissonnait, et l'Enfant-Dieu lui souriait. Et les bourreaux s'en allèrent comme ils étaient venus. Et quand ils furent partis, Marie et Jésus sortirent de leur refuge.

— Sauge, sainte sauge, grand merci ! dit la mère.

Et la Vierge caressa de la main la plante compatissante, et la bénit.

Et puis saint Joseph rejoignit Marie et Jésus avec un âne qu'un brave homme lui loua ; et Marie monta sur l'âne. Et Michel, l'archange de Dieu, dévala de là-haut pour leur tenir compagnie et leur indiquer les plus courts chemins. Et tout doucement ils s'en allèrent en Égypte.

C'est depuis lors que la sauge a tant de vertus, depuis lors qu'on dit en Provence :

Qui de la sauge ne prend,
De la Vierge ne se souvient point.

LÉGENDES

LA BASTIDE DE PIERRE BEAUDUC

Légende marseillaise

À une faible distance de Marseille, sur les bords du Jarret, s'élèvent en amphithéâtre des coteaux tapissés de pampres, d'oliviers et de pins ; ce sont les coteaux de Montolivet. Du plateau, qui les domine, le regard va s'égarer sur un paysage lumineux, accidenté, immense, circonscrit par des montagnes bleuâtres et par des golfes resplendissants. Le croirait-on ? Malgré sa proximité de la ville, malgré les magnificences de son horizon, le plateau de Montolivet est presque inhabité !... Les amateurs de la campagne — et ils sont nombreux à Marseille — ne connaîtraient-ils pas ce site privilégié ?... Nos ancêtres étaient mieux renseignés, — je n'ose dire, de meilleur goût. Aussi, tandis qu'on fait plus d'une lieue sur ces hauteurs sans trouver une villa ornée de tous les embellissements modernes, en revanche, on rencontre plusieurs bastides, — aujourd'hui laides et délabrées, je l'avoue, — mais jadis gracieuses et confortables. La plupart de ces vénérables reines du paysage d'autrefois ne se révéleront pas à vous peut-être ; vous les confondrez avec les demeures des paysans, ou vous ne les apercevrez pas de loin, cachées qu'elles sont presque toutes derrière un massif d'arbres aussi vieux qu'elles. Pourtant sur la traverse subsistent encore quelques débris de leur splendeur passée : au-devant d'une avenue — qui fut sablée, — s'ouvre une grille de fer dont la rouille a rongé les barreaux artistement enlacés ; deux piliers servent de chambranle à cette porte rompue et supportent des corbeilles massives, dont les fleurs, écloses sous le ciseau du sculpteur, sont verdies par la mousse, cette rouille de la pierre. Enfin, dans la rentrée en hémicycle, qui précède ordinairement ces portails déchus, se trouvent encore, adossés à la muraille et de chaque côté de la grille, de vieux bancs de pierre, écornés par la roue des charrettes et souillés par les ordures du chemin.

Tous ces restes d'une élégance qui n'est plus n'ont rien de bien gai ni de bien attrayant.

Un jour donc que, pour me distraire, j'errais au hasard dans la campagne, j'arrivai justement sur les hauteurs de Montolivet. La vue de ces ruines me porta à de noires réflexions sur la fragilité des choses d'ici-bas ; je sentis mon humeur s'assombrir... J'avais hâte de quitter ces lieux désolés. Mais, tout à coup, les murailles entre lesquelles le chemin est encaissé s'écartent démesurément pour envelopper une sorte de place mamelonnée et raboteuse, recouverte d'un gazon court et brûlé, hérissée des saillies grisâtres de la roche.

J'éprouvai je ne sais quel sentiment pénible en face de ce champ abandonné, dont la stérilité contrastait si fortement avec la végétation luxuriante des collines contiguës.

— Allons, me dis-je, il est décidé que je dois faire aujourd'hui une promenade insipide et que je rentrerai chez moi... réjoui comme si j'arrivais d'un cimetière.

Un vieux paysan, qui me vit arrêté devant cette steppe marseillaise, comprit sans doute, à mon air maussade, quelle était ma préoccupation ; il vint à moi et me dit brusquement, dans son provençal :

— Vous ignorez sans doute, Monsieur, pourquoi ce lieu est si aride ?

— Mais... je suppose que c'est Dieu qui l'a voulu.

— Ah ! Monsieur, dites plutôt que c'est le diable.

Je fixai le villageois pour découvrir sur son visage la trace d'un sourire ; ce visage, hâlé par le soleil, était immobile.

— Que voulez-vous dire, mon brave ami ? repris-je sur le ton d'un homme qui n'est pas disposé à se laisser prendre pour dupe.

— Il y aurait toute une longue histoire à vous conter là-dessus, poursuivit mon interlocuteur avec la même impassibilité ; et si je ne craignais pas...

— Voyons, voyons ; je vous écouterai avec plaisir, dussiez-vous me faire dresser les cheveux sur la tête...

— Vous riez, Monsieur ; vous avez tort... Il ne faut pas faire comme nos jeunes gens d'aujourd'hui qui ne croient à rien ; ils affectent de n'avoir pas plus peur du bon Dieu que du diable, et ils sont tout fiers de ce prétendu courage ; du courage !... moi j'appelle ça de la fanfaronnade. Depuis qu'ils apprennent à lire, ces messieurs, ils s'imaginent être des savants, et des savants... ne doivent pas craindre l'enfer.

Je me gardai bien de me fâcher de la leçon que me donnait le vieillard ; je repris mon sérieux, et il continua :

— « Mon enfant, me disait mon pauvre père, respecte toujours la volonté du bon Dieu ; résigne-toi, quoi qu'il t'arrive ; vois plutôt ce qui est arrivé à Pierre Beauduc. »

Il faut que vous sachiez, Monsieur, que ce Pierre Beauduc était un excellent ouvrier de Saint-Just ; lorsqu'il eut gagné quelque argent, en faisant son métier de charron, il s'ennuya de travailler pour les autres ; il vendit son fonds de boutique, acheta quelques *carterées* de terrain, fit bâtir un *bastidon* et s'y retira avec Marthe, sa femme, qui était bien une sainte ! ! !

Tout allait bien en commençant, les récoltes étaient bonnes ; Pierre travaillait sans relâche et faisait fructifier son bien. Plus d'un campagnard jalousait le charron.

Mais voilà que les oliviers prennent une maladie ; la vendange est presque nulle ; arrivent les mauvais jours. Cela dura deux ans. Pierre mangea non seulement ses économies, mais encore il fut obligé d'engager son petit domaine. La misère devint affreuse ; il n'y avait pas toujours du pain dans le bastidon !...

Pour comble de malheur, Pierre perdit le seul enfant qui lui restât ; le pauvre petit mourut, parce que sa mère, qui tombait elle-même de besoin, ne pouvait plus l'allaiter.

Marthe ne se laissa pas abattre par tant d'infortunes ; calme et résignée, elle adressait au ciel les plus ferventes prières, tandis que son mari s'abandonnait au désespoir le plus violent et s'emportait contre Dieu en murmures et en malédictions...

En cet endroit de son récit, le vieux paysan s'interrompit avec émotion. Nous étions arrivés, tout en causant, dans un petit vallon solitaire, silencieux entouré de grands pins, qui secouaient leurs panaches sombres avec un frémissement prolongé. Mon compagnon me fit remarquer, dans l'angle de deux murailles, une niche veuve de sa Madone ; puis, après avoir passé la main sur son front, comme pour recueillir ses souvenirs, il poursuivit :

— Un soir que Marthe était venue, épuisée et mourante, s'agenouiller devant cet oratoire, elle distingua, à la clarté de la lune, son mari accoudé contre un pin et en face de lui un fantôme noir, dont les yeux brillaient dans l'obscurité comme des charbons ardents. Ce soir-là, le mistral soufflait avec violence ; il tourmentait les arbres ; et de la pinède, qui ondoyait comme les eaux de la rade, s'échappaient des mugissements bien autrement terribles que ceux d'aujourd'hui. Et pourtant, Marthe entendit distinctement ces paroles étranges :

« Veux-tu être riche ? disait le fantôme.

— Oh ! oui, répondit Pierre ; car demain, si je ne trouve de l'argent, demain... il me faudra mourir !... Mourir, car j'ai épuisé ma dernière ressource... et à l'heure qu'il est, je sens mes jambes faiblir ; oh ! oui, je voudrais être riche !

— Que donnerais-tu donc en échange de ce trésor, reprit l'inconnu, en tirant une poignée d'or, qui étincela dans l'ombre.

— Ce que je donnerais ?... Mais, je n'ai rien ! rien !

— Si je te demandais ton âme ?...

— Satan ! murmura le paysan épouvanté.

— Me la vendrais-tu ? »

Un court silence suivit ces paroles ; le vent seul gémissait dans le feuillage frissonnant. Marthe était glacée.

Satan poursuivit :

« Pourquoi trembler ?... N'as-tu pas assez souffert ? Es-tu donc si content de ton Dieu ?

— J'ai faim ! murmura Pierre d'une voix rauque ; esprit du mal, que me veux-tu ?...

— Ton âme... et tu auras ce que tu souhaites.

— Tu me promets alors que ma terre sera la plus fertile de Provence, et que jamais elle ne cessera de me donner d'abondantes récoltes.

— Je le veux ; mais souviens-toi que d'après la condition de notre pacte, tu devras tuer la première personne qui s'offrira à ta vue.

— Que m'importe, puisque je t'ai vendu mon âme ? Je la tuerai...

— Bien, voici ton argent et une hache ; jure avec moi. »

Et Satan prononça une formule terrible, que le paysan répéta mot pour mot après lui.

Au même instant un cri de douleur éclata dans le bois comme le râle d'une suprême agonie ; Pierre se précipita vers le lieu d'où il semblait être parti ; il trouva sa femme renversée au pied de l'oratoire. Si vite qu'il eût couru, le fantôme était arrivé avant lui :

« Eh bien ! ta promesse », fit Satan d'une voix impérieuse.

Pierre ouvrit la main pour jeter sa hache loin de lui ;

le fatal instrument s'attacha à sa main comme un chardon enflammé après une chair vive.

« Pitié ! s'écria le charron, en poussant un hurlement de douleur ; pitié ! j'obéis... »

Et, levant le bras, il assena un coup violent, un seul coup. Marthe ne fit pas entendre un soupir... Une blanche colombe s'envola par sa bouche et prit son essor vers les cieux. Le fantôme s'évanouit à travers les pins... et le vallon retentit des éclats bruyants de son rire satanique ; on eût dit les grincements aigus d'une scie qu'on aiguise.

Le lendemain, on trouva deux cadavres près de l'oratoire : l'un souriait d'un sourire d'ange, c'était celui de Marthe ; l'autre n'était qu'une masse carbonisée. On reconnut pourtant les traits du paysan criminel.

Quant au *bastidon*, on n'en découvrit pas même la trace ; les plantations avaient aussi disparu et le sol était dépouillé comme s'il eût été sillonné par des torrents de feu. C'est cette place inculte devant laquelle je vous ai rencontré.

Depuis ce temps personne n'osa cultiver ce terrain maudit ; toute peine serait perdue d'ailleurs, car, vous avez pu le voir, il ne produit pas même ces ronces et ces bruyères qui poussent dans les endroits les plus stériles ; aussi les troupeaux de chèvres ne font-ils que le traverser en courant.

Mon compagnon termina son récit par une péroraison philosophique que je voudrais reproduire ici dans son entier, si elle ne perdait pas tout son charme à être placée dans une autre bouche que celle d'un campagnard.

— Je ne m'étonne plus que le plateau de Montolivet soit aussi désert, m'écriai-je lorsque le bonhomme eut fini ; je conçois que le voisinage du champ de Pierre Beauduc ait été fort peu séduisant pour ceux qui veulent s'égayer à la campagne.

— Sans doute, reprit naïvement le villageois ; voilà pourquoi les anciens châteaux ont été successivement abandonnés par leurs maîtres ; mais vous verrez, monsieur, qu'on finira par oublier cette sinistre aventure ; bientôt ces hauteurs se couvriront de bastides, et reprendront leur animation d'autrefois.

AMEN

Une fois, du côté d'Arles, passait un saint homme de Dieu. Il avait fait ses dévotions dans la grande église de Saint-Trophime et de la Majour. Les Arlésiens avec qui il était resté quelques jours disaient que c'était un saint à faire des miracles. Et tant bien il arraisonnait sur la religion et sur son histoire que c'était un bonheur de l'ouïr.

Ah ! que de fois à l'ombre des remparts, ou sur la place des Hommes, il avait la foule autour de lui, et ses paroles étaient une manne plus douce que le miel. Quand il partit (comme il était aveugle, pécaïre !), ils l'accompagnèrent hors ville vers la Crau, et même ils lui baillèrent un garçon pour lui montrer le bon chemin.

Ils s'en allaient tout plan plan. Les tours d'Arles avaient disparu dans le lointain, et les bouquets de peupliers qui s'élevaient le long du Rhône paraissaient des touffes de pistachiers.

Le chemin était caillouteux, rien ne bougeait et il faisait chaud. Notre gamin commença à se fatiguer. Alors une idée du tron de l'èr (tonnerre de l'air) lui passa par la caboche et il se prit à dire au vénérable apôtre :

— Saint homme, n'aimeriez-vous pas à prêcher un peu ?

— Si, mon enfant, dit l'ermite, toujours prêt ; mais à qui ? à toi ? Tu m'as déjà entendu et je te fatiguerais.

— Pas à moi. Mais il y a par ici une foule de gens, probablement de ceux de la Crau qui voulaient venir en Arles pour entendre au moins une fois votre parler d'or.

— Dans ce cas, mon beau garçon, je suis prêt à redire devant eux ce que m'inspire la bonté de notre Père qui est aux cieux, les splendeurs de sa création, et l'amour que nous lui devons.

Ah ! il me semble qu'ils vous reconnaissent. Ils se sont assis en silence sur le gazon du fossé, et retiennent leur haleine pour vous mieux écouter.

— Alors, dis-moi quand nous serons arrivés et fais-moi signe quand je pourrai entamer le sermon.

— Nous y serons bientôt. Tenez, approchez-vous un peu et vous serez à portée de ces braves gens.

Or, il n'y avait qu'eux deux dans la Crau, plate et

silencieuse, et tout alentour quelques herbes basses entre les cailloux roux et gris. Le bienheureux apôtre, d'une voix claire, parla à ravir, et jamais, non, jamais, il n'avait été aussi éloquent.

Il n'y avait pour l'ouïr que le gamin et la Mante du désert. Cependant quand il eut fini, pour rendre hommage à la parole divine, tous les cailloux d'alentour ensemble dirent : *Amen !*

SUR LES CHÈVRES D'OR

Paul Arène a délicatement brodé le joli conte de *La Chèvre d'or* sur la trame de la légende provençale. Mais il a transposé le symbole du domaine de la richesse matérielle dans le domaine du sentiment, en déguisant, sous les apparences du trésor que les hommes recherchent avidement, l'amour plutôt que l'argent.

« J'avais rencontré, écrit-il, la Chèvre d'or dans tous les coins de Provence, aux Baux, à Cordes, à Vallauris. Partout la légende se rattachait aux souvenirs de l'occupation sarrasine, et partout il s'agissait d'une chèvre à la toison d'or, habitant une grotte pleine d'incalculables richesses et menant à la mort l'homme assez audacieux pour essayer de la suivre ou de s'emparer d'elle... »

Marseille, 1835.

Avant de se retirer vers 980, les Maures Sarrasins qui occupaient la Provence depuis deux siècles avaient caché dans des souterrains secrets d'immenses richesses, fruits de leurs rapines et de l'exploitation de mines argentifères de la région. Ils comptaient revenir plus tard et reprendre leurs trésors. Telle était la croyance populaire, en Provence. On constate que partout où on aurait vu la Chèvre d'or, il y a d'autres souvenirs concrets des Sarrasins : des noms de lieux, les bâtisses, etc.

Si, dans ces localités, on interrogeait des gens du pays connaissant bien les traditions locales, si on trouvait sur ce sujet quelque écrit, antérieur au livre si répandu de Paul Arène, recueillerait-on des récits conformes à ces données générales de la légende ?

Voici quelques glanes.

Près d'Arles, sur la montagne de Cordes où campa Abdérame, émir de Cordoue — ce qui expliquerait le nom de Cordes —, s'ouvre une grotte ténébreuse taillée en forme d'épée où les Sarrasins auraient caché leurs trésors sous la garde vigilante de la chèvre aux cornes d'or. Jules Canonge a romancé cette légende arlésienne dans son livre *Arles en France.*

Frédéric Mistral raconte, dans ses *Mémoires et Récits,* comment, dans son enfance, il furetait avec ses camarades dans les grottes de Saint-Michel-de-Frigolet, pour « dénicher la Chèvre d'or ». Il présente, dans *Mireille,* la Chèvre d'or qui veille sur les trésors enfouis par les Sarrasins dans les grottes profondes des Baux. « Je veux la Chèvre d'or, la chèvre — que nul mortel ne paît ni trait — qui, sous le roc de Baus-Manière — lèche la mousse des rochers — ou je me perdrais dans les carrières — ou tu me verrais ramener la chèvre au poil roux !... Hélas ! combien d'âmes sèches et affamées de gain mordent au piège du noir antenois et à la Chèvre d'or font fumer leur encens ! »

Sur le versant méridional du plateau des Encourdoules (nom dérivé de Cordoue ?) qui domine Vallauris et qui porta, dans l'antiquité, l'acropole de *Vallis Aurea*, une faille du roc donne péniblement accès à la grotte de la Chèvre d'or, *lou Trau de la Cabro d'or*, où seraient entassées, en des profondeurs mystérieuses, des masses d'or et de pierres précieuses. On ne pourrait arriver jusqu'à ces trésors sans l'aide d'une Chèvre aux cornes d'or, postée sur le seuil et invisible durant le jour. Elle apparaît le soir, éveillant, par ses bonds capricieux, la curiosité du passant. Malheur à celui qui la suivrait dans la grotte, il ne reverrait jamais la douce lueur du jour. Égaré dans le labyrinthe des couloirs ténébreux, il perdrait bientôt la trace de la Chèvre aux cornes d'or et mourrait misérablement de faim, de soif et d'épouvante, près des plus mirifiques richesses. C'est ce qui est arrivé, conte-t-on, à tous ceux qui ont voulu suivre la Chèvre aux cornes d'or dans sa sombre retraite.

À Tanneron dans le Var, au quartier des Plaines où le souvenir des Maures est vivace, un bloc de rocher, énorme et rond — *Lou Bau Redoun* — marque, dit-on, l'entrée du domaine de la Chèvre d'or, gardienne de trésors fabuleux. Un matin, Janet, étant à l'affût du sanglier, entendit du bruit dans le fourré. Il aperçut une chèvre merveilleuse au poil éblouissant, dont les cornes, luisantes comme de l'or, étaient entravées dans un buisson. Avec son couteau, il coupa les branches et délivra la bête. « Suis-moi, lui dit la chèvre à sa grande stupéfaction ; tu seras récompensé. »

Ils arrivèrent au *Bau-Redoun*, comme le soleil se levait. Le *Bau* pivota sur lui-même, découvrit l'entrée d'une grotte remplie d'arbustes en or massif chargés de fruits en pierreries multicolores. Comme Janet, ébloui, restait figé sur place, la Chèvre lui fit signe de cueillir quelques branchages. Il partit, les bras lourdement chargés. Riche, Janet gagna Toulon et, de longtemps, on n'entendit parler de lui. Enfin, il revint vieilli et courbé. Il se plaisait à raconter aux jeunes son aventure avec la Chèvre d'or, mais ne disait mot des déceptions qu'il avait trouvées à travers le monde. À ceux qu'il voyait trop souvent s'approcher du *Bau Redoun* dans l'espoir de rencontrer la Chèvre d'or, il recommandait de préférer leur vie simple et tranquille aux fausses joies que procure la richesse trop facilement acquise.

À Draguignan, la butte de la Chèvre d'or surmonte la colline du Seyran. On raconte qu'un paysan pauvre, n'ayant pour tout avoir qu'une chèvre, trouva près de la butte, sous un tas de pierres, un trésor et acheta aussitôt plusieurs immeubles importants de la ville. Il prétendait que le trésor lui avait été révélé par la Chèvre d'or ; mais on croyait plutôt qu'il avait trouvé une fortune cachée pendant les guerres civiles (Garcin, *Dictionnaire historique et topographique de la Provence*).

À Roquefort dans les Alpes-Maritimes, sur le vieux chemin de la Colle, en face des restes d'un Castellas, s'ouvre la grotte de la *Cabro d'or*, corridor assez uniforme s'étendant jusqu'à une soixantaine de mètres. On montre tout au fond de la caverne un bassin vide qui aurait été, dit-on, le repaire intime de la fameuse Chèvre d'or.

Près d'Èze, que les romanciers appellent volontiers *Èze-la-Sarrasine*, une Chèvre d'or aurait été enfouie sur le plateau de Sembola. Suivant une autre tradition, une Chèvre d'or aurait été cachée dans un souterrain, à proximité de Nice.

À Vernègues dans les Bouches-du-Rhône, sur un versant du Puy, bée l'entrée de la grotte de la Chèvre d'or : on voit sur une paroi du rocher des traces d'inscription romaine. Sur les pentes du mont Roche-Courbe dans la Drôme est la Balme de la Chèvre d'or.

Sur le mont Ventoux, dans la petite commune de Saint-Léger, c'est une Vache d'or qui serait dans la grotte de la Vache d'or.

D'autres traditions provençales, dans lesquelles il n'est pas question des Sarrasins, font allusion à un culte antique rendu à la statue en or d'une chèvre merveilleuse. On prétend que certaines ruines assez informes seraient celles d'un temple antique dédié à la Chèvre d'or. Cependant il faut noter que, dans le voisinage de ces vestiges, il y a des souvenirs précis des Sarrasins.

À Lorgues dans le Var, où il existe une porte dite Sarrasine, il y aurait eu un temple voué à la Chèvre d'or sur la colline de la Chèvre d'or. De même à Draguignan, sur la colline du Seyran, près de la butte de la Chèvre d'or dont il a été parlé. À Biot, ce sont les ruines d'un temple antique dit de la Chèvre d'or, ainsi qu'à Saint-Vallier de Thiey, Alpes-Maritimes.

On conte aussi que la Chèvre d'or gît sous le mausolée de Saint-Rémy-de-Provence.

... Nous avons beaucoup de « chèvres d'or », m'écrit J. Barruol, de Mazan... Eh bien, vous pouvez être certain que ce sont des emplacements de petits temples ou sites gallo-romains où ont été trouvés des bronzes, qui, nettoyés, brillaient comme l'or.

LA LÉGENDE DU TRÉSOR DE CID-HAMED

La retraite des Sarrasins fut si imprévue que la plupart d'entre eux ne purent emporter les trésors qu'ils avaient amassés par la guerre et le pillage. On n'a pas tout à fait perdu l'espoir de retrouver celui que Jussef-Ibin laissa enfoui dans le trou des Fées de la montagne de Cordes. D'autres précipitèrent leurs richesses dans le lit du Rhône, d'où les marins de Trinquetaille et de la Roquette en retirent de précieux débris de temps en temps. Quelques-uns enfin les cachèrent sous ces voûtes romaines servant de caves aux maisons qui avoisinent aujourd'hui l'hôtel de ville. Cid-Hamed, un des principaux officiers de Jussef-Ibin, avait choisi pour sa demeure la troisième des quatre maisons du Plan de la Cour, celle qui fait aujourd'hui face à l'escalier du palais municipal.

Le Maure Cid-Hamed ne quitta Arles qu'avec l'espoir d'y revenir un jour. Ayant d'ailleurs à sauver sa fille, la jeune Gulbeyaz, qu'il aimait par-dessus tous les biens de ce monde, il ne voulut pas embarrasser sa fuite par un trop lourd équipage. Il se contenta donc de déposer ses joyaux avec son or dans un caveau recouvert de larges dalles, et pratiqué sous le Ciel-Ouvert, espèce de petite cour intérieure de sa maison. En notre siècle de lumières, où les arts mécaniques sont si merveilleusement perfectionnés, on a je ne sais combien de ressorts secrets pour protéger contre les mains des voleurs de semblables cachettes ; en ces temps de superstition et d'ignorance on y suppléait par la magie ; Cid-Hamed, après avoir remis en place la dernière dalle du Ciel-Ouvert, prononça, dit la chronique, un mot cabalistique, dont telle était la vertu que le caveau devait rester fermé, quelques efforts que pût faire celui qui voudrait en forcer l'entrée, à moins de répéter le mot mystérieux, avec certain verset du Coran. Cid-Hamed eut la précaution de rendre sa fille témoin de cette opération importante, et il partit avec ses compatriotes vaincus.

Les Maures firent encore quelques excursions en Provence ; mais les portes d'Arles ne s'ouvrirent plus à leurs bannières, et Cid-Hamed succomba dans une bataille, après avoir marié Gulbeyaz à un autre capitaine sarrasin, qui périt lui-même à son tour de la mort des guerriers, laissant sa veuve avec une fille âgée de treize ou quatorze ans.

L'adversité ne cessa depuis cette époque d'accabler Gulbeyaz. Obligée de vendre ses biens, les uns après les autres, pour satisfaire les créanciers de son père et de son mari, elle se vit réduite, pour vivre, au travail de ses mains. Négligée du prince, car la mémoire des chevaliers morts ne protège pas longtemps à la cour leurs filles, leurs veuves ; repoussée peu à peu de tous ceux qu'elle avait cru ses amis dans des temps plus prospères ; effrayée de l'indigence qui la menaçait, Gulbeyaz se souvint de la ville où elle avait passé son enfance, et du trésor que son père y avait enfoui sous ses yeux vingt ans auparavant. Cette pensée finit par occuper exclusivement son esprit, d'abord comme un regret, et puis comme un espoir. Après bien des hésitations, elle résolut d'entreprendre le voyage d'Arles. Emportant le peu d'argent qui lui restait, elle se rendit avec Zara, sa fille, au port le plus voisin de Cordoue, et s'embarqua sur un navire qui faisait voile pour les côtes de Provence. La jeune Zara, initiée dans le secret de sa mère, et séduite surtout par ce qu'il y avait de mystérieux et de romanesque dans ce voyage, partagea l'enthousiasme de Gulbeyaz lorsqu'elles abordèrent au rivage de cette contrée, dont elle avait été si souvent entretenue depuis le berceau. La mère et la fille, ayant revêtu en débarquant le costume des femmes chrétiennes d'Espagne, firent à pied la route de Marseille à Arles, se livrant à mille suppositions pour chercher d'avance un moyen de s'introduire dans la maison où les attendait le trésor de

Cid-Hamed. Leur bagage était des plus légers. Un grand panier qu'elles portaient tour à tour contenait, avec quelques hardes, une forte corde d'une longueur de vingt à trente pieds environ, et roulée sur elle-même.

Cette corde était, selon Gulbeyaz, le seul objet matériel qui fût utile au succès du voyage : « Il n'en fallut guère plus à Fatima, la femme du vizir Hassem, pour délivrer son époux », disait-elle à sa fille ; et, afin de lui prouver qu'on réussit quelquefois de grandes choses avec de petits moyens, elle lui racontait l'histoire du vizir, vieux récit de l'Ésope des Orientaux. Le vizir Hassem, ayant encouru la disgrâce du calife son maître, fut condamné à passer le reste de sa vie enfermé au faîte de la plus haute tour de Bagdad ; mais Fatima, sa femme, au lieu de s'abandonner à des larmes inutiles, vint, aux approches de la nuit, sous la fenêtre du prisonnier avec un escarbot, un peu de beurre, un écheveau de soie, un paquet de ficelle et un paquet de cordes. Elle attacha autour du corselet de l'escarbot une des extrémités du fil de soie, et, lui ayant frotté légèrement la tête avec le beurre, posa l'insecte contre le mur. L'escarbot, trompé par l'odeur du beurre, et croyant qu'il y en avait une provision au haut de la tour, grimpa d'une pierre à l'autre jusqu'à la fenêtre du vizir, et lui porta ainsi le fil de soie. Avec le fil de soie le vizir soutira le paquet de ficelle, et avec la ficelle la grosse corde, qu'il fixa par un nœud au barreau de la fenêtre pour descendre et s'échapper. — Par ce récit et par d'autres du même genre, Gulbeyaz entretenait sa propre confiance et celle de sa fille.

Ce fut le soir du second jour depuis leur débarquement qu'elles aperçurent le terme de leur pèlerinage ; et, en reconnaissant ces lieux où s'étaient passées ses premières années, Gulbeyaz oublia un moment qu'ils n'étaient plus une patrie pour elle. Elle fit admirer à Zara la forme élégante de cette antique cité, qu'un poète maure avait comparée à une harpe. Elle lui montra à quelques milles de distance la montagne de Cordes, qui conservait et qui conserve encore ce nom de la conquête sarrasine. Elle lui fit suivre des yeux le cours majestueux du Rhône, entourant de ses deux vastes bras le fertile Delta de Camargue, elle lui fit remarquer les deux tours carrées qui dominaient le Cirque, rival du Colisée de Rome, et dernière citadelle où les Arlésiens avaient bravé les armes de Jussef-Ibin. Enfin elle nommait à sa fille les clochers de toutes les églises qui avaient, pendant vingt ans, servi de mosquées aux vainqueurs. Tout à coup les cloches chrétiennes sonnèrent l'*Angélus*. Dans son attendrissement, Gulbeyaz, quoique fidèle musulmane, ne put entendre cette harmonie solennelle sans se prosterner religieusement, comme si c'était encore la voix du muezzin qui invitait les croyants à la prière, du haut de la tour de Saint-Trophime.

Les émotions de Gulbeyaz eurent quelque chose de plus triste lorsqu'elle passa le long du fameux champ d'Alyscamps, cimetière consacré aux braves qui avaient payé de leur sang la défaite des Maures. Mais déjà elle n'était qu'à quelques centaines de pas des remparts, et elle n'hésita plus à franchir une des portes, en suppliant le bon génie qui semblait avoir jusque-là favorisé son voyage de l'empêcher d'échouer au port. En effet, venant au-devant de tous ses vœux, le hasard, sinon un bon génie, introduisit la mère et la fille dans la maison de Cid-Hamed dès cette nuit même.

Embarrassée de demander un asile, après avoir erré pendant une heure dans les rues tortueuses d'Arles, écoutant tous les bruits, lançant des regards furtifs à chaque fenêtre où scintillait une lumière, Gulbeyaz s'arrêta enfin au Plan de la Cour, pour se reposer avec Zara sur le banc même de l'habitation qui fut autrefois la sienne. Dans une ville où l'on peut dire que les habitants vivaient, alors comme aujourd'hui, plus souvent sur la porte que sous le toit domestique, le banc extérieur était, comme il est encore, une sorte d'appendice nécessaire aux façades les plus modestes ; il coûtait du reste peu de chose sur ce sol romain où l'on trouve les bancs tout taillés, comme les bornes, sous forme de piédestaux et bases de colonnes, de chapiteaux et de cippes antiques, débris de granit ou de marbre des temples et des édifices du Forum. Qu'on devine quelles nouvelles sensations agitèrent, à cette place, la fille de Cid-Hamed ! Qu'on se la représente oppressée par ses souvenirs, n'osant prononcer une parole, pendant que Zara, épuisée de fatigue, penchait sa tête sur ses genoux ! Qu'on se la représente, étrangère et musulmane, au milieu d'une cité chrétienne, tremblant comme si elle était venue pour commettre un larcin, ou se comparant à un espion engagé dans le camp ennemi !...

Tout à coup des cris partent de la maison ; ce sont des cris de douleur, les accents d'une femme... Zara se réveille en sursaut de son demi-sommeil. Gulbeyaz se lève pour s'éloigner avec elle, lorsque la porte s'ouvre ; et la servante, qui en sort, aperçoit les deux musulmanes. « *Malavalisque !* (malpeste !) s'écria-t-elle après un mouvement de peur, qui sont ces inconnues ? Je ne m'étonne plus que ma pauvre maîtresse ne puisse être délivrée du mal d'enfant, lorsqu'il y a sous sa fenêtre une pareille sorcière !

— Vous êtes dans l'erreur, répondit Gulbeyaz d'une voix si persuasive que la servante eut quelque regret d'avoir ainsi rudoyé l'inconnue ; nous sommes deux pauvres pèlerines venues à la Sainte-Baume du fond de l'Espagne, et le ciel nous a inspiré sans doute en faveur de votre maîtresse la pensée de traverser Arles à notre retour : et ma fille, en ramassant çà et là des fleurs et des plantes sur les bords des chemins, en a justement cueilli une qui contient un remède que j'ai vu souvent employer avec succès dans les cas difficiles par les médecins arabes. »

Passant d'un extrême à l'autre, et naturellement plus portée, comme toutes les servantes du monde, à croire à l'empirisme qu'à la médecine, l'Arlésienne s'empressa de faire entrer les deux étrangères dans la maison, et les supplia elle-même de tenter au plus tôt l'essai d'un spécifique arrivé si à propos. Gulbeyaz ne la trompait pas : elle choisit un épi de seigle dans le bouquet de bleuets, de pavots et d'autres plantes cueilli par Zara, fit tomber une poussière végétale de quelques-unes des capsules du grain et, la mêlant avec un peu d'eau, dit à la servante de faire avaler à sa maîtresse cette potion, qui n'est plus un secret pour la médecine moderne. Une heure suffit pour en démontrer la vertu : l'accouchement eut lieu presque sans douleur ; et la servante, après avoir réclamé pour elle le mérite de sa confiance, fit généreusement la part de Gulbeyaz, qui se vit dès lors accueillie par la famille avec toutes les prévenances d'une cordiale hospitalité. La maison était habitée par un fermier de Camargue, qui avait vainement désiré jusqu'à cette nuit que sa femme le rendît père. Il aurait cru manquer au plus saint des devoirs, s'il n'avait invité les deux pèlerines à s'arrêter quelques jours chez lui. Gulbeyaz n'eut garde de refuser. Tout allait donc au gré de ses désirs : traitée plutôt comme une parente et une amie que comme étrangère chez ses hôtes, elle eut un moment l'idée de leur révéler le but de son voyage ; mais elle craignit malheureusement de changer leurs sentiments à son égard, en éveillant leur cupidité. Peut-être devenant déjà avare elle-même au moment où elle avait son trésor sous les yeux et presque sous la main, elle résolut de s'en emparer le plus secrètement possible, de peur d'être obligée de le partager.

Au bout de trois jours, ayant annoncé son départ pour le lendemain, elle attendit que la nuit fût venue pour procéder seule avec sa fille à l'enlèvement des diamants et de l'or de Cid-Hamed. Quand elle crut tout le monde endormi dans la maison et dans la ville, elle descendit à petit bruit de sa chambre, alluma une lanterne à l'aide d'un dernier charbon à demi éteint sous le couvre-feu, et passa de la cuisine au Ciel-Ouvert, suivie de Zara, qui portait la corde et le panier. La nuit était sombre, quoique étoilée ; le mistral, qui soufflait depuis la veille, s'engouffrait en mugissant dans la petite cour ; et Gulbeyaz était obligée de protéger avec sa main la lumière vacillante, en dirigeant ses rayons sur la dalle principale du caveau. Le mot magique fut prononcé, ainsi que le verset du Coran, et, docile à ce charme récité d'une voix tremblante, le caveau s'ouvrit : « Courage, ma fille, dit alors Gulbeyaz à Zara, en fixant la corde autour de sa taille comme une ceinture ; courage ! c'est à toi de descendre hardiment et de remplir le panier. Vois quels brillants reflets fait jaillir de l'or et des diamants la lumière, qui, depuis plus de vingt années, n'avait pas visité cette ténébreuse voûte. Ne crains rien, ma fille, il n'y a là que le trésor déposé jadis par mon père ; descends hardiment. Dès que j'entendrai ton signal, je t'aiderai à remonter.

— Je ne sais pourquoi je tremble, ma mère, dit Zara, mais il me semble que c'est dans mon tombeau que je descends pour jamais.

— Courage, ma fille ! répéta Gulbeyaz ; chasse ces vaines terreurs. C'est la vie et non la mort que tu vas chercher pour toi et pour moi. Si la force t'abandonne, les bras de ta mère ne laisseront pas échapper cette corde, elle doit rester nouée autour de ton corps. »

Zara se recommanda au prophète, et se laissa alors descendre dans le souterrain. Quand ses pieds atteignirent le sol, ils frappèrent sur un monceau d'or et firent rouler quelques pièces monnayées, dont le son fit battre plus vivement le cœur de sa mère. « Vite, mon enfant, vite, lui cria-t-elle, remplis le panier. Encore,

encore ! je me sens la force de le soulever tout entier. Encore, encore ! ne laisse pas un diamant ni un milleret : tout est à nous, c'est l'héritage de mon père.

— Voilà le panier rempli, dit Zara au bout d'un quart d'heure.

— Eh bien, maintenant délie la corde qui te ceint les reins, et attaches-y le panier ; quand je l'aurai retiré du caveau, tu en sortiras à ton tour. »

Zara fit ce que lui commandait sa mère, et celle-ci essaya de tirer le panier à elle. Mais elle avait trop présumé de la force de ses bras ; la corde lui échappa tout à coup, le panier retomba lourdement au fond du caveau, et la dalle se referma d'elle-même. Gulbeyaz fut saisie d'horreur à cet accident inattendu.

« Ma mère, ma mère, j'étouffe, je me meurs ; de l'air, de l'air !... Avez-vous abandonné votre fille ? » Ces cris sourds, dont l'accent avait quelque chose de fantastique en traversant l'épaisseur du caveau, achevèrent de troubler la malheureuse Gulbeyaz ; elle crut sa fille perdue, elle oublia le mot magique et le verset du Coran qu'elle aurait dû prononcer, au lieu de se livrer au désespoir. Se prosternant furieuse sur les dalles, elle chercha à les soulever ou à les écarter avec ses mains. Le sang jaillit de ses ongles, mais la pierre n'offrait aucune prise à leurs empreintes convulsives. « Ma mère, ma mère, je me meurs !... » Ce cri parvint une dernière fois jusqu'à l'oreille de Gulbeyaz, et elle n'entendit plus rien que le sifflement de la bise. Alors elle poussa elle-même un cri déchirant, heurta violemment la tête contre le caveau, et resta là immobile, privée de ses sens, jusqu'au point du jour.

Ses hôtes se levèrent avec une inquiétude vague ; ils avaient cru entendre des sons étranges pendant leur sommeil. La vue de Gulbeyaz étendue dans le Ciel-Ouvert, un visage teint de sang, ses mains déchirées, leur révélèrent que ces sons effrayants n'avaient pas été l'illusion d'un rêve. Leurs secours empressés rappelèrent l'infortunée à la vie ; mais elle avait perdu la raison sans retour. Les discours incohérents ne purent apprendre rien de certain sur ce qui s'était passé. Aux questions qu'on lui adressait sur la disparition inexplicable de sa fille, elle éluda longtemps de répondre autrement que par des imprécations contre elle-même ; ou quelquefois, en imposant silence à ceux qui l'interrogeaient, elle se baissait précipitamment et appuyait une oreille contre terre, comme si une voix souterraine lui parlait. La médecine déclara sa démence au-dessus de son art ; un savant moine de l'abbaye de Montmajour fut appelé pour calmer cette âme en peine ; mais comme elle répondait aux paroles de l'Évangile en invoquant Allah et Mahomet, il la crut possédée d'un démon musulman. La vue de l'or et des bijoux excitait les crises les plus cruelles de ce délire. Se dérobant aux soins de ses hôtes, Gulbeyaz déserta leur maison pour vivre errante dans la ville, tantôt sollicitant l'aumône, tantôt la repoussant. Les bruits les plus opposés, les soupçons les plus contradictoires pesèrent tour à tour sur l'étrangère ; c'était chaque jour une nouvelle interprétation de ses récits, où la vérité se mêlait souvent aux rêves de la folie. Mais l'étrangeté même de son malheur et de ses aveux protégea sa liberté. Elle vécut une année encore, mendiante, vagabonde, sans autre toit que la voûte du ciel ou quelque porche solitaire, et désignée par le peuple sous le nom de *la pèlerine folle.*

Un matin on la trouva morte sur le Plan de la Cour, l'oreille contre terre, dans l'attitude qu'elle prenait si souvent, comme pour écouter les sons étouffés de la voix souterraine de sa fille.

LES MORTS MIS EN BARRIQUE

Dans le cours du douzième siècle, on racontait que le cimetière des Aliscamps, près Arles, était un lieu privilégié, parce que saint Trophime avait obtenu de Jésus-Christ la faveur de venir le bénir en personne, ce qui eut pour conséquence que tous les cadavres qu'on y enterrait étaient préservés de toute illusion diabolique de la part des démons qui habitent dans les sépulcres. Chacun s'empressait dès lors de chercher à se faire enterrer aux Aliscamps ; et le droit de mortellage, qui fut établi pour faire payer ce privilège, donnait des revenus considérables.

Comme le transport des cadavres était assez difficile par terre, à cause du peu de sûreté des chemins, les habitants des bords du Rhône trouvèrent un moyen assez ingénieux pour faire arriver les morts aux Aliscamps. En effet, ils enfermaient le corps dans un tonneau enduit de poix ; et ils n'oubliaient pas d'y mettre aussi un petit coffre contenant l'argent destiné à l'acquittement des droits de mortellage ; puis ils abandonnaient le tout au courant du fleuve. Le tonneau suivait ainsi, tout seul, le fil de l'eau et allait atterrir dans les environs des Aliscamps, appelés la Roquette, quelque violent que fût le vent.

Ce tonneau tournoyait dans l'eau, dit Gervais de Tilbury, jusqu'à ce qu'on le tirât à terre. Cet auteur raconte qu'un jour, des jeunes gens de Beaucaire arrêtèrent une de ces caisses mortuaires, et enlevèrent l'argent ; mais, quoique le courant du Rhône fût violent, ils firent de vains efforts pour la rejeter dans l'eau et lui faire quitter le bord. Le tonneau remontait le fil de l'eau et revenait perpétuellement à l'endroit où il avait été dépouillé. Pareil prodige appela l'attention de l'autorité qui fit faire des recherches, découvrit les auteurs du larcin, les punit sévèrement. Et lorsqu'on eut replacé dans le coffre l'argent dérobé, on vit le mort reprendre tranquillement son chemin vers les Aliscamps où on l'enterra honorablement.

LE TROU DES FÉES

— Vous connaissez le *Trou des fées* d'Arles ? demanda maître Espeli à son auditeur.

— Cette grotte mystérieuse qu'on trouve entre Montmajour et Arles ?

— Celle-là même, continua le narrateur ; véritable énigme pour nos savants, qui y voient chacun ce que n'y voit aucun autre, parce qu'il ne suffit pas d'y descendre avec des torches : le flambeau de la foi est la seule lumière qui éclaire ces retraites obscures. La vérité est que la grotte des fées est destinée par les fées elles-mêmes à égaler l'érudition, dont toutes les recherches ne font qu'épaissir le voile derrière lequel elles se tiennent cachées. Les plus studieux moines du couvent voisin y ont perdu leur latin, comme en est convenu avec moi le père Célestin. Ce moine, plus modeste mais plus savant aussi, est enfin parvenu, sans trop d'efforts, à réveiller et faire parler, assure-t-il, le vieux druide qui, après avoir composé un élixir de longue vie, passe le temps à dormir dans la grotte depuis plus de mille ans !

— Maître Espeli, dit maître Caussane, c'est aimable à vous de ne pas remonter jusqu'au déluge, comme cela vous arrive quelquefois.

— Soyez tranquille, nous en parlerons ; mais trop brièvement pour que vous m'accusiez d'abuser de votre patience. Je trouve moi-même les histoires du père Célestin un peu longues, et j'ai le mérite de savoir les abréger, sans leur rien ôter de leur double parfum de naïveté et de science. Ne m'interrompez plus sans nécessité. Vous avez entendu parler de la tarasque ?

— Ce dragon qui fut, il y a longtemps, la terreur des bords du Rhône, et que sainte Marthe enchaîna comme un agneau avec des rubans ?

— Avant de se laisser immoler par la sainte, la tarasque se garda bien de lui dire...

— Allons donc, la tarasque parlait ?

— Croyez-vous que Dieu eût créé des êtres aussi parfaits que les animaux préadamites et antédiluviens sans leur accorder ce qu'il a donné à l'homme, cette créature imparfaite qui n'a ni les ailes de l'oiseau, ni les jambes du cerf, ni le cou du cheval, ni la tête du lion, ni les cornes du bœuf, ni les yeux redoutables du serpent, qu'avaient ces êtres supérieurs, dragons, hippogriffes, sirènes, hippocentaures et autres, créés pour peupler la terre encore jeune et énergiquement féconde ? Le père Célestin m'assure qu'au lieu des roseaux et des joncs de nos marécages actuels, au lieu des garrigues et des chênes nains de la Crau, alors que la tarasque était à son premier âge, elle se promenait dans ces mêmes contrées à travers des palmiers gigantesques. Son malheur, comme celui des grands dragons, ses contemporains des âges primitifs, fut ce don de longévité qui, sauf les accidents, lui garantissait la vie pour des millions d'années. Tous ceux de ces êtres privilégiés qui ont survécu au déluge, ou à d'autres catastrophes primordiales, se sont à la longue trouvés isolément ou par petites familles sur une terre épuisée, dont la végétation était incapable d'entretenir leurs vigoureux organes. Voilà comment ces autres géants du règne animal ont dégénéré peu à peu, perdant même leurs attributs extraordinaires, impuissants surtout à se reproduire, soit entre créatures semblables, soit par un croisement de races. C'est dans leur désespoir que quelques-uns se montrèrent cruels, comme pour provoquer l'homme à une guerre digne d'eux. Eh bien, pour hâter leur destruction, à défaut d'autres déluges ou d'autres tremblements de terre, il a fallu fréquemment encore le courage des héros ou la vertu des saints. J'abrège mon récit, je vous assure, maître Caussane.

— Voyons maintenant, puisque, selon vous, la tarasque serait ce qu'elle dit, ou plutôt ce qu'elle ne dit pas à sainte Marthe.

— La tarasque donc se laissa immoler, sans révéler si elle n'était que le mâle ou la femelle d'un couple de tarasques, et que l'autre pourrait bien quelque jour venger sa compagne ou son compagnon. En effet, après avoir végété un siècle ou deux encore on ne sait où, la seconde tarasque parut à son tour dans le territoire d'Arles, et y commit quelques dégâts notables, quoique en vieillissant l'infortunée eût certes beaucoup perdu de son appétit et de sa vigueur. On sonna l'alarme ; on fit des neuvaines ; on prêcha contre le prétendu monstre ; on invoqua les saints et les saintes... Mais, soit que dans le cours des âges la piété chrétienne épuisée perdît aussi de sa vertu comme de sa ferveur, soit que sainte Marthe voulût laisser le risque et la gloire de l'aventure aux fidèles eux-mêmes, elle ne vint pas à leur secours ; et la dernière tarasque, si c'est la dernière, défiait tous ses ennemis en allant rugir jusqu'aux portes des villes, sans qu'aucun osât la poursuivre dans la grotte des fées. C'était là une citadelle inexpugnable ; car, pour y pénétrer, il fallait surmonter la double terreur de la bête cruelle et des esprits.

Les êtres surnaturels que renferme la grotte, troublés d'abord par l'intrusion de la tarasque, avaient fini, comme c'est l'usage de cette autre race, qui est aux anges ce que l'homme est aux créatures antédiluviennes, avaient fini, dis-je, par trouver cet hôte incommode moins importun que les savants explorateurs qui sont destinés à les effaroucher jusqu'au terme de leur exil terrestre. En un mot, les fées résolurent de faire de la tarasque le gardien visible de leur invisible palais : elles n'auraient plus à veiller elles-mêmes sur leurs trésors ; elles pourraient désormais danser jour et nuit, si bon leur semblait, comme à l'époque où leurs charmes moins surannés suffisaient à les protéger, les naturalistes n'oseraient plus venir herboriser autour de la colline, et leur enlever les fleurs dont le calice contient leur rosée distillée, ou les attraper elles-mêmes lorsqu'elles se métamorphosent en jolis lézards verts, en papillons diaprés, en mouches de feu. Les moines qui se renfermaient dans leur couvent de Montmajour, ne tarderaient pas à déloger. Bref, la grotte deviendrait pour elles la succursale du *giannistan* oriental, le *badiat al ginn*, le désert des génies, et le *badiat goldar*, le désert des monstres, où elles pourraient en toute sécurité offrir un asile au roi des joyaux et à la reine des pierres précieuses. À peu de distance, celles d'entre elles qui furent des sirènes pourraient se baigner dans l'étang du Grand-Clar, sans crainte des pêcheurs mécréants du Rhône, fort peu respectueux pour tout ce qui ressemble à un poisson. La tarasque ne se doutait guère du rôle qu'on allait lui faire jouer, nouveau dragon des Hespérides ! Le savant moine prétend que celui-ci fut autrefois un dragon d'Asie.

Pendant que les fées se berçaient de ces espérances, — pauvres fées, réduites elles aussi, comme les femmes mortelles, à rêver la félicité complète —, le vieux druide réveillé consultait les astres, car il n'avait pas d'autre livre que la voûte céleste ; mais, à chaque crise, ce livre immortel lui révélait exactement, une fois le danger passé, pendant combien de siècles il pourrait encore incliner la tête sur son oreiller magique, et tromper l'ennui de sa longévité, en prenant plus ou moins de fortes doses d'opium ! Le vieux druide dit donc à ses compagnes les fées (c'étaient presque toutes des fées gauloises) : « J'ai peur que vous ne comptiez sans votre hôte. J'aperçois un damoisel qui prétend que la tarasque est une maladroite de venir si régulièrement faire son gîte dans la grotte. Il a l'intention de la guetter et de l'y surprendre, soit en pénétrant sous la voûte même, soit en roulant une grosse pierre pour lui fermer toute issue, soit en allumant un grand feu de broussailles pour l'étouffer par la fumée. S'il réussit dans son projet, je vous préviens qu'à la destruction de la dernière tarasque est attaché un attribut féerique. Nous serons obligés de nous priver, en faveur du vainqueur, d'un de nos talismans, et il aura le choix. »

Les fées se regardèrent en faisant leur petite moue comme des fées contrariées. « Heureusement, continua le vieux druide, une condition rend la victoire assez difficile encore, si les jeunes damoisels de ce temps-ci sont aussi précoces qu'ils l'étaient déjà du mien : homme ou femme qui voudra venir à bout de la tarasque, comme sainte Marthe, devra être chaste comme elle. C'est donc à vous d'aviser. Si notre damoisel est un saint, ou même simplement un philosophe comme un certain Favorin que j'ai connu à Arles, il y a environ mille ans, il faudra capituler. »

« C'est lui ! » murmura la fée Millète. Le vieux druide, qui entendit cette interjection à demi-voix, hocha la tête, et ne prit qu'une légère dose d'opium, s'attendant bien à être réveillé avant peu de jours. « Si l'ennemi a des intelligences dans la place, se dit-il en s'inclinant sur son oreiller, je perdrai mon temps et ma peine à vouloir sauver la tarasque. »

Il était impossible, même aux fées, de réveiller avant leur heure le vieux druide et la tarasque, l'un à cause de la dose parfaitement graduée de sa poudre narcotique, l'autre parce que ce qu'il y avait en elle de la nature des reptiles lui imposait une digestion somnolente. Or ce matin même, la tarasque, qui, atteinte de la même indolence que le druide, n'aimait pas à répéter souvent ses repas, avait avalé, en Camargue, un bœuf et un mouton.

Les fées se consultèrent, et décidèrent que la mieux conservée d'entre elles se dévouerait pour aller au-devant du damoisel. La mieux conservée de cette race gauloise, la plus belle que Dieu eût créée depuis ses premiers anges, était justement la fée Millète. Elle n'avait que trois mille ans et certes il fallait avoir sa conscience et sa modestie de fée pour se trouver vieille. La pauvre fée Millète ne pouvait se dissimuler que si, en se faisant passer pour une femme mortelle, il lui était facile de ne se donner que trente ans, l'âge où les femmes séduisent les plus facilement les damoisels de dix-huit, comme fée elle était au-delà de l'âge climatérique, et ne devait pas se flatter d'être aimée pour elle-même plus de dix années encore. Or, que sont dix années de constance dans la vie d'une fée ? et quelle perspective que celle d'une fée qui se voit menacée d'être délaissée, comme une vieille coquette, par un mari relativement plus jeune qu'elle !

Cette pensée désespérait la fée Millète depuis quelques jours qu'elle avait rencontré par hasard le damoisel, jeune homme sans nom, sans richesse, mais beau, et rêvant la gloire comme tout bel inconnu. Le damoisel n'avait encore adressé ses hommages à aucune dame ; il était trop modeste pour aspirer à une princesse, et trop fier en même temps pour descendre au-dessous du rang qu'il se sentait instinctivement appelé à occuper un jour. Augusta, fille d'un duc de Pavie, l'avait distingué avant la fée Millète ; mais le damoisel l'évitait, voulant ne devoir sa fortune qu'à son courage. « Si je pouvais tuer la tarasque, disait-il quand il parlait tout seul, car il n'avait pas de confident, je serais à temps de lever les yeux sur la princesse ! Jusque-là, je ne veux pas m'exposer à m'entendre demander quelles sont les armes de mon blason. »

La fée Millète alla donc au-devant du damoisel, et, du plus loin qu'elle l'aperçut, elle aurait pu croire au battement de son cœur que, par un miracle féerique, ce cœur retrouvait tout à coup sa première jeunesse. Elle se regarda dans un miroir que lui avait attaché à la ceinture une des sirènes de la grotte : « Oh ! oui, dit-elle, si je me montre ainsi à lui, avec cette langueur dans mes yeux bleus, avec cette blanche peau des fées gauloises, et ce sang vermeil qui, à sa vue, vient de me monter au visage, il va m'aimer, je le sais, j'en suis sûre... Mais combien de temps ? Non, je ne veux pas que dans quelques années il me demande compte d'une distraction fatale, car ce ne serait plus pour lui qu'une distraction ; je ne veux pas qu'il me reproche de lui avoir dérobé sa gloire et celle de sa postérité. Je veux l'aimer pour lui-même, inconnue de lui, sa protectrice invisible, comme la sœur de son ange gardien ; et un jour, le jour même où il me délaisserait si je me faisais aimer dès aujourd'hui, je me révélerais enfin à ses yeux, pour jouir de sa reconnaissance plus longtemps que je n'aurais joui de son amour. C'en est fait : s'il est digne de ce premier exploit, s'il a le cœur chaste et pur, c'est lui qui tuera la tarasque. »

Millète, croyant remplir son devoir envers les autres fées, soumit le damoisel à une épreuve ; elle prit d'abord les traits de la princesse Augusta et, se regar-

La *Sanjanenque* (femme de Saint-Jean), dessin de G. Durand (1857).

dant au miroir de la sirène : « Non, non, dit-elle, je veux qu'il résiste à plus belle encore... » La vérité est qu'instruite du sentiment d'Augusta, elle ne voulut pas s'exposer à rendre sa rivale plus heureuse qu'elle. « Et d'ailleurs, poursuivit Millète, il faut qu'il croie vraisemblables les aveux qu'on me condamne à lui faire. » Elle apparut donc au damoisel avec le visage de la sémillante Yolande de Raphèle, la plus jolie et en même temps la plus coquette des dames arlésiennes de ce temps-là.

Le damoisel s'étonna d'être poursuivi à travers champs comme un autre Joseph, par une autre dame Putiphar ; mais il sut se défendre mieux encore que le jeune patriarche, car il ne laissa même pas à Yolande son manteau, sous lequel elle le priait de l'abriter avec lui, en prétendant qu'il tombait quelques gouttes de pluie. Son manteau lui était trop nécessaire, dit-il, parce que son projet était, en pénétrant dans la grotte, de le jeter sur les yeux du dragon. C'était peu galant ; mais jamais femme ne fut plus ravie d'être aussi mal reçue. Après s'être récriée contre la grossièreté du damoisel avec le luxe d'outrages qui vient si naturellement à la bouche de toute coquette qu'on dédaigne, Millète le devança à la grotte, et déclara à ses sœurs qu'il fallait renoncer à détourner de son but un champion aussi mal élevé. La tarasque avait trouvé son vainqueur. « Le mieux pour nous, poursuivit-elle, est d'égaliser les chances entre le damoisel et la pauvre bête, qui dort en comptant peut-être sur notre protection. Ce jeune glorieux n'a pas un cœur susceptible d'aimer ; laissez-moi lui faire comprendre qu'il est indigne d'un brave paladin d'attaquer un animal endormi et de l'assassiner avant de le combattre. Je le promènerai pendant trois jours dans notre arsenal ; il y choisira le talisman qui lui revient, comme nous l'a annoncé le vieux druide : mais qui sait s'il ne préférera pas la richesse à la renommée, quelque beau joyau à une bonne arme ? En ce cas, il s'en tirera comme il pourra avec la tarasque, qui aura eu le temps de se réveiller. »

On approuva le plan de Millète.

Le but de la fée était réellement de faire subir à son favori une nouvelle épreuve qui la justifierait d'avoir conçu une passion si soudaine. Elle restait persuadée que son amour avait deviné un héros. Le damoisel fut encore plus surpris de rencontrer une seconde dame à l'entrée de la grotte ; et comme celle-ci avait un air fort respectable, il lui parla du danger auquel elle s'exposait dans le voisinage du repaire d'un monstre. La dame lui répondit alors qu'elle était venue elle-même avec l'intention de tuer le terrible dragon ; mais qu'en le trouvant paisiblement endormi, elle aurait eu honte de l'attaquer si déloyalement. Le damoisel, à cette noble et généreuse assurance, crut reconnaître sainte Marthe ; il plia le genou devant elle, en bon chrétien, et l'assura qu'il était prêt à se laisser conduire par ses conseils, si elle daignait l'associer à la grande entreprise de délivrer le pays. La fée sourit de ce mélange d'ambition et de piété. Relevant le damoisel, elle lui dit sans se nommer, encore moins sans reprendre sa beauté féerique, qu'elle lui laisserait le triomphe tout entier, s'il voulait visiter avec elle la grotte merveilleuse. Le damoisel n'eut garde de refuser ; il respecta le sommeil de la tarasque, ne désirant pas se montrer moins loyal ennemi qu'une femme. Seulement, lorsqu'il passa près du dragon, il eut la précaution de l'examiner de près, d'étudier les parties molles et les parties dures de sa tête de lion, de son échine tranchante, de ses flancs en écaille, de sa queue de serpent, en un mot, de sonder les *défauts de la cuirasse.* « Hâtons-nous, lui dit alors Millète en l'attirant par la main ; nous avons beaucoup de choses à voir. » Le damoisel crut qu'elle plaisantait, car il ne voyait encore la grotte que dans ses dimensions apparentes, s'étonnant seulement de la trouver si bien éclairée. La tendre et attentive Millète avait voulu accoutumer ses yeux à la lumière surnaturelle ; peu à peu cette lumière inonda de ses flots brillants les magnifiques galeries dont la grotte n'est que le sombre vestibule, et le damoisel s'estima heureux de n'être pas ébloui tout d'abord par ce qui lui parut le plus vaste palais du monde. Le château de la Trouille, que Constantin a légué à la ville d'Arles, n'était plus, comparativement, qu'une masure et une sombre ruine, comme il le deviendra du reste bientôt, si la République n'entretient pas mieux qu'elle ne fait ses briques séculaires. Pendant trois jours entiers, Millète fit les honneurs de la grotte des fées au damoisel, lui montrant tout dans le plus grand détail, lui expliquant tout, et sans cesse lui répétant qu'il était le maître de choisir, soit parmi les richesses, soit parmi les raretés naturelles, soit parmi les talismans. La galerie des richesses comprenait les pierres précieuses, celles qu'on trouve dans le lit des rivières et dans les entrailles de la terre, rubis, améthystes, émeraudes, saphirs, jaspes, calcédoines, escarboucles, scobasses, diamants, etc. ; la galerie des raretés naturelles contenait d'abord celle de ces mêmes pierres qui sont douées de vertus singulières, parce qu'elles furent extraites du corps des animaux, telles que l'escarboucle qui sert d'œil à la guivre, la topaze extraite de la tête du crapaud, etc. ; mais, en outre, cette galerie offrait à la curiosité les débris de ces animaux des âges primitifs qui disparaissent de siècle en siècle de notre globe dégradé : c'était, entre autres, une dernière plume du dernier phénix, cet oiseau qui avait eu longtemps la faculté de revivre de sa cendre ; une autre plume de l'oiseau de paradis, celui qui vivait d'air et de rosée ; la corne du dernier monocère, une dent d'hippogriffe, une défense de porco-sacerdoce ou prêtre-pourceau, un bois de paraude ou cerf-caméléon, des œufs d'oiseaux à face humaine, et autres créatures dont les ignorants nient l'existence. Le damoisel, reconnaissant une simple plume d'hirondelle à côté de celle du phénix, demanda à la fée ce que cette plume avait de rare et de précieux. « Oh ! répondit-elle, nous avons dû prévoir la prochaine extinction des oiseaux utiles, depuis que les ingrats Arlésiens se sont avisés de leur faire une chasse sacrilège au filet ; oubliant que l'hirondelle fait elle-même la guerre aux moucherons, cette véritable plaie de la Camargue. » Le damoisel aurait pu sinon justifier la gloutonnerie de ses compatriotes incriminer du moins la coquetterie des fées qui font, elles aussi, une guerre d'extermination à une créature innocente ; car il remarqua dans leur armoire à robes, entre autres objets de toilette, d'innombrables peaux de la vermiette appelée salamandre, destinées à être cousues ensemble pour leur servir de vêtements incombustibles. Cependant il se mordit la lèvre de peur d'être indiscret, et se laissa conduire à la galerie des talismans.

Il avait dédaigné les trésors matériels, admiré en simple curieux les collections de raretés naturelles ; il se réservait de choisir dans la troisième galerie. C'était là aussi que la fée allait définitivement juger son jeune ambitieux. Aucun des talismans déjà connus ne parut le tenter ; ce qu'il venait de voir l'avait mis en goût de l'extraordinaire, et il refusa tout, jusqu'à ce qu'il ne restât plus à lui offrir que deux objets en apparence très simples, mais qui, à cause de cela même, lui semblèrent devoir être neufs. En effet, Millète lui dit qu'aucun mortel ne s'en était encore servi. L'un était un fauteuil dont les deux bras se terminaient en têtes de lion, et dont le dossier était surmonté d'un aigle à deux têtes ; l'autre n'était qu'une selle recouverte d'un caparaçon, et qui ne différait en rien des selles que fabriquent les bourreliers actuels. « Le fauteuil est un trône, dit la fée, le trône du royaume d'Arles, royaume qui va se détacher avant peu de l'empire de Charlemagne ; veux-tu t'y asseoir ? il est à toi. — Je serais roi ? demanda le damoisel, dont l'ambition n'avait pas rêvé une si haute destinée. — Oui, tu serais roi, répondit Millète, roi d'Arles ! — Roi légitime ou usurpateur ? demanda encore le damoisel, avec un scrupule qui montrait toute la candeur de son âme. — Le nouveau monarque, dit Millète, sera sacré par les évêques et prendra place parmi les souverains. Écoute : je puis te dire en partie son histoire... Il épousera la princesse Augusta. — Ah ! dit le damoisel, c'est une belle princesse ! » La pauvre fée trembla, mais elle eut le courage de continuer : « Assez belle, n'est-ce pas, pour rendre un époux heureux à côté du trône ? — Mais elle y montera avec lui ? demanda le damoisel avec émotion. — Hélas ! non, reprit Millète ; le futur roi deviendra l'époux de plus haute princesse encore. — Et Augusta ? — Elle mourra empoisonnée. — Pas par son mari, j'espère ? s'écria le damoisel. — Je l'espère aussi ; mais on l'en accusera. — C'est déjà trop, dit le damoisel ; et lui-même mourra-t-il sur le trône ? — Oui, après un règne brillant, et avec le surnom de Glorieux. — C'est un beau surnom de roi, dit le damoisel ; mais il ne suffit pas de fonder un royaume, il faut le léguer à ses successeurs : le roi d'Arles en aura-t-il ? — Son jeune fils montera sur le trône. — Je comprends, dit le damoisel : quelque prince faible, incapable de tenir le sceptre, et qui se le laissera arracher. — En effet, il sera entouré de traîtres, dit Millète ; un sujet rebelle le fera prisonnier, et lui crèvera les yeux pour abréger son règne. — Triste successeur pour un glorieux ! remarqua le damoisel. Je devine que la royauté d'Arles ne durera pas longtemps. — Mais, dit Millète, elle aura le sort de bien d'autres : cependant elle résistera encore au malheur du second roi. Le troisième jettera quelque éclat sur sa couronne, et il y joindra même celle d'Italie ; mais déjà le quatrième roi d'Arles verra autour du trône des vassaux plus grands que lui. — Et le cinquième ?... Il relèvera au moins la dignité royale. — Non, il sera surnommé le Fainéant !... Le sixième est considéré comme un usurpateur, quoique neveu du Fainéant, lequel mourra sans enfants. L'empereur, qui réclamera d'ailleurs ses droits de suzeraineté, le fera jeter dans une prison, où il mourra de chagrin. L'empereur deviendra lui-même le septième roi d'Arles, en ayant la précaution de faire sacrer son fils de son vivant, pour lui assurer le trône. Sous celui-ci, sous le neuvième et sous le dixième roi, la couronne d'Arles ne sera plus qu'un fief de la couronne impériale, un vain titre qui sera vendu au rabais ou perdu au jeu. Les comtes de Provence seront les vrais souverains, et la ville d'Arles réclamera ses libertés, et se gouvernera elle-même. Il ne restera plus des traditions du Glorieux que la succession, incontestée celle-là, du lion qu'il donnera pour arme vivante à sa capitale... — En vérité ! s'écria le damoisel, est-ce bien la peine de s'enchaîner pendant sa vie à ce trône, pour le léguer comme une chaise de fainéant ou un instrument de torture à ses héritiers ? Et cette infortunée Augusta !... Non, non, dites-moi ce qu'est cette selle. »

La bonne fée Millète n'eut pas regret d'avoir si bien retenu ce que le druide avait lu d'avance dans les astres sur la dynastie des rois d'Arles : et vous remarquerez qu'avec sa noble délicatesse, elle avait été vraie comme l'histoire sur Boson Ier, Louis Boson, surnommé l'Aveugle, Hugues Conrad Ier, Rodolphe le Fainéant, Gérard, Conrad le Salique, Henri le Noir, et les autres rois ou empereurs d'Arles. Elle aurait pu même accuser sans scrupule Boson Ier d'avoir empoisonné sa femme Augusta. Quoi qu'il en soit, quand Millète vit que le premier talisman répugnait au damoisel, elle lui apprit plus brièvement ce que serait le second. « C'est une simple selle de chevalier, dit-elle ; mais elle a été faite pour Passeroun, qui est un cheval de la race du cheval Pardolo, quoique à des yeux vulgaires il paraisse n'être qu'un de ces coursiers barbes que les Sarrasins ont abandonnés en désertant le territoire d'Arles après leurs diverses excursions. Sur cette selle et sur ce cheval, qui erre encore sauvage dans la campagne, un chevalier sera plus libre et aussi glorieux qu'un roi sur son trône. Il n'aura pas besoin de surprendre la tarasque pendant son sommeil ; il pourra l'attaquer loyalement, la terrasser et la tuer avec le glaive ou la lance. S'il n'épouse pas une princesse, il ne la rendra pas non plus malheureuse après l'avoir aimée ; les princes dépendront plutôt de lui qu'il ne dépendra des princes ; et quant à ses enfants, ils perpétueront la renommée de leur père, tant qu'ils seront vertueux comme lui.

— Je prends la selle, dit le damoisel ; car en venant ici je crois bien avoir reconnu dans le pâturage voisin ce Passeroun, dont aucun cavalier jusqu'ici n'a pu violer la croupe. Adieu, madame ; je m'étais trompé ; vous n'êtes pas sainte Marthe..., mais quelque bonne fée que je ne respecte guère moins et dont la protection me rend fier. Encore une grâce, madame. La seconde galerie de ce palais est illuminée par d'admirables lampes sous forme d'étoiles : me permettez-vous d'en emporter une ?

— Qu'en prétendez-vous faire ?

— Vous le saurez, madame. Ma première enfance reçut les tendres soins d'une femme qui devait être ma mère, car elle pleurait et ne répondait pas si je lui disais que les autres enfants me reprochaient quelquefois de ne pouvoir citer mes parents. Quand elle mourut, elle ne me laissa même pas de quoi lui acheter un tombeau. Heureusement, il n'en manque pas de vides dans les Alyscamps : j'en avais remarqué un de simple marbre noir, sans inscription. En l'ouvrant, je vis que les siècles avaient à peine laissé de ce premier dépôt mortel une légère poussière ; et cependant la lampe cinéraire y brûlait encore. Malheureusement, en y ensevelissant ma mère, j'éteignis cette lampe... je voudrais la remplacer par un emblème plus durable de la mortalité !...

— Damoisel, dit la fée vivement émue, prends deux de ces lampes au lieu d'une, et rends-moi un service. Je sais où est cette tombe, car en errant dans les Alyscamps au-delà de la lune, je t'ai aperçu pieusement agenouillé. À côté de cette tombe noire, il en est une de marbre blanc où tu déposeras la seconde lampe. Au temps où nous servions encore de marraines aux enfants des hommes, j'avais eu pour filleule une jeune fille nommée par moi Zéphyrine qui grandit douée de tous mes dons ; hélas ! je n'avais pu la douer contre la mort : elle est dans la bière de marbre blanc, comme l'indiquent quelques vers d'inscription. Elle avait été l'épouse d'un poète... mais je crains que ces vers et d'autres encore faits pour elle ne s'effacent du marbre comme de la mémoire des hommes. Qu'elle ait aussi une lampe perpétuelle qui survive à sa poussière bien-aimée. »

Après cette double confidence, la fée Millète et le damoisel se quittèrent les meilleurs amis du monde : la complaisance de Millète alla jusqu'à lui promettre de faire seller elle-même Passeroun. Il n'eut donc rien de plus pressé que d'aller porter les lampes perpétuelles aux deux tombeaux et le lendemain il trouva le merveilleux cheval dans son écurie, tout harnaché avec la selle sur le dos.

Ai-je besoin de vous dire avec quelle ardeur, le lendemain matin, notre damoisel se mit en campagne, monté sur Passeroun, la lance à l'étrier, le glaive sur la hanche, son coursier hennissant de joie avec l'instinct du triomphe, ne regrettant pas sa liberté, heureux et fier d'être associé à l'entreprise ? La tarasque avait été signalée dans la garrigue de la Crau. Ayant mis en fuite une troupe rustique occupée à la récolte du kermès, elle s'était accroupie sur un tas de vermillon, lorsque le damoisel, invoquant sa dame mystérieuse, l'attaqua avec un noble élan. Le monstre ouvrit la gueule, comme s'il s'apprêtait à ne faire qu'une bouchée du cheval et du cavalier, qui lui semblaient venir à lui comme le moucheron au bec de l'hirondelle. Le damoisel lui enfonça sa lance jusqu'à la racine de la langue ; la hampe se brisa en deux ; mais le fer avait atteint une artère, qui fit jaillir un flot de sang. La tarasque fut ainsi presque étouffée du premier coup. Le damoisel fit caracoler Passeroun autour d'elle, et revint à la charge le glaive à la main, comme un saint Georges. Puis, après quelques coups d'estoc qui entamèrent deux jambes de la bête, exalté par sa propre audace, il mit pied à terre, passa en travers de cette gueule toujours menaçante un des tronçons de la lance, que les dents de la tarasque saisirent convulsivement comme un coursier saisit son premier mors ; et voilà le champion vainqueur qui enjambe le dragon vaincu, le forçant avec la pointe du fer à le porter ainsi vers la ville. Mais, à mi-chemin, la tarasque essayant de le désarçonner, il se décida à lui trancher la tête, et remonta sur Passeroun avec ce trophée à la main.

La nouvelle de l'événement se répandit bientôt : toutes les cloches furent en branle. On vint au-devant du damoisel, on suspendit la carcasse du monstre aux voûtes de l'église Saint-Antoine, où elle est encore ; et le libérateur de la ville, prenant le nom de Dragonet, fit peindre une tarasque sur son écu. Pour lui témoigner sa reconnaissance, Arles lui vota un tribut sur la récolte annuelle du vermillon. On ne peut encore aujourd'hui ramasser le kermès sans la permission de ses descendants. La récolte ne commence qu'après qu'ils ont fait connaître leur autorisation au son de la trompe. Ce privilège, le Dragonet actuel l'a cédé à la descendance féminine de son ancêtre ; mais il n'a jamais voulu, pour or, argent ou terres, se défaire de son coursier, qui depuis quatre cents ans marche, trotte et galope sous les Dragonet de Montdragon.

LE JARDIN DE LA CROIX DE FER

L'histoire du *Jardin de la croix de fer* est certainement une des traditions où domine le plus l'imagination asiatique. Or, je m'en vais la dire comme on la raconte à Hyères, où elle passe de bouche en bouche, probablement depuis des siècles.

La fille d'un duc d'Afrique, belle, et fraîche surtout, comme une houri de l'Occident, avait eu le bonheur d'être confiée à une nourrice chrétienne qui l'avait baptisée en secret. Grand bien lui en advint, car elle inspira une vive passion au génie ou au démon des tempêtes et des vents, comme on voudra l'appeler. Pour plaire à la princesse, cet amant, d'une espèce nouvelle, s'y prit de vingt manières différentes. L'une des formes les plus heureuses, selon nous, sous lesquelles il lui apparaissait pour la séduire, était celle du Zéphir d'Orient ; pendant les ardeurs du soleil d'été, tout embaumé du parfum des roses et des jasmins, il se glissait auprès d'elle sous les épais feuillages du sycomore et du platane et la rafraîchissait mollement, en jouant, amoureux et timide, dans sa longue chevelure ; d'autres fois plus impétueux, indiscret, plein d'audace, il excitait chez sa belle maîtresse les folles joies et les rires auxquels, passé quinze ans, la jeune fille, devenue réservée sans motif et grave sans réflexion, craignait déjà de s'abandonner ; d'autres fois encore, vibrant des sons harmonieux de quelques sérénades castillanes, porté sur les ailes des vents du Nord, il charmait son oreille et commençait sur ses sens endormis un système de séduction d'autant plus difficile à combattre que l'ennemi était invisible. Puis enfin, tout chargé des soupirs amoureux des Abencerages de Grenade, les plus tendres et les plus discrets des chevaliers maures, il berçait son âme de voluptés indicibles et de molles langueurs. S'il la réveillait, c'était au bruit adouci du tambourin et des fifres joyeux de Provence, ou à celui des castagnettes catalanes ramassées sur les côtes occidentales de la Méditerranée, et apportées tout exprès pour la provoquer, à son insu, aux plaisirs si vifs de la danse et des courses légères. Aussi, par une belle nuit d'Afrique, c'est-à-dire quand l'atmosphère avait déposé sur les fleurs et les gazons ses abondantes rosées, quand la lune flottait pure et radieuse dans l'immensité des cieux, à l'heure où le rossignol chantait, à l'heure où les bruits divers s'éveillent pour remplacer le silence du jour, à l'heure enfin où l'on vit en Afrique, la jeune et belle Mauresque, tantôt rêveuse et languissante, mollement reposée sur des coussins soyeux, tantôt bondissant avec ses compagnes dans les immenses jardins de son père, s'abandonnait sans réserve aux impressions variées auxquelles son âme était devenue si accessible ; tantôt elle versait des larmes solitaires, tantôt elle s'enlaçait, innocente mais enflammée, au col de sa gazelle favorite, qu'elle couvrait de baisers. Si aujourd'hui elle affectait de graves pensers, demain elle demandait avec instance ces plaisirs bruyants qui trompent les vagues douleurs de l'âme. Seulement les obsessions et les inquiétudes cessaient dès que machinalement et comme au hasard ses doigts avaient tracé sur le sable ou seulement indiqué sur elle-même le signe de la croix de notre Sauveur. Le calme rentré dans son esprit, plus d'une fois elle s'était prise à avoir honte de ses innocents égarements. Le duc d'Afrique qui ignorait totalement cette circonstance, la seule qui eût pu l'éclairer sur l'état véritable d'une fille qu'il adorait, le duc d'Afrique, excellent observateur comme sont tous les pères de ce pays-là, jugea que, quelque douleur qu'il pût lui en coûter, il devait songer à chercher un époux pour la princesse qui commençait à perdre sa fraîcheur ; elle venait d'atteindre sa quinzième année, et tout le monde sait qu'en pays mauresque, cet âge-là n'est déjà plus le bel âge de l'innocence et de la candeur. Quoi qu'il en soit, son choix se fixa promptement sur un prince, son voisin, dont les états s'étendaient par-delà les déserts limitrophes de ceux du prêtre Jean. Les accords furent bientôt faits. Les ambassadeurs échangèrent des présents et le père accompagna sa fille jusque vers une oasis située au milieu d'un océan de sable de plusieurs centaines de lieues d'étendue, pays verdoyant qui avait été désigné comme l'endroit le plus propice à la réunion des deux monarques et le plus rapproché de leurs états respectifs. Personne n'avait songé à l'intervention de l'amant jaloux dont nous avons d'abord entretenu nos lecteurs. Cependant, ce noir génie du mal suivait depuis plusieurs jours la caravane sous la forme d'un immense nuage ; lourd et accablant, de son ombre immense il couvrait tout le désert et lui donnait un aspect plus effrayant que de coutume ; bientôt l'eau vint à manquer et le météore ne semblait point receler dans ses flancs la pluie bienfaisante et désirée de tous. Des langues de feu paraissaient s'en échapper par intervalles, et elles calcinaient le sol sous les pas des voyageurs. Les chameaux tourmentés d'une soif inaccoutumée se laissaient tomber sur le sable et périssaient sous les coups de leurs conducteurs, auxquels le désespoir semblait redonner quelque énergie. Les chevaliers africains, qui accompagnaient leur duc, succombaient sous le poids de leur armure ; les chevaux, qui s'abattaient par intervalles, léchaient pour se désaltérer une grève brûlante et mouraient en s'épuisant dans une longue et violente agonie. Les capidji, les bachi, les ichoglans, et toute l'escorte obligée d'un prince de l'Orient, restaient en arrière, et à courts intervalles jonchaient la terre de morts et de mourants. Occupé uniquement de la conservation de sa fille et oubliant ses propres souffrances, le vieux duc marchait à la portière du palanquin, essayant de soutenir son courage, quand enfin se déchaîna la tempête : un vent sec et violent, chaud comme l'air embrasé qui sort d'une fournaise, accourut du fond de l'horizon, soulevant sur son passage d'énormes vagues de sable ; le ciel s'obscurcit, l'atmosphère devint épaisse et solide comme quelque chose qu'on pouvait saisir mais non repousser, quelque chose d'insolite semblable à un lourd manteau dont on ne pourrait se débarrasser, quelque chose de mortel comme une muraille qui, vivant, vous serrerait peu à peu de toutes parts, et vous engloutirait succombant par degré au poids et aux angoisses.

Chacun se jeta à terre, selon l'usage et surtout l'instinct de la nature, cachant sa tête pour garantir ses yeux et se ménager la faculté de respirer encore quelques minutes ; avec tout cela ce n'était point comme un orage sur mer, où les cris se confondent, où les flots mugissent, où les cordages sifflent, où les planches craquent, où tout vous indique que vous n'êtes point seul livré à la colère des éléments ; mais un silence terrible, un long et lourd silence.

Le palanquin est renversé. La jeune fille, lancée loin de son père, est emportée, sans toucher le sol, par un immense tourbillon. Pendant trois jours et trois nuits, elle tournoya au-dessus des terres et des mers, la trombe immense aspirant tour à tour les sables et les flots. Enfin, au milieu de mille tortures, dans ce moment où, sur le point de nous échapper, notre âme se replie avec tant de vitesse sur la vie passée, la pauvre païenne oubliant ses fausses croyances, se rappela le signe sacré que la nourrice chrétienne avait enseigné à ses jeunes mains, et elle retrouva assez de force, la malheureuse enfant, pour faire le signe de croix. Tout à coup, comme par enchantement, le tourbillon se dissipe ; un corps, de forme charmante, mais meurtri, souillé d'une vase impure, est déposé sur le sol d'une riante et belle prairie, sur un gazon doux comme un lit de velours.

C'était à Hyères, à la fin du XIIe siècle, époque à laquelle les jardins d'orangers n'étaient point encore plantés, que se passait cet étrange événement. Mais, quelque longue qu'elle soit, l'histoire n'est pas finie ; et je ne prétends nullement faire grâce de sa partie la plus piquante et surtout la plus véridique : or, le père de la princesse avait été sauvé, par je ne sais quel miracle, de la mort certaine qui le menaçait ; de retour dans sa capitale, il avait dépêché des exprès dans toutes les contrées du monde connu, pour avoir des nouvelles de sa fille. Il avait fait publier la perte qu'il déplorait, promettant de grandes récompenses à qui saurait lui dire ce que la belle fiancée était devenue ; et faisant vœu, en outre, si on la retrouvait dans une terre chrétienne, de faire fondre une croix d'argent de la taille de la princesse, et d'une grosseur proportionnée.

Or, quand il sut que la dépouille de son enfant bien-aimée avait été recueillie sur les côtes de Provence, et qu'elle y avait reçu une honorable sépulture, il vint à Hyères pour y accomplir son vœu ; mais les habitants lui représentèrent avec prud'homie, dit la légende traditionnelle, qu'une croix d'un métal aussi précieux que l'argent leur attirerait probablement de nombreuses visites de la part des pirates qui infestaient leurs mers, et que s'il voulait absolument élever le monument projeté, il fallait qu'il leur laissât aussi une armée pour le garder. Alors le duc, trouvant la raison bonne, consentit à substituer une croix de fer à la croix d'argent, faisant don des sommes qu'elle eût coûtées aux églises et aux couvents. Il est vrai de dire que, quelque persévérance que nous ayons pu mettre dans nos recherches, nous n'avons point trouvé encore les actes de donation.

Les bonnes gens du pays attestent avoir vu cette croix

monumentale posée, disent-ils, sur une large pierre artistement travaillée, et sur laquelle quelques caractères inconnus étaient gravés. L'un et l'autre ont disparu ; je ne sais trop si l'on n'accuse pas aussi la pauvre révolution du méfait. Personne n'avait pu déchiffrer les caractères tracés sur la pierre ; mais quant à la croix, tout le monde assure qu'elle était haute de six pieds. Ce qui prouverait au besoin que la princesse était d'une taille fort remarquable.

MAGIE PROVENÇALE

LES DEUX SORCIÈRES

« Deux sorcières sont appréhendées à Hyères dans l'année 1435, et pourquoi ? Ces maudites Circées, pour certaine inimitié conçue contre les deux jeunes mariés, les ensorcelèrent si puissamment au moyen d'une certaine bourse qu'elles ouvroyent et fermoyent avec quelques estranges paroles marmottées entre les dents qu'elles arrêtèrent entièrement... l'amour des jeunes époux.

« Une telle impuissance les saisissait que leur amour se changeait en haine et en furieuse mélancolie sans pouvoir toutes fois imaginer l'occasion d'un tel défaut et inhabileté. Et parce que ces meschantes fées et vieilles mégères furent tout aussitôt soupçonnées de maléfice, car elles ne sont pas trop mal aisées à cognoistre à leurs grimaces hippocrytes et leur façon de parler.

« Elles qui se doutèrent bien d'être appréhendées et saisies gagnèrent le haut pays, s'entrefuirent secrètement tout de nuit et s'allèrent jeter dans Tarascon où elles cuidèrent être bien cachées et en sauveté parmi la grande foule du peuple et l'affluence des gens qui là, avaient abordé de toutes parts pour voir ces belles et tant excellentes créatures, le jeune Duc de Calabre et l'infante Marguerite que la peste d'Aix y avaient fait retirer pour fuir la maladie.

« Les officiers de la ville d'Hyères, qui cependant faisaient leurs diligences et cherchaient partout ces deux pestes, entrèrent dans leurs cahuettes où après avoir fouillé tous les endroits et recoins enfumés, ils ne trouvèrent qu'une vieille bourse de peau de chat, toute velue, avec quelques méchantes attaches et longes ; mais il ne se trouva aucun qui l'osa seulement toucher (pour l'opinion conçue de longues mains parmi le vulgaire que ces méchantes femmes se muent volontiers en chats) de peur d'encourir quelques tristes ensorcellements et malheurs : au moyen de quoi ils advisèrent d'envoyer quérir un rabbin de la ville, car la loi de Moïse leur défend particulièrement d'ajouter foi aux enchanteries, charmes et fascinations, auquel ils donnèrent charges et recommandement de porter cette bourse avec le procès des deux sorcières aux Seigneurs du conseil d'Aix.

« Ces honnestes dames cependant furent recognues à leur bonne mine, d'un mesme pas appréhendées à Tarascon, et de là prises et conduites à Aix avec bonnes et sûres gardes par le rabbin : où sans plus long délai le cas et maléfices confessés, la bourse quérie et recognue, avec infinies sorcelleries détestables, tant contre ces jeunes mariés que sur plusieurs autres personnes, elles furent condamnées par l'arrêt du conseil d'être arses et bruslées toutes vives, et leurs corps réduits en cendre, si que de ce même pas elles furent renvoyées aux officiers et au lieutenant d'Hyères pour souffrir le supplice au lieu mesme où le crime avait été commis et perpétré. »

SORCELLERIES EN TOUS GENRES
(Témoignages)

Au cours des siècles passés, nombreux furent en Provence les sorciers et leurs victimes. Les procès qui en découlèrent abondent. Le Comtat à lui seul passait pour avoir autant de possédés du démon que le reste de la province. On y exorcisait à tours de goupillon. Partout on retrouve des affaires de sorcellerie et des condamnations au bûcher, mais tout cela a déjà été publié, republié, rabâché... et puis c'est affaire d'historiens. Aussi ai-je préféré m'en tenir aux témoignages de survivances.

Li masc (sorciers) *e li masco* (sorcières) avaient une réputation redoutable : *Soun de gènt que fan de mau.* Certains *masc* se changeaient (croyait-on) en loups-garous. D'une femme qui avait la réputation de jeter des sorts, on disait *es uno masco.*

Il n'y a pas si longtemps, à Cabasse, me dit Marie Maunier, comme dans la plupart des villages, il y avait des personnes qui jetaient le mauvais sort soit à des nourrissons, à des grandes personnes ou à des animaux.

Je ne puis citer de « procès de sorcellerie » proprement dits, mais des règlements de comptes entre particuliers. Ainsi un bébé, *bien portant jusque-là,* fut subitement malade et ne put plus téter, quoiqu'il eût faim ; il ne pouvait réaliser le mouvement de succion. Les parents accusèrent la vieille voisine qui avait le renom de *masco* et avec qui, justement, ils avaient eu un désaccord de voisinage. Le père, armé d'un gourdin, alla se poster le soir venu près de la cabane de la vieille. Comme elle rentrait de sa tournée nocturne, elle reçut au bas des reins une magistrale volée de coups de bâton et, criant grâce, elle déclara : *N'ia proun ! n'ia proun ! vai à l'oustau, toun drole tetara.* Et, en effet, le père en rentrant chez lui trouva le bébé tétant goulûment et s'endormant paisiblement ensuite.

Autre fait. Un chien avait tué une des poules d'une soi-disant « sorcière » ; celle-ci déclara que ce n'était pas une poule mais dix. « Apportez-moi les dix poules mortes », dit la propriétaire du chien, et je vous les paie. Mais la vieille n'en montra qu'une, et on lui en paya une « Ça vous coûtera cher », dit-elle, et s'en alla en marmonnant. Le soir même la propriétaire du chien eut la gorge serrée et ne put manger qu'avec peine, quoiqu'elle eût grand faim, jusqu'au jour où elle alla consulter un « démasqueur » qui, par quelques gestes et paroles, chassa le mauvais sort et tout rentra dans l'ordre.

La croyance aux sortilèges, me dit P. Graugnard, de Fréjus, n'a pas été abandonnée depuis tellement longtemps dans le pays. Au début du siècle, on croyait encore au pouvoir magique de certaines personnes d'« enlever le pas », c'est-à-dire d'empêcher de marcher hommes ou animaux, de jeter des mauvais sorts, notamment de rendre les gens malades. Pour s'en préserver on portait un vêtement à l'envers, on avait aussi recours aux prières de l'Église, ou on se faisait « dire des Évangiles ».

De mauvaises femmes avaient, prétendait-on, le pouvoir d'*enmasca la bugado* (masquer la lessive), c'est-à-dire empêcher le linge que l'on mettait dans un baquet sur lequel on étendait de la cendre de bois avant d'y verser de l'eau bouillante de ressortir propre. Le linge de la *bugado* emmasquée était couvert de taches grises que l'on ne pouvait faire disparaître qu'avec assez de difficultés. Le sorcier s'attaquait aussi au travail qu'il rendait plus pénible.

On avait parfois recours à des gens que l'on disait sorciers pour contrecarrer un sort que l'on croyait avoir été jeté par un autre sorcier. Ceux-ci faisaient alors faire à leur client des choses parfois extravagantes, par exemple parcourir une certaine distance en portant les souliers devant derrière (les talons à la pointe des pieds).

Dans leurs pratiques les sorciers se servaient beaucoup de sel marin, de bicarbonate de soude ; ils faisaient cuire du foie de veau qu'ils piquaient de multitudes d'épingles afin de nuire à celui qu'ils représentaient ainsi.

Je n'ai jamais pu avoir connaissance des formules de prières employées dans ces sortes de choses.

Dans les campagnes, me dit-on à Saint-Julien-le-Montagnier, on croit encore à la sorcellerie et ce n'est pas sans un frisson que l'on croise les gens qui ont le mauvais œil, car on a l'impression que le magnétisme de leur regard vous transperce et qu'ils lisent à travers vous comme dans un livre ouvert.

Vers 1880, vivait à Six-Fours une vieille femme qui passait pour devineresse. Elle disait à cette époque *quand lei frumo pourtaran lei braio è que lei voituro marcharan sènso chivau, n'en veiren de belto* (Quand les femmes porteront les pantalons et que les voitures rouleront sans chevaux, nous en verrons de belles). Les enfants en avaient peur et on la considérait comme une *masco.*

À Lincel (Basses-Alpes) on dit qu'il y a eu des sorcières autrefois, puisqu'on a surnommé le village : le pays des sorcières, mais c'est trop ancien sans doute pour que même les très vieux s'en souviennent. On n'y croit plus.

Précisons que Saint-Jeannet (Basses-Alpes) avait autrefois la réputation d'être le pays des sorciers ou plus exactement des jeteurs de sort.

Cette réputation était-elle méritée ? Il est maintenant bien difficile de le dire ; en tout cas, les quelques croyances qui suivent ont disparu brutalement entre les deux dernières guerres... Les principales raisons ayant amené leur abandon paraissent être en même temps que le développement de l'instruction la diminution des pratiques religieuses qui, pour beaucoup, se confondaient avec les superstitions païennes.

La Ciotat, m'écrit Joseph Cornille, a eu un procès de sorcellerie en 1613, en même temps que Cassis. Les Ciotadins demeuraient persuadés de la présence de *masc* et de *matagot* (chat sorcier) dans le pays. De nombreuses maisons furent hantées au XIXe siècle. Un frère de mon arrière-grand-père, Coste Pascal, portait le surnom de « Coste Matagot » qui lui fut donné par la jalousie des autres pêcheurs qui ne pouvaient s'expliquer sa réussite à la pêche et le parfait état de ses engins. Par exemple ses palangres de retour au port étaient toujours parfaitement lovées dans leurs corbeilles, alors que les autres pêcheurs passaient un après-midi entier pour faire le même travail. Après un siècle, les descendants de ce Coste (mes cousins au huitième degré) portent encore le surnom de « Matagot ».

Vers 1880, il y avait encore des *masc* à La Ciotat. D'après ma grand-mère, un frère de mon père, gravement malade, était, à son idée, emmasqué. Elle alla à Aubagne consulter un « démasqueur ». Celui-ci ordonna de fendre un pigeon en deux et de le placer sur la tête du malade. Ce qui fut fait.

Vers 1890, un guérisseur rebouteux, M. Coste, avait appris des recettes dans un livre — je n'ai pu savoir lequel ; il guérissait les foulures et les entorses. Sa femme très pieuse jeta le livre au feu, comme émanant du diable, défendit à son mari de continuer ses pratiques magiques et lui interdit de l'enseigner à ses enfants. (Témoignage de Mme Bardi, quatre-vingt-un ans, fille de M. Coste.)

De nos jours il existe encore des « tireuses de cartes »,

ce sont des Espagnoles ou des Italiennes. Certaines ont été inquiétées par la police pour avortement ou prostitution.

La sorcellerie à Vence, souligne F. Blacas, a pratiquement disparu depuis la Révolution de 1789. Certaines croyances ont survécu jusqu'à nos jours, mais très altérées. Jusqu'en 1920, l'Église se livrait encore à certaines pratiques inconnues aujourd'hui.

Certaines femmes, par leur langage ou leur attitude, passaient pour être des jeteuses de sorts. On tâchait donc de les éviter. Si c'était un homme, on l'appelait un « masc ». La femme était une « masco ». Les bossus, les bancals, les borgnes et autres infirmes passaient pour être punis parce que leur comportement relevait d'un esprit malin ou du diable.

On disait d'eux ou d'elles :

Aquéli que lou bouon Diéu marco
Dou diable soun pres en cargo

(Tous ceux que le Bon Dieu marque
Par le diable sont pris en charge.)

Lorsqu'on avait rencontré un de ces personnages douteux, on s'empressait de contrarier le mauvais sort par une prière, ou bien en mettant une partie de ses vêtements à l'envers.

On défendait aux enfants d'imiter la démarche de certains infirmes ou de s'en moquer, car on était persuadé qu'ils risquaient de devenir infirmes à leur tour.

À Méthamis (Vaucluse), de nos jours, certains croient encore, me dit Yvonne Burgues, que quelqu'un peut avoir le mauvais œil. Un certain vieux célibataire, mort il y a peu de temps, était très redouté. Quand on ne pouvait l'éviter on courait chercher des pois chiches que l'on jetait dans un puits, un à un, en faisant sept fois le tour sans les entendre tomber. Cet homme guérissait aussi avec des phrases incompréhensibles et des gestes à lui. Il faisait cuire des épingles et boire le jus de diverses choses que j'ignore. Il m'a montré l'écriture du diable, mais c'était une supercherie. Il recopiait certainement ce qu'il voyait dans un miroir. Il faisait voir des serpents, des sangliers et les pâtres s'étonnaient que leur chien n'aboie pas après le renard qu'ils voyaient au milieu du troupeau. Il faisait courir les chasseurs après un gibier imaginaire mais qu'ils avaient *vu tomber*. Quant aux femmes, il les faisait suivre le soir par des individus armés ou entreprenants. Il faisait aussi des pommades que l'on prétendait bienfaisantes.

On croit moins à présent, mais étant enfant, j'étais terrifiée par une sorcière qui mangeait des cailloux et marmonnait du latin. Il y a aussi des *sourcié*. C'est un don. Le coiffeur d'un village voisin surveillait sa fille lorsqu'elle n'était pas à la maison et savait à distance tout ce qu'elle faisait...

La croyance aux *masc*, m'écrit M. Alexis, de la Roquebrussanne, n'a pas encore entièrement disparu. Ce sont presque toujours des femmes qui sont soupçonnées d'être des *masc*. On dira encore facilement d'une personne qui a une suite de malheurs qu'elle est « enmasquée ».

Je connais encore des gens qui, à la suite d'accidents répétés, dans leur basse-cour par exemple, accusent formellement telle voisine de les avoir « enmasqués ».

En général, me signale un informateur du Haut-Var qui désire garder l'anonymat, la *masco* est une femme âgée, elle a plus de soixante ans. On la redoute, on l'évite tant qu'on peut, jusqu'à faire de grands détours pour ne pas se trouver sur son passage. Bien entendu on fera tout son possible pour qu'elle n'approche pas les nourrissons sur lesquels elle exerce ses maléfices en leur coupant le téter. Telle femme dont le nourrisson ne pouvait plus téter par suite de maléfices était obligée d'aller faire téter son enfant hors des limites du pays. Un ruisseau séparait les deux communes sur lequel était un pont. De ce côté du pont, l'enfant refusait le sein, de l'autre côté, en terre de la commune voisine, l'enfant tétait.

Je me souviens d'une vieille femme qui habitait à l'entrée du pays, et devant laquelle bon nombre de personnes ne passaient pas sans prononcer une formule conjuratrice. Il est certain que de nos jours beaucoup de gens croient encore aux mauvais sorts et aux sortilèges qu'une personne possédée du démon aurait le pouvoir de jeter sur quiconque.

On dit que les *masco* se font vieilles, qu'elles ont la peau dure et les dents longues. On dit aussi que, si elles se font vieilles, elles sont longues à mourir. Lorsqu'elles sont en agonie, il faut qu'à ce moment-là, fille, nièce ou toute autre femme de sa famille mette sa main dans la sienne : elle pourra mourir en paix, mais elle aura trans-

La Tarasque.

mis le don d'« enmasquer » à celle qui l'aura touchée de sa main.

On raconte également que, lorsque le prêtre dit sa messe, et qu'il se tourne vers les fidèles pour prononcer le *Dominus vobiscum*, il voit dans l'assemblée toutes les *masco* qui pourraient s'y trouver, que cette invocation dite par le prêtre a le don d'enlever à celles-ci l'esprit du mal, mais seulement à ce moment-là. Les malicieux ajoutent que le prêtre les voit avec les jambes en l'air.

On m'a raconté aussi qu'une *masco*, se sentant découverte par une personne, n'arrêtait pas de narguer celle-ci lorsqu'elle la rencontrait. L'une avait beau fuir la *masco*, la *masco* était sans cesse à ses trousses, puis, lorsqu'elle était à sa hauteur, murmurait assez fort pour qu'on l'entende des paroles inintelligibles. La pauvre femme rentrait chez elle dans tous ses états. Elle s'en ouvrit à quelqu'un qui lui donna le moyen de se débarrasser de la sorcière. Pour cela, avant de sortir, elle prit une poignée de sel fin, dissimula sa main dans la poche de son tablier et s'en fut vers la *masco*, là où elle savait la rencontrer. Par chance la *masco* allait dans le même sens qu'elle. Lorsqu'elle fut à sa hauteur, elle lui jeta avec force la poignée de sel fin dans le dos. La *masco* ne put faire un pas de plus, elle était comme paralysée. À dater de ce jour-là, la *masco* laissa en paix notre amie.

On faisait « les vers à soie » avant la guerre de 1914. J'ai connu quelqu'un qui, lorsqu'il devait en faire, se fiait à l'opinion d'une femme réputée *masco* qui, à défaut d'avoir le mauvais œil, avait un don de divination certain. Quand la *masco* disait : « Ne les faites pas, ils seront mauvais », s'il passait outre à vouloir les faire, les vers à soie ne réussissaient pas. Si par contre il les faisait sur son conseil, la récolte des cocons était parfaite.

Ceci m'a été dit par un de mes cousins : un cheval, sitôt attelé, se cabrait sans cesse, il faisait quelques pas, s'arrêtait. Impossible de le faire avancer. Un jour vint à passer un trimard, au moment même où le cheval se cabrait à nouveau. Il enleva sa veste, la plaça devant le cheval, se fit donner un fouet, demanda au maître de saisir son cheval par la bride, prononça quelques paroles, fit claquer le fouet. Le cheval partit d'un trait, guéri de son « complexe ».

Un soir, il y a environ cent à cent cinquante ans, vint à passer à la bastide du père de mon arrière-grand-père, dit « Lou Cambelot », à Camps-la-Source, un trimard qui demanda le refuge, chose courante en ce temps-là. Il soupa avec toute la maisonnée puis alla se coucher dans la grange. Au réveil, mon arrière-grand-père, alors enfant, s'avança vers lui avec amitié. Alors le trimard lui tint ces propos en provençal : « Petit, tes parents ont été bien gentils pour moi, veux-tu que je t'apprenne à attraper les oiseaux vivants ? » L'enfant se mit à rire, et ne crut pas un mot de cette chose qui lui semblait impossible. Voyant cela, je ne sais par quel procédé, le trimard alla lui chercher un oiseau, puis deux... trois. L'enfant était émerveillé. Comment fit-il ? Tant et si bien qu'il lui passa le don de prendre les oiseaux qu'il voudrait, mais à la condition qu'il ne leur fasse point de mal, qu'il se contente de les caresser et, ensuite, de les laisser libres de s'envoler.

Ce récit est authentique, il m'a été raconté par la sœur de ma mère.

À Camps-la-Source, les personnes âgées se souvenaient encore d'avoir entendu dire que *lou Cambelot agantavo leis auceloun vièu* (le Cambelot attrapait les oiseaux vivants).

Pour reconnaître les personnes « enmasquées », me dit-on à Montfort-sur-Argens, on procède de la façon suivante :

Celui qui se croyait ensorcelé faisait bouillir un « mou » piqué d'épingles et, une fois que le tout bouillait, la première personne qui entrait était celle qui était « enmasquée ».

On a eu connaissance du fait suivant :

Il y a environ quarante-deux ans, une enfant se débattait, les yeux exorbités, tout apeurée, égarée, ne reconnaissant plus personne, se cramponnant à celle qui la gardait. Cette enfant, soi-disant, était « enmasquée ». Sa mère fit venir immédiatement le docteur et, pendant ce temps-là, la grand-mère eut l'idée de lui frictionner tout le corps avec du pétrole. Ce qui la calma. Mais la petite n'étant pas toujours très bien, le docteur n'ayant pu se prononcer, on décida de porter sa chemise au curé de la paroisse qui lut les Évangiles devant ce vêtement et l'enfant fut aussitôt guérie.

Au Plan-de-la-Tour (Var), on croyait autrefois que certaines sorcières mettaient sur les routes de montagnes des pierres maudites qui avaient le *pouvoir de faire verser les charrettes.* Ce danger était tellement craint par certains bûcherons qu'ils se faisaient un devoir de débarrasser la chaussée de toutes pierres ayant un *aspect douteux*. On voit dans la chapelle de N.-D. de Miramar des ex-voto de charrettes renversées, dit-on, par ce procédé maléfique.

Mon informateur anonyme du Haut-Var relate un fait dont je connais peu de parallèles en France :

Au cours d'une assemblée de paysans et de bergers, on vit un pâtre *demascaire* recevoir une raclée de la part d'un *masc*, qui, se sentant sans cesse contrecarré par lui, lui avait voué une haine terrible. Tout le monde était assis à table, on devisait de choses et d'autres, calmement. Soudain toute l'assistance atterrée et médusée vit le visage du démasqueur se couvrir de coups, ses vêtements se déchirer *sans que le masc qui était en face de lui ne bougeât et que l'autre qui recevait les coups ne fît un mouvement.*

Du même anonyme je tiens encore les confidences suivantes que je laisse dans leur continuité :

Chez les gens, en général, toutes les précautions sont prises pour éviter les mauvais sorts jetés par des femmes réputées *masco*. Je l'ai déjà dit, les personnes qui craignent d'être « enmasquées » portent toujours sur elles un objet bénit, sachet de sel fin, ou tout autre sachet contenant une relique de saint. Ces sachets ne sont pas apparents, ils se portent ou sur la peau, ou dans la doublure d'un vêtement.

Dans la plupart des cas, seules les femmes ont la

réputation d'être masquées. Seuls les hommes ont le pouvoir de « désenmasquer ».

Certes il peut bien y avoir des femmes capables de « désenmasquer » une personne atteinte d'un mauvais sort, mais, en règle générale, celle qui lève le « mal » ne peut pas le faire, de même que celle qui jette le mauvais sort ne peut pas l'enlever. On a recours alors au « demascaire » (désenvoûteur). Il m'a été dit qu'en présence de cas d'envoûtement rebelle, deux et même trois « demascaires » ont été obligés de s'unir pour conjurer le mauvais sort dont une personne était atteinte.

Le « demascaire », lui, ne peut faire que du bien, il n'a pas le pouvoir de faire du mal, mais il a celui d'anéantir les maléfices de la « masco ». Le *demascaire* a aussi la réputation de « couper les fièvres », de rebouter les membres, de lever les coups de soleil, et d'être très connaisseur des vertus des *simples* (herbes) qu'il cueille en son temps, les fait sécher avec soin, puis les distribue à ses « consultants » et amis. En général il habite dans un endroit retiré et caché. Sa pièce principale, la cuisine, est entièrement noire de fumée, car il est obligé de faire de grands feux pour procéder à ses exorcismes. Voici un fragment de prière que m'a récité le frère d'un *demascaire* décédé il y a plusieurs années.

Grand Diéu vivènt ! Moun Diéu, O Grand Diéu vivènt. Mi recoumàndi à vous pèr que m'aparès dei marridèis esprit e dei marridei gènt que mi poudrien faire o mi manda de mau. Coumo Juda a trahi au jardin deis ôulivo, palissènt Diéu, franchissent sei coulour...

Grand Dieu vivant ! Mon Dieu, O Grand Dieu vivant. Je me recommande à vous pour que vous me protégiez des mauvais esprits et des mauvaises gens qui pourraient me faire, ou m'envoyer du mal. Comme Judas a trahi au jardin des Olives, Dieu pâlissant, franchissant ses couleurs...

Cette prière n'est sûrement pas complète, je n'ai pu en savoir plus. Après cette prière le *demascaire* dit cinq *Pater* et cinq *Ave* au saint patron du consultant qui lui aura donné ses nom, prénom, date de naissance (heure si possible), mèche de cheveux et tout autre objet le touchant de près.

Ces pratiques se font le matin à l'aube, le soir au crépuscule, et même à minuit. Le *demascaire* allume un grand feu dans sa cheminée. Au moment où les flammes s'élèvent, il jette dedans trois pincées de gros sel pour les purifier (on sait que par essence le sel est bénit). Le *demascaire* est à genoux devant le feu, il frappe sa poitrine avec ses poings, passe ses mains sur son visage, en disant continuellement : « Grand Dieu vivant ! Grand Dieu vivant... » Il sue à grosses gouttes, et, même, halète. Il attise sans cesse le feu, car il faut que les flammes durent jusqu'à ce que le soleil soit assez haut, si c'est le matin à l'aube. À ce moment-là, il voit dans les flammes la face de la *masco* qui a jeté le mauvais sort. Au bout de quelques incantations de ce genre, tout mal lui paraît écarté, et il conseillera à son consultant d'éviter de rencontrer une telle, et de ne toucher aucun objet qu'elle aurait pu avoir en sa possession. Lorsqu'on ne peut pas différer de se rencontrer avec une *masco* qui vous a déjà touché par ses maléfices, ou qui risquerait de vous jeter un mauvais sort, il est conseillé de dire rapidement en soi-même la formule suivante, tout en mettant son pouce de la main droite entre l'index et le majeur. Il est préférable de cacher sa main dans sa poche si c'est un homme, ou sous son tablier ou dans son fichu si c'est une femme, soit par crainte, ou respect humain :

Puto ! Puto ! Puto ! que lei trege veno dóu cuou li peton.	Pute ! Pute ! Pute ! que les treize veines du cul te pètent.
Qu'aquélei qu'enmascon que siegon pu puto que tu, e que t'enmascon.	Que celles qui envoûtent, qu'elles soient plus putes que toi, et qu'elles t'envoûtent.

Ici le mot « pute » est employé dans le sens de « maligne ». Il est à supposer que les *demascaires* se transmettent leur don de père en fils. Celui auquel je fais allusion le tenait de son père, mais le frère dont j'ai parlé plus haut n'avait pas été « initié ». Si la *masco* est dans le pays, il sera assez facile au *demascaire* de désenvoûter le ou la consultante, mais si elle est hors du terroir sa puissance sera plutôt faible. Il fera appel à un ou deux collègues pour agir et dénouer « les aiguillettes » de l'*enmasca*.

Nouer et dénouer les aiguillettes : d'après les rebouteux, « les aiguillettes » seraient des nerfs qui se trouveraient dans la région lombaire. Chacun sait que le lumbago est très douloureux. En supposant que lesdites aiguillettes puissent se nouer entre elles, sous l'effet d'un coup de force, d'un charme ou d'un envoûtement, il peut être certain que le sujet se trouvera incapable de toute volonté.

En fait de livre dont usait son frère *lou demascaire*, il fut question du « Grand Albert » qui n'est que le fameux livre de magie d'Albert le Grand. Comme je lui demandais à le voir il me répondit que son frère l'avait prêté à un collègue de B...

Donc notre *demascaire* avait aussi le don de couper les fièvres et de guérir les enfants atteints de convulsions. Pour ces dernières, j'ignore le procédé qu'il employait. Je sais qu'un enfant fut, paraît-il, guéri par lui, alors qu'il était atteint de très fortes fièvres. Cet enfant pouvait avoir de six à sept ans, le traitement ne donnait pas grand-chose : tous les soirs la fièvre montait de façon inquiétante. On alla consulter le *demascaire* qui indiqua un jeune pêcher planté dans l'année. Le matin, à l'aube, le mage se rendit auprès de l'arbuste, le coupa, fit ses incantations et emporta avec lui les restes du pêcher. Auparavant il avait prévenu la famille en lui disant : « Ce soir à sept heures le petit sera très mal, ne vous effrayez pas. Après il ira bien. » Les choses se passèrent ainsi et l'enfant fut sauvé. Il avait paré au plus pressé. Après, la mère lui ayant exposé ses craintes au sujet d'une *masco* qui habitait non loin de chez elle, le mage fit d'autres incantations, chez lui cette fois, et découvrit qu'effectivement les maléfices de la *masco* étaient passés par là. Il la réduisit à l'impuissance si bien qu'elle ne put plus passer devant la maison de l'enfant.

Il existait, dans un village non loin d'ici, un personnage extraordinaire nommé F... qui avait aussi le don de désenvoûter. On venait, paraît-il, le consulter de très loin. Un jour on vint le voir pour un nourrisson qui refusait de prendre le sein de sa mère et qui dépérissait à vue d'œil : F... vit bien de quoi il s'agissait :

— N'y a-t-il pas *une telle* qui travaille chez toi ? demanda-t-il au père de l'enfant.

— Oui, répondit le père, demain elle viendra moissonner avec nous.

— Bon, dit F..., que demain vers onze heures ta femme mette le petit au sein, je puis t'assurer qu'il tétera. Quant à la vieille *masco*, ne la perds pas de vue à partir du moment où vous serez au champ !...

Effectivement, vers les onze heures la *masco* montra des signes d'impatience, elle ne se sentit pas à son aise, cela se voyait, elle titubait presque. Au moment où onze heures sonnèrent, elle abandonna le chantier à bout de forces, pendant que la maman faisait téter son petit, qui, à partir de ce jour-là, prit toujours bien le sein.

Ce F... avait une femme au caractère exécrable ; en plus de cela elle était méchante. Connaissant les dons multiples de son mari, elle lui demandait souvent de lui apprendre ses pratiques. « Jamais ! répondit F..., méchante comme tu es, tu serais la pire des *masco* !

À Saint-Cyr, dans le Var, les personnes qui regardent ou conseillent ceux qui se livrent à un travail ou à un jeu sont appelées les *Comètes* ; il y en a de bienfaisantes, d'indifférentes ou de malfaisantes. Les paysans et les joueurs de boules s'en défient.

LE GARAGAÏ

Au milieu du siècle dernier, à Vauvenargues, après la messe, les pèlerins vont visiter un lieu dont la superstition païenne a commencé la célébrité : je veux parler du Garagaï. C'est un gouffre sans fond, peut-être la bouche d'un volcan éteint... Marius y fit jeter trois cents prisonniers teutons qu'il voua aux dieux infernaux.

Depuis, la superstition a rattaché à ces lieux des idées terribles. Aujourd'hui encore les paysans de la contrée n'approchent du Garagaï qu'avec une terreur superstitieuse et en font des histoires dont ils amusent les longues veillées d'hiver.

Non loin de cet abîme s'en trouve un autre tout aussi merveilleux ; c'est un puits de cent toises de diamètre, creusé à plus de soixante toises. Au fond se trouve une très belle prairie naturelle. Les bergers de Vauvenargues y descendent leurs chèvres avec des cordes ou leurs brebis malades et les y laissent des mois entiers. Ordinairement ils les en retirent bien portantes.

FLORE MAGIQUE

Il faut éplucher un fruit ou un légume sans le casser ; cela fera faire bon ménage. Ne jamais montrer une courge avec le doigt, elle se dessécherait (Entrecasteaux).

Quand il pleut le jour de la Saint-Antoine ermite (17 janvier), la récolte de pommes de terre sera abondante. Une fève semée à la Sainte-Cécile en rapporte mille. Pour la Sainte-Madeleine, les noix sont pleines. On dit des plants de melon : *Pèr sant Jan, si toucon la man.* Pour Saint-Luc il faut semer, que le sol soit dur ou mou (Saint-Maximin).

Taille la vigne en mars, pioche-la ensuite quand tu pourras. Lorsque le pêcher est en fleur, il y a autant de nuit que de jour (Brignoles).

Quand l'aube de la Saint-Valentin est belle, la récolte de raisins sera abondante (Montfort-sur-Argens).

Terre foncée donne bon blé. Qui plante sans fumure ne récoltera que l'écume. Bonne récolte de fèves ou de blé = innombrables mariages. Si le blé de la Sainte-Barbe jaunit au lieu de rester vert, signe de mort dans la maison (Bargemon).

Pour la Toussaint, l'olive à la main (cueillez-les) (vallée des Baux).

Qui plante pendant l'Avent, gagne un an de temps. Quand Noël est un mardi, tu peux semer tes champs.

Quand Noël est un vendredi, tu peux semer dans les cendres. Noël gelé, épi bien grainé (Mme Mazet, Marseille).

À la Saint-Michel, les figues sont pour les oiseaux (Carcès, Var).

Pour la Saint-Jean, l'amande à la main. Pour la Toussaint, les figues sont pour les passants (La Ciotat).

Semer les haricots à la Saint-Marc pour les récolter à la Saint-Jean.

En greffant, on mouille l'écusson avec de la salive et on prononce les paroles de saint Benoît : « *Que le vert prenne sur le sec* », en se recommandant au saint.

On pose sur les oliviers des branches bénies le jour des Rameaux pour les faire fructifier.

Une femme ayant ses règles fait souffrir les plantes qu'elle touche ; elle fait aigrir le vin en cuve ; elle fait tourner les crèmes et manquer les mayonnaises.

GUÉRISSEURS ET PETITS MAGICIENS DE VILLAGE

À côté de ces sorciers néfastes dont on doit redouter l'influence, il en est d'autres qui ont une influence faste. Ils guérissent au secret douleurs, luxations, crampes, saignements de nez, par des passes, des signes de croix avec le pouce ou le gros orteil, des incantations à formules secrètes.

Les procédés de ces guérisseurs varient ; chacun a sa spécialité et ses recettes propres. Nous en citerons quelques-uns, dont la réputation était grande.

« L'homme du petit doigt », que l'on allait consulter sur place, prenait avec son petit doigt l'auriculaire de celui qui venait le consulter pour un malade qu'il n'avait pas besoin de voir et, à la vue d'une pièce du linge de corps de ce malade, dictait son ordonnance.

Un autre coupe les fièvres en touchant un vêtement du fiévreux.

« L'homme de Saint-Jean » avait des procédés plus mystérieux : il regardait avec attention le malade, faisait un cercle sur sa peau, un peu au hasard, puis ayant soufflé trois fois, il mettait l'oreille sur ce rond. Ce qu'il entendait ou croyait entendre, nul ne le sait. En tout cas, ce simulacre d'auscultation lui suffisait pour donner un traitement.

À Septèmes, près de Marseille, les parents menaient leurs enfants hernieux à « Maître Lazare. » Ils apportaient un œuf, la mère le découronnait, jetait le blanc en laissant le jaune dans la coque. Cela fait, l'enfant urinait dans l'œuf qui était ensuite placé dans une caisse de cendres. Il fallait que l'enfant fasse cela, successivement trois années. La troisième fois, il partait guéri.

Une entorse est « charmée » ou « conjurée ». Pour cela, l'opérateur se sert du membre opposé à celui atteint chez le patient. En faisant trois fois le signe de croix sur la partie malade, il prononce les trois mots : « *ante, antete, superantete* » et cela par trois fois. Certains conjurent avec la salive. Cette application de salive est le vestige d'un rite conjuratoire très usité dans l'antiquité. Les signes de croix, dont certains guérisseurs font accompagner leurs pratiques, n'ont pas d'autre but, dans leur esprit, que de renforcer l'efficacité du rite. Les procédés diffèrent suivant les endroits. À Aubagne, la conjuration se fait par la même formule, mais c'est avec le pouce gauche que sont faits les trois signes de croix de bas en haut et de droite à gauche. Puis le blessé doit se reposer trois jours. À Toulon, un guérisseur fait avec son pied nu un signe de croix sur le membre atteint en prononçant une formule secrète...

... Un enfant a-t-il une angine ou même un simple enrouement, on le mène au guérisseur, qui, lui examinant la gorge, confirme qu'il a les « amygdales » ou « la luette tombée ». Il prend une mèche de cheveux au sommet de la tête, puis il tire d'un coup sec au point de l'arracher, ou, si la mèche est un peu plus solide, de soulever l'enfant. C'est un moment un peu douloureux à passer, mais l'enfant repart guéri.

En cas de fluxion dentaire, le procédé est le même que pour le soleil, en remplaçant dans la première formule « soleil » par « fluxion », ou bien encore on prend une pièce de un franc ou de deux francs ou une clef et on fait trois fois le tour de la joue malade en passant par les tempes, l'oreille et le maxillaire inférieur, chaque fois il faut faire avec la pièce le signe de la croix sur la joue. Il n'y a pas de formule à prononcer, mais le procédé demande à être appliqué avec soin, car, si l'on dépassait la limite fixée par le rite, si l'on faisait par exemple passer la clef ou la pièce dans les cheveux, la fluxion serait attirée à cet endroit. On conjure de même les brûlures et les « coups d'air » ; dans ce cas on prononce les paroles suivantes : « Feu brûle ton feu, feu brûle ta couleur, feu qui a trahi notre Seigneur dans le jardin des Oliviers. » Ou bien on dit trois fois en provençal : « Brûlure, guéris-toi comme Judas a trahi Jésus-Christ » et en faisant chaque fois le signe de la croix.

Pour les coupures, on prend une pincée de terre et à trois reprises on fait le signe de la croix en prononçant les mots : « Terre me nourrit, terre me guérit, terre me pourrit. »

Si tous ces procédés doivent être effectués par une personne qui a le « pouvoir », il en existe au moins un que l'on peut faire soi-même ; c'est en cas d'orgelet. Il suffit de se regarder dans une glace et de dire trois fois « dehors et pas en dedans », en accompagnant les paroles d'un geste adéquat du doigt. Puis on part en courant sans plus se regarder et l'orgelet disparaît.

Les formules qui accompagnent les gestes rituels que nous venons de voir sont simples, et c'est probablement pourquoi on a pu arriver à les connaître. Il faut avouer que beaucoup nous sont inconnues et ce sont certainement les plus curieuses. Elles ne sont probablement qu'une succession de mots barbares, sans signification aucune peut-être, formules de conjurations et de prières anciennes qui, transmises de génération en génération par des gens incapables de les comprendre, ont été modifiées au point de les rendre méconnaissables.

Les vieilles femmes, qui possèdent ces formules magiques, sont persuadées que le fait de les dévoiler leur enlèverait leur pouvoir d'exorcisme et elles attendent leurs derniers moments pour transmettre soit à quelqu'un de leur famille, soit à une personne qu'elles auront jugée digne de cet honneur, le secret des gestes et des paroles de conjuration.

Dans un village du Var, une vieille femme guérit les taies de la cornée. Après avoir examiné l'œil atteint, elle reconnaît de quel côté sont venues les « taches ». Elle fait alors un signe de croix, puis marmotte une formule secrète, pendant qu'avec la main, elle fait le geste de repousser ces taches du côté où elles sont venues. L'opération se termine par un autre signe de croix. En général, une séance suffit pour rendre à la cornée sa transparence normale. Cette bonne vieille est d'ailleurs persuadée qu'elle pourrait rendre aveugle la personne qui se confie à elle en faisant le geste de lui ramener ces taches au centre de la cornée. Malgré tous nos efforts il nous a été impossible d'obtenir la formule qui, paraît-il, se transmet de génération en génération par la branche féminine de la famille. Nous ne fûmes pas peu surpris d'apprendre, en nous occupant de ce procédé, que l'an passé, les religieuses de l'hôpital du village, voyant leur cheval devenir peu à peu aveugle malgré un traitement institué par le vétérinaire, firent venir la bonne vieille qui, par ses gestes, réussit à rendre sa vision primitive au cheval. Il nous a paru intéressant de noter ce fait. Combien doit être convaincu l'accent de ces villageois, quand ils parlent de ce moyen de guérir, pour être arrivés à faire partager leur confiance par des religieuses, dont la mission est de détruire ces croyances...

PRIÈRES ET FORMULES MAGIQUES

Contre le mal de dents :

« *Sainte Apolline assise sur une pierre de marbre. — Notre Seigneur vint à passer. Il lui dit : « Sainte Apolline que fais-tu là ? — Ô Seigneur je souffre dans mon chef et dans mon sang. — Sainte Apolline retourne-toi, s'il sort un ver il périra, s'il sort une goutte de sang tu guériras...* » Tracer ensuite trois signes de croix à l'envers, sur la dent malade (Cogolin.)

« *Mal de dents — mal de Satan — Comme Satan va en Enfer, mal de dents, va en Enfer.* » (Toulon.)

Contre les brûlures :

Faire avec le pouce trois signes de croix et dire trois fois : « *...brûlure je te conjure ne fais pas plus de chemin que la bonne Mère a fait de péchés.* » (Brignoles.)

Contre le choléra :

Recèto contro lou colera :	Recette contre le choléra :
Se dóu flèu vouas narga l'ourrour,	Si du fléau tu veux narguer l'horreur
Et t'escapoura de sei gripo	et t'arracher de ses griffes
Enubrié-ti de la vapour	enveloppe-toi de la fumée
Dóu fin loundrès o de la pipo	d'un fin cigare ou de la pipe
Li faras : zest ! à cop ségur	tu lui feras : zest à coup sûr
Sènso coulico diarretado	sans colique ni diarrhée
Se lou blound havanès es pur	si le blond havane est pur
O la boufardo culoutado	ou la pipe culottée.
	(Six Fours.)

Contre un coup d'air :

Dins la Durènço, li a tres font : uno de vin, uno d'òli, uno de la e coume acò es pas de verita lou cop d'èr dèu passa.

(Dans la Durance il y a trois fontaines : une de vin, une d'huile et une de lait et comme cela n'est pas vrai, le coup d'air doit passer.)

Guérison d'un coup de soleil :

On place un petit « toupin » d'eau devant le feu. Quand l'eau bout, on prend trois grains de sel gros, on se signe et on fait le signe de la croix sur le toupin en disant : *Je te conjure, au nom de la Sainte Trinité, d'un seul Dieu en trois personnes* (on invoque le nom du saint patron de la personne qui a le coup de soleil) *de lui ôter le soleil.* On répète la formule trois fois. Si le mal persiste, on répète les formules neuf fois.

Ensuite on prend le « toupin », on le retourne dans une assiette et l'eau monte dans le « toupin ».

Cette eau, le lendemain soir, on la jette dans le feu. Il faut procéder à cette opération au coucher du soleil. (Monfort-sur-Argens.)

Pour l'enlever d'une personne, me dit C. Mistral, de Bargemon, il faut mettre au bord du feu un petit pot en grès avec de l'eau ; quand elle bout, prendre trois grains de sel, les jeter dans l'eau bouillante et dire : « *Père, Fils, Saint-Esprit. Que le soleil soit levé au sieur X...* » Prendre le pot et le retourner brusquement dans une assiette. L'eau ne doit pas s'échapper. Sinon c'est à refaire.

Pour les entorses :

À Lambesc, un bon vieux du pays soignait les entorses en mouillant son pouce avec sa salive et faisait des signes de croix en disant : *Que lou Bon Diéu te fague nòu.* (Que le Bon Dieu te fasse neuf.) Son salaire était un verre de vin.

REMÈDES POPULAIRES

Voici, à titre de curiosité, m'écrit Marion Nazet, de Marseille, quelques documents dont nous possédons les dates :

En premier lieu, un extrait des archives municipales de Marseille, daté du 30 août 1817 :

« Le Maire de Marseille à Monsieur le Préfet :

« J'ai l'honneur de vous informer que, le 28 courant, « vers les 4 heures du soir, dans la rue Lanierie, un « malheureux enfant, âgé de 3 ans, fils du nommé Rer-« rin, capitaine marin, poussé, dit-on, par un autre « enfant sous la roue de la charrette du nommé Michel, « meunier au quartier Saint-Joseph, fut froissé par la « roue, malgré la célérité du charretier, qui était au « cordeau, à faire reculer la charrette. Ce pauvre petit « fut, de suite, *enveloppé dans la peau d'un mouton tué ad « hoc*, et mis dans les mains de Monsieur Teste, médecin. « Malgré tous les soins qu'on a eus, il est mort. »

Nous avons vu un grand tableau imprimé et illustré d'une façon originale et... réaliste, pendu au mur d'une maison de campagne du Haut-Var et intitulé : *Le médecin à la maison ou « conseils utiles pour secourir les blessés et guérir les accidents »*, datant des environs de 1830.

Piqûres d'insectes, cors aux pieds, douleurs aux dents, asphyxie par le charbon, gale, indigestions, panaris, maux d'aventures, mal de mer, hydrophobie ou morsures de chiens enragés, etc., presque tout est prévu.

Quelques-uns des remèdes préconisés sont assez originaux, par exemple : quand il y a enflure des yeux, un morceau de chair fraîchement tuée soulage beaucoup ; — un emplâtre de poix noire ou de pulpe d'oignons cuits sous la cendre fait mûrir et percer les abcès provenant des piqûres d'aiguille ; — pour guérir les engelures, tremper les doigts dans de l'urine ; — pour arrêter l'hémorragie causée par une coupure, mettre sur la plaie de la toile d'araignée, de l'amadou ou du Pétoupe. Notons pour terminer que : « les personnes qui aiment la valse et supportent les balançoires sont rarement indisposées par le mal de mer » !

M. l'abbé Aubert, ancien curé de Boulbon (Bouches-du-Rhône), nous décrit ainsi dans « L'Armana Prouvençau » de 1876, *la procession des bouteilles* :

« À Boulbon, près de Tarascon, le 1er juin, veille de la « saint Marcelin, patron de la localité, les hommes, les « jeunes gens et les petits garçons se rendaient processionnellement, vers les 7 heures du soir, à la chapelle « du Saint-Patron, chacun tenant à la main une bouteille « de son meilleur vin.

« Le maire et l'adjoint en écharpe, et suivis du conseil « municipal, marchaient après le clergé. Le valet de la « ville portait, dans une corbeille, un certain nombre de « verres et quelques bouteilles également pleines de « vin... Les femmes étaient rigoureusement exclues de « cette cérémonie.

« La procession étant arrivée à la chapelle, le curé « procède à la bénédiction du vin ; ensuite, chacun se « signe, et boit à même la bouteille une gorgée de vin « bénit. Alors, le maire présente un verre au curé et aux « prêtres qui l'accompagnent, y verse un doigt du vin « municipal, s'en verse autant à lui-même, tous se « signent et choquent les verres. Lorsque tout le monde « a bu, la procession retourne au village et chacun « s'empresse d'enfermer sa bouteille du précieux vin « bénit que l'on conserve pour en boire en cas de fièvre, « de maux d'estomac ou autres indispositions. »

Enfin, un petit opuscule vendu à Aix « *Li remèdi de la man de Diéu* » donnait jadis les usages et modes d'emploi pour toutes sortes de plantes, herbes et fruits.

Les indications qui suivent ont surtout un intérêt rétrospectif, car il ne semble pas qu'aucune de ces pratiques ait subsisté :

Tout d'abord, on a cru longtemps aux vertus de la *signature* (similitude du nom ou de l'image) : par exemple, le cocon de mante religieuse, *tigno*, en provençal, protège de la teigne, qui se dit également tigno, elle guérit aussi de la rage et des engelures ; — la poudre de souris desséchée guérit les enfants qui mouillent leur lit, car son odeur est la même que celle de l'urine ; — une très ancienne pratique pour guérir un enfant atteint de hernie : le faire passer à travers un arbre fendu pour la circonstance, si les deux portions de tige se ressoudent, l'enfant guérit ; — autre pratique : charger de pierres les arbres, pour qu'ils se chargent de fruits.

Différentes *pierres* auraient un pouvoir : la pierre de la

« picote » (variolithe tachetée, provenant de la Durance) guérit la variole et détourne la clavelée des moutons — la calcédoine rouge ou pierre de sang arrête les hémorragies — la calcédoine blanche ou pierre de lait est la pierre des nourrices, etc.

On croyait aussi aux *talismans :* par exemple, la patte de taupe *escudet* protège les enfants au moment de la dentition — le chat, comme partout ailleurs, a certains pouvoirs, comme de protéger les maisons des ondes nocives ; au cours de récents travaux, on a retrouvé, dans un mur de la cathédrale de Fréjus, le cadavre d'un chat qui y avait certainement été emmuré vivant au moment de la construction (vers 1200).

Terminons enfin sur une note gaiement provençale. À la Roquebrussanne, M. Lazare, un guérisseur ambulant, passait chaque année dans une immense voiture remplie par ses nombreux enfants et vendait des remèdes dont le *voun de moussu Lazare,* onguent pour se frotter (la *lazarine*) et se guérir de la colique. Il commençait invariablement par *Sabès que siéu de passage dins vouastro loucalita ?...* et chaque membre de la famille faisait un petit numéro. Mme Lazare chantait toujours la même chanson : « Pour éteindre le feu que j'ai dans le cœur — il faudrait une pompe (*bis, ter*) une pompe à vapeur... »

Moussu Lazare étalait des quantités de bocaux remplis de vers qui impressionnaient toute l'assistance. Puis il proposait un vermifuge. Parfois il se passait un *chivau-frus* autour de la taille et caracolait en chantant quelque chose comme : « Gen... gen... les gen... gen... les gendarmes. »

CONTES ET RÉCITS FACÉTIEUX

CONTES POPULAIRES RYTHMÉS

Les contes populaires rythmés, surtout ceux qui appartiennent à la langue d'oc, sont soumis à divers procédés de formation dont il est nécessaire de tenir compte. Ces procédés, dont quelques-uns sont très compliqués, consistent soit en une sorte de mimique qui souligne chaque partie du récit par des signes convenus, soit en une série d'intonations dont les nombres et les mesures sont réglés.

Le récit du *Petit Poucet*, tel qu'on le fait chez nous, peut être pris pour exemple du conte mimique.

Quant aux contes simplement rythmés, ils se distinguent en ce que les uns emploient la gradation, les autres, au contraire, la répétition, la progression, le renouvellement de certaines expressions, etc., ce qui forme plusieurs genres.

Le récit du *Pichot Nanet*, le Petit Poucet méridional, se fait avec les particularités curieuses que voici. Il s'agit d'une sorte de mise en scène dont les cinq doigts de la main sont à la fois le théâtre, les décors et les personnages.

On trace d'abord sept points sur les ongles, dont deux pour les yeux, deux pour les paupières, un pour le nez et un pour la bouche ; puis on présente le plat de la main à la lumière, ce qui rend la chair transparente et donne aux cinq doigts, ainsi disposés, une vague apparence de figures humaines, poupines et de tailles différentes.

C'est ce qu'on nomme *lou joc de las petelas* (le jeu des poupées), *lou joc das detous* (le jeu des doigts), ou plus communément *lou jouguet* (le jouet). Pour un impresario habile, il y a là, en effet, tout un ensemble de marionnettes dont il peut tirer le plus grand parti.

Après les premières évolutions faites et lorsque les enfants, dont la curiosité est très vivement excitée, disent : *Que sou ?* — on les nomme dans cet ordre : le petit doigt est dit *Pichot Nanet* (le petit nain) ; l'annulaire, *Garganta* (la grande gorge) ; le médian, *Grand Gusas* (le grand gueux) ; l'index, *Leca-plats* (le lèche-plats), et le pouce, *Tua-pezouls* (le tue-poux).

Cette énumération, comme du reste beaucoup d'autres parties du récit, se fait non seulement en pressant successivement et très vite l'extrémité de chacun des doigts, mais encore en chantant sur un récitatif consacré, qui va crescendo du grave à l'aigu :

Pichot nanet... Garganta... Grand Gusas... Leca-plats... Tua-pezouls !

Comme les enfants ne manquent jamais d'ajouter : *De que fan ?* — on leur répète sur chacun de ces petits personnages un conte particulier, qui se lie aux autres par une sorte de cycle puéril.

... à chaque incident répond un jeu particulier, quelques-uns sont très compliqués ; ex. : Garganta coupant du bois, combat des deux chiens...

Tout Méridional a au bout de ses doigts un théâtre complet, qui est, je pense, une tradition de la mimique des anciens.

L'ARBRE

Ah ! le bel arbre — qu'il y a dans ce jardin ! — Le plus bel arbre — de tous les arbres... — Sous le romarin — où ma mie Annette va se réjouir.

Ah ! la jolie branche — qu'il y a à cet arbre ! — La plus jolie branche — de toutes les branches. — La branche à l'arbre, — l'arbre au jardin... — Sous le romarin — où ma mie Annette va se réjouir.

Ah ! le joli nid — qu'il y a sur cette branche ! — Le plus joli nid — de tous les nids. — Le nid à la branche, — la branche à l'arbre, l'arbre au jardin... — Sous le romarin — où ma mie Annette va se réjouir.

Ah ! le joli œuf — qu'il y a dans ce nid ! — Le plus joli œuf — de tous les œufs. — L'œuf au nid, — le nid à la branche, — la branche à l'arbre, — l'arbre au jardin... — Sous le romarin — où ma mie Annette va se réjouir.

Ah ! le joli oiseau — qu'il y a dans cet œuf ! — Le plus joli oiseau — de tous les oiseaux. — L'oiseau dans l'œuf, — l'œuf au nid, — le nid à la branche, — la branche à l'arbre, — l'arbre au jardin... — Sous le romarin — où ma mie Annette va se réjouir.

Les versions de ce conte offrent des variantes assez considérables, d'abord parce que le nom de la *mie* change avec chaque conteur, ensuite parce qu'on peut faire successivement l'éloge de toutes les parties de l'oiseau :

Ai ! las poulidas patas...
Ai ! lou poulit plumage...
Ai ! la poulida testa...
Ai ! las poulidas alas...
Ai ! la poulida coueta..., etc.

Ce qui rend le renouvellement des expressions interminable et augmente d'autant les difficultés du récit que l'on doit en faire. Du reste, ces petites compositions n'ayant d'autre but que d'exercer la langue des enfants, il y a fort à croire que ces variantes appartiennent à la version originale. Une version de M. le pasteur Liebih donne ces variantes, sans autres différences.

LES NOMBRES

Un, le bon Dieu ; — deux, les Testaments ; — trois, la Trinité ; — quatre, les Évangélistes ; — cinq, les plaies de Notre-Seigneur ; — six, les lumières du temple ; — sept, les allégresses de Notre-Dame ; — huit, les Béatitudes ; — dix, les Commandements ; — onze, les étoiles ; — douze, les Apôtres. — Onze, les étoiles ; — dix, les Commandements ; neuf, etc.

À cette énumération pieuse, qui sert d'exercice aux catéchistes, et dont Damase Arbaud cite une version fort compliquée, il faut joindre une profane, en usage dans quelques jeux, entre autres une sorte de cheval fondu. Le chef du jeu prononce successivement chaque nombre, en joignant à chacun d'eux, en rime, un mot quelconque. Exemple :

« Un, lou lum ; — dous, d'amellous ; — tres, lou bres ; — quatre, l'albatre ; — cinq, lou pelerin ; — sieis, la jieis ; — sept, lout let ; — ioch, lou pioch ; — nòu, lou biòu ; — dech, lou liech ; — onze, la rounze ; — douge, l'aze te fouge. »

Il est d'habitude que les mots accolés soient par séries et noms de métier, d'objets domestiques, de fleurs, de fruits...

LE COQ

Qui garde votre maison ? — La poule avec le coq. — Où est le coq ? — Sur la bûche. — Où est la bûche ? — Le feu l'a brûlée. — Où est le feu ? — L'eau l'a éteint. — Où est l'eau ? — Le bœuf l'a bue. — Où est le bœuf ? — Un peu partout. — Haussez-lui la queue. — Et soufflez dessous.

LA POULE

Qui gardera la maison demain ? — La petite poule. — Où est la petite poule ? — Sous le lit. — Où est le lit ? — Le feu l'a brûlé. — Où est le feu ? — L'eau l'a éteint. — Où est l'eau ? — Les bœufs l'ont bue. — Où sont les bœufs ? — À la cime de l'Espiradel. — Où est l'Espiradel ? — La chèvre en a mangé un morceau. — Où est la chèvre ? — Le loup l'a mangée. — Où est le loup ? — Le voilà qui court partout !

On se sert quelquefois de cette espèce de récitatif pour jouer à la queue leu leu ; mais le véritable récitatif de ce jeu est le couplet suivant, qui se chante :

Allons à la vigne, le loup n'y est pas. — Nous aurons des figues et de bons muscats. — Loup ! loup ! tu ne mangeras pas de mes fillettes. — Loup ! loup ! tu ne mangeras pas de mes garçons.

LES CONTREDITS

J'ai un frère de petite taille. — Je lui ai donné en héritage un sifflet. — Un sifflet n'est pas une écritoire, — le paradis n'est pas le purgatoire : — le purgatoire n'est pas le paradis, — un lièvre n'est pas une perdrix : — une perdrix n'est pas un lièvre, — une vallée n'est pas une montagne, etc.

Ce récitatif, qui peut se continuer indéfiniment avec

le nombre des interlocuteurs, n'a que deux points obligatoires : la rime, qui doit former un enchaînement, et le sens des mots, qui doit toujours être en opposition.

IL PLEUT ET IL FAIT SOLEIL

Il pleut et il fait soleil. — La poule saute au mil, — du mil au jardin. — Là, elle trouve un âne mort : — de sa peau elle se fait un manteau, — de sa tête un chalumeau. — Elle va à saint Jean, — tout chalumelant. — Saint Jean, ouvre-moi ! — Non, je ne le ferai pas, — car ma femme vient d'enfanter — celui qu'on nomme petit Jean. — Petit Jean le maître — tire la charrette...

LES DOIGTS

Tout au long de cette petite plaine, — passa un lièvre. — Celui-ci (*le pouce*) le vit, — celui-ci (*l'index*) le poursuivit, — celui-ci (*le médian*) l'atteignit, — celui-ci (*l'annulaire*) le mangea, — et le plus malingre (*le petit doigt*) dit : — *Piu-piu !* — n'y a-t-il rien pour moi ? — Si, voilà un petit os, — va le manger dans un coin.

JEAN DE L'HUILE

Jean de l'huile — boit l'huile — sous la cornue. — Quand l'âne bramait, — il appelait — Vidal. — Le chat se peigne, — derrière l'armoire. — La vieille se lève — et lui f... un soufflet.

Jan l'Oli et *Béu l'Oli* sont les noms que les enfants donnent au chat-huant. Le débit de ce conte est terminé par une petite tape que l'on donne à l'enfant.

JEAN DU JARDIN

Il y avait une fois un homme, qui piochait au jardin. — Le rire le prit, il en mourut. — On dénoue l'aiguillette, — le voilà qui bouge ! — On dénoue les cordons de la chaussure, — le voilà qui a peur ! — On dénoue le dernier fil, — le voilà qui ressuscite ! »

Ce conte se termine par une horrible grimace. La mimique entre pour beaucoup dans le récit des contes populaires ; quelques-uns sont même entièrement mimés.

La *Romania,* dans sa deuxième livraison, a donné deux versions de l'enterrement de *Jan de l'Ort.* Elles lui ont été communiquées toutes les deux par Frédéric Mistral ; l'une a été recueillie à Maillane, l'autre dans la province de Saluces. Les voici :

1. *JAN DOU PORC*	2. *JOUAN DE L'ORT*
Quau es mort ?	*Qui est mort ?*
— Jan dou Porc.	*— Jouan de l'ort.*
Quau lou plouro ?	*Qui lo souterra ?*
— Lou rei Mouro.	*— Jouan de la guerra.*
Quau lou canto ?	*Qui lo ploura ?*
— La calandro.	*— Soua signoura.*
Quau lou ris ?	*Qui lo bala ?*
— La perdris.	*— Soua cavala*
Quau n'en viro à brand ?	*Qui lo chanta ?*
— Lou quièu de la sartan	*— Souo chanet.*
Quau n'en porto dòu ?	
— Lou quièu dau peiròu.	

Traduction

1. JEAN LE PORC : — Qui est mort ? — Jean le Porc. — Qui le pleure ! — Le roi Maure. — Qui chante les prières ? — L'alouette huppée. — Qui en rit ? — La perdrix. — Qui en sonne les cloches ? — Le cul de la poêle. — Qui en porte deuil ? — Le cul du chaudron.

2. JEAN DU JARDIN : Qui est mort ? — Jean du Jardin. — Qui l'enterre ? — Jean de la Guerre. — Qui le pleure ? — Sa veuve. — Qui le porte ? — Son cheval. — Qui en chante les prières ? — Le petit chien.

PIEU ! PIEU !

Dans un discours prononcé par l'auteur du *Mirèio*, en 1863 (V. l'*Armana prouvençau* de 1863, p. 25), nous trouvons la version provençale d'un conte, également rimé et chanté, qui est fort connu de tous les Méridionaux :

Lou sort de nostro lengo me fai ensouveni d'uno sourneto que ma maire me countavo quand ere pichot. — S'agissiè d'un paure enfant que sa mairastro aviè tuà, que soun paire aviè manjà, que sa sorre aviè entarrà, e que ressuscitavo en formo d'aucèu blanc, e que cantavo aquesto cansouneto :

Ma mairastro,
Dins la mastro,
M'a deli,
Piei fa bouli.
E moun paire,
Lou lauraire,
M'a manjà
E mastegà.
E Liseto,
Ma sourretto,
M'a plourà
E m'a'ntarra.
E pièu ! pièu !
Encaro sièu vièu !

Traduction

Le sort de notre langue me rappelle un conte que ma mère me disait lorsque j'étais petit. — Il s'agissait d'un pauvre enfant que sa marâtre avait tué, que son père avait mangé, que sa sœur avait enterré, et qui cependant ressuscitait sous la forme d'un oiseau blanc, et chantait cette petite chanson :

Ma marâtre — dans la maie — m'a pétri, — puis fait bouillir.

Mon père, — le laboureur, — m'a mangé — et mâché.

Lisette, — ma petite sœur, — m'a pleuré — et enterré.

Et cependant, *pieù ! pieù !* — me voici encore vivant.

CHATTES, CHATS ET CHATONS

Une vieille fille d'Avignon, dévote à trente-six carats et faiseuse de patricotages, âgée de cinquante-cinq ans et plus, laide comme le péché, sèche comme un parchemin, plus grincheuse qu'un puits à roue, gourmande comme une chatte et mauvaise comme la gale, avait mille écus de rente, une langue de vipère, des lunettes vertes, — et quatre gros chats, sans compter deux chattes, dont, sans désemparer, l'une était pleine quand l'autre mettait bas.

Autant il y a de mois dans l'année, autant de fois elle changeait de domestique, — la mégère ! Souvent elle en renvoyait deux par mois, et chattes, chats et petits chats, en étaient sans cesse la cause. Toujours les domestiques avaient tort, et les chats, toujours raison. Les chats n'étaient pas assez bien servis, les chats dérobaient tout, et il ne fallait point fouetter les chats.

D'où vient donc que la brave Babet est au service de la vieille guenon depuis plus de dix-huit mois, ce qui est, je vous le jure, un beau miracle du bon Dieu ?

En voici le pourquoi : quand, en entrant dans la place, Babet vit que chattes, chats et chatons y étaient plus maîtres que la maîtresse : — Il faut s'en débarrasser, dit-elle, et que cette vieille peste m'ordonne elle-même de les noyer dans le Rhône.

Ce n'était point petite besogne, vous en conviendrez. Elle en vint néanmoins à bout. C'est à ne pas y croire !

C'était aux environs des Avents. Tous les matins, pendant qu'à la sainte messe la vieille masque s'endormait sur sa chaise, sa chaufferette sous les pieds et son chapelet à la main, Babet, au moment où chattes, chats et chatons étaient assis en rond autour de l'âtre, saisissait un nerf de bœuf, faisait le signe de la croix : *Au nom du Père, et du Fils...* et v'lin ! et v'lan sur les bêtes !

Chaque matin, elle se signait, et les faisait déjeuner, en leur époussetant ainsi le dos.

Dès qu'ils entendaient le *Au nom du Père* de la servante, les chats se disaient en leur patois : — Voici l'éclair ! gare le tonnerre ! Et ils partaient, le diable au corps.

Lorsque les chats eurent, de cette façon, appris à danser sans autre musique :

— Mademoiselle, dit Babet à sa maîtresse, vite ! faites-moi mon compte.

— Que t'arrive-t-il, Babet ?

— Ah ! si vous saviez !... Ça fait frémir !... Je veux m'en aller.

— Pourquoi veux-tu t'en aller ? Tu ne gagnes pas assez, toi aussi ?...

— Vos chats ne sont pas des chats, Mademoiselle...

— Tu dis ?...

— Vos chats sont des diables faits chats. Il ne leur manque plus que des cornes, vous dis-je ; et, pour sûr, il va leur en pousser. Mêmement que je les ai vues poindre sur la tête du gros noir !

— Leur en pousser !... Es-tu folle ?

— Imaginez-vous, Mademoiselle, que quand je fais le signe de la croix, ainsi que tout bon chrétien doit le faire, vos diables de chats ne se possèdent plus, effarés comme des Lucifers qu'ils sont. Seigneur Dieu ! ô grand saint Michel, prince du Paradis ! qu'arriverait-il si on les aspergeait d'eau bénite ?... Mon compte, vous dis-je !

— Miséricorde !... Serait-ce vrai ?

— Vrai comme vous êtes une digne et sainte demoiselle. Tenez, vous allez voir ça.

Babet se signa : *Au nom du Père !...* Les chats pressentirent le nerf de bœuf, et il y eut au logis un fameux remue-ménage !

— Jésus ! Marie ! Joseph ! s'écria la vieille, nous sommes tous perdus ! Ne m'abandonne pas, Babet ! Au secours ! Grand Dieu, pardon ! Vite, va les noyer, et que je ne les voie plus dans la maison !

Et Babet, à la nuit tombante, vite alla noyer chattes, chats et chatons.

LES ARRHES

— Oh ! brigand ! ah ! coquin de tron-de-l'air !

— Que t'arrive-t-il, Sang-chaud ? Tu fais feu des dents !...

— Tu ne veux pas que ça chauffe, Sang-froid ! J'en suis pour mes cinq francs. Entends-tu ?

— Mon ami, si tu les as bus, ce n'est point grand malheur.

— Si je les avais bus, je ne les regretterais pas. Mais... c'est comme si j'avais jeté mon bel écu blanc dans la mer. Entends-tu ?

— Conte-moi ça, Sang-chaud.

— J'ai mon dernier-né en nourrice, à Laudun, car ma femme n'a pu le nourrir. Entends-bien. On m'a fait dire, hier, que le nourrisson était malade de vermine et de la dent de l'œil, et qu'il fallait aller le voir. Entends bien. Je n'ai rien dormi de toute la nuit, et j'ai été matinal. Dès que j'ai été sur pied, j'ai couru chez M. Chabert, loueur de chevaux et de voitures, et je lui ai dit : — « Monsieur Chabert, louez-moi vite un cheval : il faut que j'aille à Laudun, où j'ai mon dernier-né en nourrice, car ma femme n'a pu le nourrir.

On m'a fait dire qu'il est malade de vermine et de la dent de l'œil. Entendez-bien. » Nous avons été d'accord, la main dans la main, et l'on a exigé de moi cinq beaux francs d'arrhes.

— Eh bien, après ?

— Après, Sang-froid, voici... Oh ! brigand ! ah ! coquin de tron-de-l'air !... Nourrice et nourrisson viennent d'arriver chez nous. Le malade se porte comme trois, il tète comme quatre, et mes cinq francs sont f...lambés. Entends-bien !

— Sang-chaud ?

— Sang-froid !

— Tu es une bête. Ça t'inquiète ?... Si tu me donnes ta parole que nous les mangerons ensemble, tes cinq francs seront bientôt dans ta poche.

— Je le promets.

— Viens avec moi à l'écurie. Seulement, tu ne souffleras mot et me laisseras faire.

— J'entends-bien, dit Sang-chaud.

Et Sang-chaud et Sang-froid furent vite dans l'étable de M. Chabert.

— Jean, dit Sang-froid au valet d'écurie, où donc est ce cheval ? Amène-le-nous : nous voulons le voir.

— Il mange l'avoine, répondit Jean. Je vais vous l'amener. Une solide bête, messieurs, et brave ! Vous la conduiriez avec un fil de laine.

— Je ne dis pas le contraire, dit Sang-froid.

— Entends-tu ? dit Sang-chaud...

Et le valet Jean amena le cheval.

Sang-froid fait alors le tour de l'animal, l'examine du haut en bas, et de la tête à la queue, et sous les quatre fers, et lui regarde l'œil, et lui tâte les oreilles. Puis, il élargit la main, et le mesure... un... deux... trois... quatre... cinq... six... depuis la tête jusqu'à l'extrémité de la croupe.

— Eh ! si vous vouliez l'acheter, vous ne seriez pas plus méticuleux, dit Jean, écarquillant les yeux, et ne comprenant pas le pourquoi de ce mesurage...

Et Sang-froid de remesurer... Pensif, la tête penchée et son menton dans la main, il calculait, calculait...

— Eh ! que calculez-vous donc là ? finit par lui dire le valet d'écurie impatienté. On dirait que vous arpentez une terre !

— Je calcule, lui répond Sang-froid, je calcule... Indubitablement ce cheval sera trop court...

— Trop court ? s'écria Jean.

— Oui, court et très court !... Mesurons plus exactement, dit Sang-froid.

Et d'élargir de nouveau la main, et de mesurer encore à partir de la tête : — De là jusque-là, dit-il, il y aura place pour la petite fille. De là jusque-là, pour ma femme. De là jusque-là, pour moi. De là jusque-là, pour Catherine... en nous gênant un tantinet.

Il en était à la queue de la bête, quand : — Et le sac de pommes de terre, fit-il, où le mettrons-nous ? Je vous l'ai bien dit que ce cheval serait trop court !

— Ta ! ta ! ta ! dit le valet d'écurie, vous croyez que nous louons pareils chevaux, nous, pour qu'on nous les éreinte ?

— Le cheval est loué, monsieur ! bel et bien loué, lui répond Sang-froid : vous avez les arrhes. Tout court soit-il, ça ira tout de même. Nous en serons quittes pour nous gêner un brin, et... pour laisser le sac de pommes de terre.

— Que le diable vous emporte ! cria Jean. Si je ne me contenais, je vous casserais la gueule.

Et Jean jette par terre les cinq francs d'arrhes, et *hi !* reconduit le cheval à l'écurie.

Sang-froid ne voulait pas accepter les arrhes, mais Sang-chaud les ramassa vite... Vous entendez ?

J'ignore s'ils mangèrent les cent sous : ce que je sais bien, c'est qu'ils en burent une bonne portion. En effet, à la tombée de la nuit, on les rencontra brandillants comme des sonnailles. Voire on dit qu'il leur eût été difficile, eussent-ils été cordonniers, *de faire li simello* !

LE MÉDECIN DE CUCUGNAN

L'autre soir, il fut question du curé ; voici maintenant le médecin.

C'était un médecin qui en savait long, car il avait beaucoup appris, et cependant, à Cucugnan, où il s'était établi depuis deux ans, on n'avait pas confiance en lui. Que voulez-vous, en le rencontrant, toujours un livre à la main, les Cucugnanais se disaient : « Il ne sait rien de rien, notre médecin ; il lit, il lit sans cesse. S'il étudie, c'est pour apprendre ; s'il a besoin d'apprendre, c'est qu'il ne sait pas ; s'il ne sait pas, c'est un ignorant. »

Ils ne pouvaient pas sortir de là, et... ils n'avaient pas confiance en lui.

Un médecin sans malades est une lampe sans huile. Il faut pourtant gagner sa misérable vie, et notre pauvre diable ne gagnait pas l'eau qu'il buvait.

Il était temps, certes, que cela eût un terme !

Un jour, pour en finir, il fit dire dans tout Cucugnan que son savoir était si grand, si puissant, si souverain qu'il se faisait fort non seulement de guérir un malade, — ce qui est un jeu d'enfant, — mais de ressusciter un mort, ce qui peut s'appeler un vrai miracle de Dieu ! « Oui, oui, un mort, disait-il, et un mort enterré !... Et je le ressusciterai quand on voudra, en plein jour, en plein cimetière, devant tout le monde ! »

Ah ! le nombre de ceux qui le crurent ne fut pas grand ! Les incrédules se disaient néanmoins : « Que risquons-nous à le mettre à l'épreuve ? Il faut le voir à l'œuvre : à l'œuvre on connaît l'ouvrier. Il peut réussir : c'est un homme qui a tant lu ! et il se fait tant de belles découvertes à l'heure d'aujourd'hui ! Et puis, s'il opère le miracle, nous battrons des mains ; s'il le manque, nous lui ferons la huée. Qu'il en ressuscite un, et nous verrons par là s'il a tété un bon lait. »

Baste ! il fut convenu que le dimanche d'après, à midi sonnant, M. le médecin, en plein cimetière de Cucugnan, ressusciterait un mort ; deux, s'il fallait ; il y eut même des femmes qui dirent neuf ou dix !

Donc, bien avant l'heure dite, ce dimanche, le cimetière de Cucugnan fut plein comme l'église à la messe, le beau jour de Pâques. Le second coup de midi n'avait pas sonné, que M. le médecin, fidèle à sa promesse, arriva, tout de noir habillé. Il eut assez de peine et dut jouer des coudes pour se frayer un passage jusqu'à la croix et se hisser sur le piédestal.

Là, il salua, cracha, se moucha, et :

— Mes amis, dit-il, je vous ai promis de ressusciter un mort. Je tiendrai parole. J'en lève la main. Voyons, du silence ! Il ne m'est pas plus difficile, je vous l'assure, de rappeler à la vie Jacques ou Jean, que Nanon ou Babet, que Claude ou Simon. Voulez-vous que je vous ressuscite... Simon ? Comment l'appeliez-vous ?... Simon Cabanier..., qui est mort d'une mauvaise pleurésie, voilà bientôt un an ?

— Pardon, monsieur le médecin, lui dit Catherine, veuve du pauvre Simon. C'était assurément un brave homme ! Il me rendit bien heureuse, et je le pleurerai tant que Dieu me conservera les yeux de la tête ! Mais ne le ressuscitez pas ; car, voyez-vous, vienne la fin du mois, je quitterai le deuil, mes parents voulant que je me remarie avec le grand Pascal. D'aujourd'hui en huit, on publie les bans, premier et dernier. J'ai déjà reçu les cadeaux.

— Ah ! que vous faites bien de me le dire, Catherine !... Eh bien ! alors, si je ressuscitais Nanon Carotte, qu'on enterra le beau jour de la Chandeleur !

— Gardez-vous-en bien, monsieur le médecin, cria Jacques Lamèle. Nanon était ma femme. Nous sommes restés dix ans ensemble : dix ans de purgatoire, tout Cucugnan le sait. Que Nanon reste où elle est, pour son repos et pour le mien. Un vrai poivre, monsieur ! Têtue comme un âne, et fainéante, et querelleuse, et souillon, et déguenillée ! Avec ça, les mains percées, et une langue ! une langue de vipère, monsieur, qui aurait fait battre la sainte Vierge et saint Joseph ! Et... et je ne dis pas tout !

— Mais cependant, mes amis...

— Pardon, si je vous coupe, monsieur le médecin ! Femme morte, chapeau neuf. Comme Nanon m'a laissé trois mioches, qui, assurément, ne ressemblent pas à leur père, et comme, vous le comprenez, je les avais sur les bras, je me suis remarié. Il est donc fort inutile...

— Ça va bien. Je comprends. Il est clair que ce serait vraiment un martyre atroce si tu avais deux femmes dans ta maison ! Il y en a assez d'une, et de reste ! Eh bien ! alors, je ressusciterai... car finalement, bonnes gens, il faut bien que j'en ressuscite un... Tenez, le brave Maître Pierre.

— Maître Pierre du Mas-Vieux ? lui dit Félix Bonne-Poigne.

— Lui-même.

— Ah ! mon pauvre père !... Que Dieu lui donne le

repos, monsieur le médecin !... un saint homme, certes ! Ne le ressuscitez pas, que s'il revenait à la vie, il trouverait pas mal d'embrouillement dans nos affaires ! et il en aurait le cœur navré, lui qui, le pauvre ! aimait tant à nous voir d'accord. Nous nous sommes partagé, après force disputes, force coups, un gros procès, et non sans nous être arraché les cheveux, quelques lopins de terre à peine. Nous sommes six, quatre garçons et deux filles. Nous avons tous beaucoup d'enfants ; chacun tire à soi et tourne l'eau à son moulin, et, allez ! il n'y a personne qui soit dru dans la famille.

— Il ne sera donc pas possible ?...

— Pardon ! Si vous le ressuscitiez, — il nous faudrait faire, entre tous, une pension au pauvre vieux. Rien de plus juste. Mais les années sont si mauvaises, monsieur le médecin ! Vous le savez, les vers à soie ne font que des chiques, — quand ils font quelque chose, — les vignes ont la maladie, les blés ne rendent rien, les olives ont le ver, il ne pleut pas, les garances sont en donation...

— Eh bien ! soit. Nous laisserons dormir Maître Pierre. Mais comme je ne suis pas venu ici pour enfiler des perles, et vous tous pour me regarder faire, je réveillerai... Qui voulez-vous donc que je vous réveille ?...

— Gothon ! réveillez-moi ma Gothon ! s'écria à ce moment une brave femme, en pleurant comme une Madeleine.

— Non, non, monsieur le docteur, ne la réveillez pas ! dit une jeune fille. Oh ! non... Belle vierge, que tu as bien fait de mourir ! Avant de mourir, elle m'a dit tout. Et puis nous lui mîmes sa belle robe blanche et des fleurs sur la tête !... On aurait dit une mariée. En terre sainte laissez-la, car son amoureux vient de s'enlever avec une autre !

— Pauvre... pauvre Gothon !... Tenez, tout cela commence à m'ennuyer. Je vais, pour en finir, réveiller le Gringalet, qui avala sa langue en mangeant de la morue, il y a un mois environ.

— Je ne veux pas, moi ! Je ne veux pas, cria Louiset Coquelicot, les deux bras en l'air. Il m'avait vendu sa vigne et son mas à fonds perdus. J'ai payé pendant dix ans, et plus que la valeur, en beaux écus blancs et sans jamais retenir un sou. Il me faudrait, de nouveau, lui porter sa pension ! Ça ne serait pas juste, monsieur le médecin !

— Vous m'en direz tant !... Eh bien ! soit. Voyons : j'en sais un qui mourut ne laissant ni femme ni enfants, ni frère ni sœur, mais le souvenir, l'exemple de toutes les vertus, et ses quatre sous à votre hôpital : votre bon curé, qui vous aimait tant, que vous avez tant pleuré, et qui, par amour pour vous, fit, il vous en souvient, un si rude voyage dans l'autre monde, cherchant, pauvre pèlerin ! dans tous les coins et recoins, ses Cucugnanais, et les retrouvant tous, sans en excepter un (ah ! quel malheur !) dans l'enfer grand ouvert ! Si nous le ressuscitions ?

— Ah ! non ! non ! crièrent, l'une d'ici, l'autre de là, quelques dévotes du gros grain. Non ! non, monsieur le médecin !...

— D'autant plus, ajouta Misé Rousseline, mère de la congrégation, d'autant plus qu'il était vieux, le pauvre homme ! et sourd comme un pot : bien tant que, lorsque je me confessais, si je lui parlais figue, il me répondait raisin. Laissez-le dans la gloire de Dieu, car, au demeurant, nous avons, à cette heure, un curé qui est jeune et qui a bon air ; il est brave comme un sou, et il chante comme les orgues, prêche comme un séraphin et mène sa barque à souhait.

— Que vous dirai-je ?... Puisqu'il en est ainsi, tournons d'un autre côté. Je vois, là, tout près, une petite croix de bois : on dirait que l'herbe fleurie et les petits escargots blancs ont voulu en cacher la triste couleur noire, tant les petits escargots s'y sont collés nombreux, tant l'herbe a grandi drue et fleurie tout à l'entour ! C'est la tombe d'un enfant à la mamelle : il avait dix mois lorsqu'il mourut, l'inscription le dit. Ce serait péché, bien sûr, de le ressusciter : il est si heureux d'être mort, d'être sorti d'un monde où l'on entend... ce que vous me dites, mes pauvres amis ! Si cependant vous voulez que je le revienne, tout de même je le reviendrai.

— Monsieur le docteur, dit alors une pauvre vieille en pleurant, ce petit mort est à nous, hélas ! et je suis sa mère-grand. Ma fille ne l'avait pas encore sevré ; il mettait ses dents de lait, lorsque, *pecaire*, il mourut. Ah ! si vous aviez vu comme il était beau, notre petiot ! Dieu nous l'a pris : eh bien ! sa volonté soit faite ! Nous en avons un autre qui tête. Dieu fait bien ce qu'il fait : ce qu'il prend d'une main, il le rend de l'autre.

La Bouilla-Baïsso.

Nous ne pourrions pas en allaiter deux, et nous sommes trop pauvres pour en mettre un en nourrice.

Alors, le médecin :

— Assez pour aujourd'hui, et même trop ! dit-il. Puisque vous ne voulez pas que je fasse maintenant le miracle, j'essaierai de le faire un autre jour, non en ressuscitant un trépassé, — car, vous le voyez, vous me rendez la chose impossible, — mais en venant en aide aux vivants tombés en danger de mort. Adieu.

Et il s'esquiva.

Qui ne vous a pas dit que, depuis ce dimanche mémorable, notre médecin fit miracle dans Cucugnan. Il ne ressuscita pas les morts, mais il sauva la vie à plus d'un malade. Les Cucugnanais eurent pleine confiance en lui : « Car enfin, disaient-ils, s'il ne tint pas sa promesse au cimetière, ce n'est pas à lui, soyons justes, qu'il faut en faire remonter la cause. »

Et tout est bien qui finit bien.

LES PERDREAUX

Ceci se passait dans notre bel Avignon, du temps que Berthe filait. — Elle filait de la soie, elle dévide maintenant de l'étoupe ! Heureux temps où l'on n'avait pas, comme aujourd'hui, la fureur de faire fortune rapidement, où les gens se contentaient de ce qu'ils avaient sans envier ce qui ne leur appartenait pas ; où l'on faisait bouillir son pot à petit feu, où l'on vivait pour travailler et l'on travaillait pour vivre. Et puis, quand cela les prenait, ils riaient aux éclats, de leur bon gros rire, car, en ce monde, il y a toujours assez et trop de temps pour pleurer !

Un jour donc, sur les deux heures de l'après-midi, au café Saint-Didier, où, l'après-dîner et le soir, en toute saison et quelque temps qu'il fît, se réunissaient, pour nouer une partie de cinq-cent ou de trois-sept, autour d'une bouteille de clairette, quelques riches et gros bonnets du voisinage et les courtiers engraissés et enrichis par le commerce de la soie, un jour entra le célèbre Maître Alary, — nous en reparlerons, — lequel en contait ou en ourdissait toujours quelqu'une. Il plaisanta toute sa vie, et acheva de rire juste au moment où, ne pouvant respirer, il expira.

— Oh ! pour le coup !... fameux ! dit-il en entrant, le sourire aux lèvres.

— Contez-nous vite ça tout chaud, demandent les habitués.

— Dépêchons-nous, car nous n'avons pas de temps à perdre, si nous ne voulons pas rater notre coup. Je viens de voir là-bas chez l'ami Duvernet, marchand de chaussures, un Gravesonais, Jean Fifre, un peu niais (nous nous connaissons : sa femme a nourri notre cadet). Il est en train d'essayer une paire de gros souliers ; il marchande à n'en plus finir ; il veut que, par-dessus le marché, l'on y change les courroies, et que l'on plante encore quelques clous par-ci, par-là. Eh bien ! mes amis, il s'agit de lui faire accroire, quand il emportera ses savates, qu'il emporte, non point des savates, mais... une superbe paire de perdreaux !

— Oh !... oh ! Maître Alary, celle-ci est trop grosse et ne passera pas ! Comment diable voulez-vous ?...

— Je veux que vous, monsieur Faure, vous partiez le premier comme pour sortir de la ville, du côté de la porte Saint-Michel. Toi, Alexis, tu vas suivre M. Faure, à vingt pas de distance environ. Vous, monsieur Lafont, vous irez à la suite d'Alexis, même intervalle, et toi, Agricol, sur les pas de M. Lafont. Tous quatre, vous cheminerez lentement, en gardant respectivement vos distances, le long de la rue par où notre Jeannot doit nécessairement passer pour se rendre à Graveson.

— Mais, bel homme ! dit-on à Maître Alary, vous nous prenez pour des têtes d'aulx, que vous nous aligniez comme ça à la file...

— Minute ! attendez. Lorsque vous rencontrerez notre Gravesonais, ses souliers à la main ou pendus à l'épaule, l'un devant, l'autre derrière, vous le reconnaîtrez sans peine : il est habillé de cadis d'Aix, couleur de la bête ; un gros nez camard, sous un long bonnet d'estame qui lui tombe quasiment jusqu'au bas des reins ; une ceinture cramoisie largement déployée sur le ventre...

— Et puis ?...

— Et puis, chacun à votre tour, après l'un l'autre, quand vous le rencontrerez, vous guignerez ses souliers, vous ferez semblant de croire qu'il porte une paire de perdreaux, et lui demanderez s'il veut les vendre. Rien de plus que ça.

En entendit-on, dans le café Saint-Didier, des éclats de rire et des bravos, quand on vit clair dans le plan de Me Alary, et qu'on devina tout ce qu'il y aurait de burlesque dans les actes de l'extravagante comédie qui allait se jouer !

— Allons, leste ! mes amis, ajouta Maître Alary, chacun à son poste. Assujettissez ferme vos filets : il y aurait grande malchance si, à nous tous, nous ne prenions pas le poisson. Moi, je vous attends ici : le Jeannot me connaît trop...

— Soit ! et en avant ! nous le pêcherons.

Et M. Faure, Alexis, MM. Lafont et Agricol exécutèrent incontinent et de point en point les recommandations de Maître Alary. Ils s'éparpillèrent bien vite, prêts à jouer leur rôle.

Or, lorsque Duvernet eut changé les cordons et planté ces quelques clous, Jean Fifre paya, et, ses souliers à la main attachés l'un à l'autre avec un bout de ligneul :

— Si vous m'avez bien servi, dit-il, je reviendrai.

Et il partit pour Graveson.

C'est Agricol qui, le premier, attaqua notre Gravesonais, et, comme on dit, prit le taureau par les cornes.

— Hé ! l'homme à la ceinture, lui cria-t-il, montrant les souliers d'une main et deux doigts de l'autre fourrés dans le gousset, vous avez là une jolie paire de perdreaux. Si vous vouliez me les vendre... Combien en voulez-vous ?

— Vous dites, monsieur ?...

— Je vous demande si vous ne me vendriez pas vos perdreaux.

— Quels perdreaux ?

— Vos perdreaux, parbleu !

— Laissez-moi donc tranquille. Vous me prenez pour un autre. Je n'ai pas le temps de vous amuser : la femme m'attend.

— Allons ! réplique Agricol, je vois que vous ne voulez pas les vendre. Si vous ne voulez pas les vendre, gardez-les. Autant d'économisé...

En voilà un, *pecaire !* pensa notre Fifre, à qui *un cercle* a dû craquer (une araignée au plafond) !

Et il passe son chemin.

Il n'avait pas fait vingt pas que M. Lafont l'arrêta :

— Ah ! quant à ceux-ci, point n'est besoin, pour voir s'ils sont bien maillés, de leur voir le bout de l'aile ! Prenez soin du chien ou de la chienne qui vous les a levés. Si vous étiez raisonnable, je vous les achèterais tout de même.

Jean Fifre ouvre de grands yeux, et reste là, bouche béante, épaté, raide comme un pieu.

— Combien en voulez-vous ? Je vous les paierais volontiers quarante sous la pièce.

— Ah ! oui, vraiment ! fait le Gravesonais, on vous cédera pour quatre francs ce qui en coûte dix !

— Pour de beaux perdreaux, ce sont de beaux perdreaux ! Mais pourtant...

— Ah ! ça, mais... s'écrie Jeannot qui enrage, savez-vous, monsieur, que tout ça finit par m'ennuyer ? Allez au diable, vous et vos perdreaux ! Si vous aimez les perdreaux, monsieur, allez à la chasse, et ne vous moquez pas ainsi du pauvre monde !

— Calmez votre sang, brave homme ! lui dit alors M. Lafont avec son flegme *bagasse*, rien de plus dangereux qu'un coup de sang. Encore que j'aime ce gibier, je m'en passerai : faute de perdreaux, l'on se contente de merles.

— Vous me cassez la tête, vous !... et...

— Pardon, si je vous interromps. Je ne songeais pas que c'est demain vendredi... Ils n'iront pas jusqu'à dimanche, vos perdreaux.

— Ah ! nous y voici encore ?... Mais, sacré pétard de tous les diables ! hurla Jean Fifre (et il criait si fort que tout le monde se mit sur sa porte), vous êtes donc aveugle ou en train de le devenir ? Vous ne voyez donc pas que ce sont des souliers ? des souliers de gros cuir ? tout flambant neufs, blonds comme un fil d'or ? Tenez, imbécile, voyez-les, palpez-les. Un, deux !... Voici les cordons, voilà les clous ! Vous me faites perdre la boule avec vos perdreaux, finalement !

— Oh ! puisque vous le prenez sur ce ton, et avec

l'humeur plaisante, et prétendez me faire prendre ce gibier-là pour des savates de cuir, je ne suis plus en âge de jouer avec vous comme un jeune chien ! Je croyais que vous vouliez les vendre. Vous pouvez les garder. Le diable m'emporte si je les regrette ! Ils fleurent la peste, vos perdreaux ! Notre chat leur ferait la moue... Vous m'en feriez cadeau que je n'en voudrais pas !

Là-dessus, menaçant de la tête, marmonnant, marmonnant et sacrant, Jean Fifre file son chemin ; il double le pas, puis il s'arrête soudain et, la tête basse et l'index sur le front, il fait travailler son esprit... Et puis, il élève ses souliers à la hauteur de son nez, les tourne et les retourne, et les abaisse et les relève... Que vous dirai-je ? Il regarde sans doute si, par grand hasard, il ne leur pousserait point des plumes de perdreau.

Il était très pensif, et il passait la main sur son front pour en essuyer la sueur.

Il essuyait donc sa sueur avec son bonnet, car sa main était trempée, lorsque Alexis :

— Holà ! l'homme, excusez... Y a-t-il longtemps que vous les avez tués ?

— Apprenez que je n'ai tué personne, monsieur !

— Oh ! le fin souper ! le festin exquis, et quel régal ce me serait, en tête à tête, eux et moi ! avec des choux tout autour, ou du riz à peine crevé dans le jus ! Il me semble que je les savoure !

Jean Fifre n'y voit plus. Il lui passe un brouillard sur les yeux, la tête lui tourne, il ne peut se tenir debout sur ses jambes ; son menton tremble, ses dents claquent, il a une fièvre de cheval.

— Je ne dis point ça pour vous faire de la peine, ajoute Alexis. Eh ! vous me regardez de travers, là, comme si j'avais mangé votre soupe ! Je ne veux pas vous les voler, vos perdreaux !... Voyons, voulez-vous les garder ou me les vendrez-vous ?

— Que le *tron de l'air* vous écrase, vous !

— Oh ! gardez-les ! et si vous avez peur que le chat vous les mange, frottez-les avec une gousse d'ail !

Déconcerté, détraqué, ne sachant plus s'il dort ou s'il rêve tout éveillé, le pauvre Fifre voit ses souliers s'emplumer peu à peu ; puis il croit apercevoir des plumes de perdreau tourbillonner dans l'air et folâtrer avec la brise... Et il se remémore alors tout ce que lui contait sa mère-grand au sujet des farces diaboliques que sorciers et sorcières jouaient dans le vieux temps aux chrétiens.

Enfin, il touchait à la porte Saint-Michel quand il rencontra M. Faure :

— Hop ! l'homme ! interpella M. Faure d'un ton sévère et brutal, et faisant la moue, l'homme ! je voudrais bien savoir où vous avez tué ces perdreaux.

— Je n'ai rien tué, je le répète, répondit Jean Fifre, pâle, blanc comme un linge. Mon brave monsieur, je les ai achetés chez M. Duvernet, qui demeure là-bas...

— M. Duvernet ne vend pas de perdreaux : il vend des chaussures... Si ces perdreaux ont été pris à la course, ou *engrenaillés* en terre libre, je n'ai rien à dire, et vous pouvez aller vous coucher tranquillement chez vous. Mais si vous les avez tués ou pris, ainsi qu'il est apparent, sur un terrain où la chasse est sévèrement interdite, vous êtes en faute. C'est à moi que vous aurez affaire. Je ne vous dis que ça !

— Mon brave monsieur, reprend le Gravesonais, qu'un procès-verbal terrifie, je suis innocent comme un enfant qui tète ! et vous me dites là des choses auxquelles je ne vois goutte, car elles sont noires comme poix.

— Eh bien ! attendez : je vais quérir quelqu'un qui vous les éclaircira.

Et M. Faure se mit à courir.

Effrayé, ahuri, Jean Fifre vit tout à coup poindre les cornes d'un chapeau de gendarme, et s'affaissa demi-mort. Il se releva bientôt, tourna tête sur queue, et doubla le pas pour arriver plus vite.

Tout bouleversé et suant à grosses gouttes, il arriva bientôt chez M. Duvernet.

— Monsieur, lui cria-t-il, ça n'est pas un tour à faire. Le marché est rompu. Vous me prenez donc pour un c..ornichon ? Eh ! si je voulais des perdreaux, croyez-vous que je viendrais chez un marchand de savates ? et pour les payer dix francs la paire, juif que vous êtes !

M. Duvernet, que Maître Alary avait mis au courant de tout, étouffait pour retenir son rire.

— Vous êtes un *trompe-qui-peut,* comme tous les habitants des villes... Tenez, voilà vos perdreaux, et rendez-moi mes sous.

Et Jean Fifre lança les souliers dans la boutique...

On lui rendit son argent, et il partit, rouge... comme un coquelicot !

NE-NE, SOM, SOM

Bastien, le charcutier, venait bien en famille... ô merveille ; quatorze enfants ! Un jour il tua trois porcs. Comme il n'est pas sot, il fait un brin de contrebande : il n'en déclare que deux et les suspend au croc. Mais les gabelous, triste bande, eurent bientôt flairé l'affaire : ces beaux messieurs portent d'habitude un nez de chien de chasse au milieu du visage. Bastien ne couvrit pas assez son feu, la fumée le trahit, va te faire *lanlaire,* pauvre contrebandier ! Devant la colère des gabelous mange-profits, tu sauras ce qu'il en cuit de gâter le métier !

Il était nuit. La porte de Bastien était fermée quand tout à coup : « Pan ! pan ! — Qui est là ? — Ouvrez ! » Notre charcutier qui n'était pas un naïf, comme vous savez, devina qui venait lui donner cette sérénade. Il fit une grimace de bossu, se sentant le cul pailleux.

Étouffant ses jurons, il maudissait sa journée. Au parfum il devina la fleur du compliment. Il sacrait ! « Pan ! pan ! — Tonnerre de sort ! un moment ! nous y sommes. » Il perdait la tête. « Coquin de bon sort ! Quelle sale lessive, quelle salade mal triée ! » Notre homme chercha, tourna, vira... ; enfin, il saisit un des trois porcs, et vlan ! dans le berceau.

Ravi de sa bonne pensée, il embrassa le pourceau qu'il venait de coucher. Le berceau était plein. La ruse ainsi couverte, « Jè, va ouvrir. » L'enfant ouvre :

« Eh bien ! nous venions pour marquer les trois porcs que Bastien a tués. — Les trois porcs ?... Mais, entrez donc », dit Jè, qui n'est pas non plus un innocent. Et nos trois furets furettent dans la boutique. Ils trouvent Me Bastien dans le fond. Que faisait-il ? Le gueusard berçait. Il endormait son pourceau avec cette chanson que chantent les nourrices :

Ne-ne, som, som,
Vène, vène, tout-de-long.

« Que diantre me voulez-vous pour venir à cette heure ? Écorche-chrétiens que vous êtes, vous voyez bien que je n'ai pas le temps : Margoton est au mal d'enfant, et mon marmouset pleure. Revenez demain matin, vous me ferez plaisir. » Bastien sentait des fourmis dans ses pieds. Les trois pendards lui répondirent : « Allons donc ! pour marquer les trois porcs il ne faut pas si longtemps. Le petit dort, allons dans la boutique. — Que me chantez-vous là ? Mes trois porcs ? On vous a fait soûler... Prenez garde, vous allez réveiller mon poupard... Malapeste ! comme vous y allez ! de deux il y en a un de trop : le lard ne se vend plus, et il va me falloir saler. Bonnes gens que vous êtes, vous vous riez de ma misère et me rompez la tête : *Ne-ne, som, som...*

Allez donc plumer des raves, farceurs !

Vène, vène, tout-de-long.

« Bastien, nous ne sommes pas venus pour peindre ton armoire ou marchander les crottes de tes rats... Nous soutenons que tu as trois porcs ; prouve donc le contraire. — Je veux bien, mais qui bercera Bastianet ? Jè est allé donner aux bêtes. Lequel de vous deux voudra chanter *ne-ne* ? Allons ! faisons la fouille, puisque vous le voulez ainsi ! » Et Janet, le plus laid, s'offre pour bercer. « Au moins, dit Bastien, ne t'avise pas de le caresser, mon beau. Si mon petit voyait ta grotesque figure, il en pleurerait huit jours et en aurait les vers. — N'aie pas peur. » Et Jean chante :

Ne-ne, som, som,
Vène, vène, tout-de-long.

Il berçait ainsi patiemment et son long nez faisait musique. Aussi Bastianet dormait comme un sabot : avec un chant pareil qui n'aurait pas dormi ?

Baste ! l'autre et Bastien tournèrent, furetèrent et ne trouvèrent que deux porcs, comme vous pouvez penser. Et, penauds, les deux gabelous s'excusèrent en sortant. « Jeannot, tu peux te marier, tu berces à merveille, dit Bastien ; messieurs, que Dieu vous accompagne et vous conserve la santé, adieu !... et s'il pleut, que la pluie vous mouille ! »

Et contrefaisant Janet il se mit à chanter :

J'en sors avec les culottes nettes,

Ne-ne, som, som,
Vène, vène, tout-de-long.

— Si je lui achetais une paire de lunettes ! —

La som a vougu veni,
Moun poucèu a bèn dourmi.

QUAND J'ÉTAIS ENFANT

Et maintenant, pour en finir, voulez-vous que je vous dise, non point un conte bleu ni une bourde, mais un grave accident qui m'arriva quand j'étais enfant ?... Rien que d'y songer me fait faire la chair de poule !

Tenez ! je vais vous le raconter.

Il y a de cela longtemps, et il me semble que c'était hier : c'était l'an de ma première communion. J'entrais, joyeux gamin, dans ma douzième année. Petit diable d'écolier, j'étais toujours prêt à faire des niches aux camarades, et notre maître d'école, sans cesse irrité comme dans l'arène un taureau sauvage de Camargue, me houssinait plus souvent qu'il ne me donnait des dragées et des images. Cela ne m'empêchait pas de compter beaucoup d'amis parmi mes condisciples. Nous nous aimions à coups de poing et en nous prenant aux cheveux, c'est vrai ; mais après batteries et griffades, le bon accord se rétablissait.

Le meilleur de tous mes amis, c'était assurément le fils d'un nommé Pierre Brun, — cordonnier et crieur public. On l'appelait Pasquet. Un agneau ! Quel gentil enfant de chœur il y avait là, blondin et frisé, avec des joues roses et blanches comme des pommes de paradis !

Il m'eût fait grand plaisir d'être enfant de chœur avec lui, car nous étions toujours ensemble comme deux jumeaux. Mais, hélas ! impossible : monsieur le Curé n'y consentit jamais, et voici pourquoi :

J'avais huit ans tout au plus ; mes dents de lait tombaient. Un jeudi — c'était au temps de la moisson —, j'avais, toute la matinée, aidé ma pauvre mère à porter dans Saint-Rémy, pour les vendre, sa grande corbeille de raisins de la Magdeleine. À midi, par un soleil étourdissant qui grisait les cigales (elles chantaient « à se rompre les membranes »), nous nous réunîmes cinq ou six petits galopins pour aller gâter des nids d'oiseaux. Quand nous eûmes assez rôdé, nous allâmes nager ; et quand nous eûmes assez gargouillé comme des grenouilles dans l'eau courante et limpide du Réal — de l'eau jusqu'aux genoux —, nous fîmes, nus comme des vers de terre — pour nous sécher, là, tout à côté, dans les herbes des prés plus grandes que nous —, la chasse aux papillons.

Ne va-t-il pas se faire que nous apercevons tout à coup la robe noire de M. le Curé ! Il se promenait là tout près, lisant son bréviaire à l'ombre claire des saules. On l'appelait M. l'abbé Jaussaud : un beau et grand vieillard, encore droit comme un cierge, tête blanche comme un lis, air sévère et sombre. Quand il était en chaire, il était toujours en fureur ; et toutes les fois qu'il y montait, c'était pour nous damner tous.

À peine le saint homme voit-il cette joyeuse volée d'enfants nus qu'il court, les mains sur son tricorne, me prend par l'oreille. Et de tirer ! aïe ! aïe ! aïe ! — je payai, moi seul, pour tout le tas de vermisseaux, qui se cachèrent, étendus de tout leur long, dans les hautes herbes. Et M. Jaussaud de tirer ! « Petit vilain ! me dit-il, toi aussi, et déjà ! tu veux donc te damner ? Va mettre ta chemise, va, polisson ! »

Et il me lâcha.

Voilà, Nille ! Fais-toi enfant de chœur, maintenant.

— Et Pasquet ? me direz-vous.

— Oh ! il n'y était pas... Mais il y fut, quelque temps après.

Donc, un jour, — c'était, il m'en souvient, la veille de la Saint-Crépin, — mon ami Pasquet, en sa qualité d'enfant de chœur d'abord et de fils de cordonnier ensuite, devait, le lendemain, à la grand-messe de la gent empoissée, chanter le *Credo,* car il chantait comme un violon. Je le vis arriver « avec ses gros vêtements d'hiver », et pourtant tout transi de froid et tout pelotonné comme un oisillon malade. En jouant à « Saute-chien » ou à « Coulomb-coulombet », un soir à la brune, par un de ces brouillards tels qu'en amène la Saint-Simon, glacés et si épais qu'on les couperait au couteau, il s'était enrhumé, tant son ardeur au jeu l'avait mis en sueur.

— Nille, me dit-il d'une voix enrouée, c'est demain la Saint-Crépin. La confrérie des cordonniers m'a demandé, et j'ai promis de le lui chanter, le *Credo* de sa grand-messe, mais...

Et de tousser, et de tousser !

— Eh ! mon pauvre ami, lui répondis-je, il ne faut point se désoler pour ça. Je le chanterai à ta place, ton *Credo* ; je le sais sur le bout du doigt. Ce serait bien grand hasard si je bronchais et m'embourbais... Mais... dis-moi, Pasquet, M. le Curé consentira-t-il ?

M. le Curé consentit ! car enfin, quand on est écolier, on n'est point criminel méritant les galères pour être allé, un jeudi ! nager et courir après les papillons... Et puis, — cette année-là même, — à la procession de la Fête-Dieu, encore que je ne fusse pas enfant de chœur, mais seulement pénitent tout jeunet, j'avais réussi à ravir un long *solo* au motet des pénitents bleus.

Je l'enlevai, et si crânement que je fis l'admiration de tout notre beau Saint-Rémy. Des vieillards en parlent encore, l'hiver, quand, la gouttelette pendante au bout du nez, ils s'ensoleillent au portail de la grande église.

Ce soir-là, à souper, je pignochai avec les dents de devant, — comme les lapins, — tant ma fiévreuse ardeur et l'espoir du triomphe que je me promettais pour le lendemain me coupèrent l'appétit. Je contai mon heureuse chance à mon père et à ma mère (que Dieu les ait reçus !). Pierrette de Piquet, ma mère, fut dans le ravissement ; mais mon père, Jean-Denis, me glaça jusqu'aux moelles, en haussant les épaules et me riant au nez.

J'allai me coucher... et j'eus vite oublié les épaules et le rire de Jean-Denis. Quasi toute la nuit, je me tournai et retournai sur ma paille. J'avais des démangeaisons et des picotements sur tout le corps. Je m'exerçais, essayant le ton, le haussant, le baissant... un monter-descendre qui n'en finissait plus ! À tel point que mon père, ennuyé de mon chant et de mon latin, qui coupaient son sommeil, me rabroua vertement et en ces termes : « Enfant, me cria-t-il, ta musique me fatigue et me rompt la tête. Tais-toi, sinon je vais te fouetter. »

Ma mère étouffait son rire ; mais moi, j'eus peur, et pas plus gros qu'un petit pois, je me pelotonnai dans mes draps et cachai ma tête sous mes couvertures ; je ne soufflai mot, et j'essayai de m'endormir.

Je quittai ma paille au point du jour.

Ce jour-là, — jamais plus calme ni plus radieuse journée, — était jour ouvrable, excepté pour les chevaliers du ligneul. Pourtant, je m'endimanchai : je mis les habits de ma première communion, un tantinet étroits, car je prenais ma croissance comme la pâte dans le pétrin. Je laissai là mes sabots (nous les chaussions à la Saint-Simon et ne les quittions qu'à Pâques), et laçai mes bottines de veau ciré, qui tant me faisaient plaisir quand elles craquaient à mes pieds... Il s'en fallut de peu que je ne prisse, en tapinois, la savonnette et le rasoir de mon père, et qu'au risque d'entamer et d'ensanglanter mon visage, je ne me misse à couper les quelques poils que je croyais avoir sur les joues et sous le nez.

Ma tendre mère, qui avait plus que moi pris la chose à cœur, me fit déjeuner d'un oignon et boire une coupe d'œufs crus, — car il n'est rien de tel pour assouplir et nettoyer la voix, — et me fit avaler aussi, — car il n'est rien de tel pour donner du ton aux chanteurs, deux gros doigts de bon vin pur...

Enfin !... le dernier coup de cloche n'avait pas encore sonné que déjà j'étais à l'église, — et dans le chœur, plein déjà comme un œuf. Oh ! quel odorant parfum de poix s'exhalait et se répandait de là-haut, derrière le maître-autel !... Bref, M. le Curé commence la messe. Les *Kyrie-Christe* passent, le *Gloria* s'achève. Courage, Nille ! nettoie tes bronches, tousse, crache, bientôt c'est ton tour : voici le *Credo.* Mes genoux fléchissent. J'étais là, planté comme un therme, devant l'énorme lutrin de Saint-Rémy, qui, lorsque le maître de chœur le fit tourner sur son pivot pour changer de missel, grinça, comme les roues mal graissées d'un vieux tombereau. Tout le sang de mes veines me monte à la tête ; j'ai des frissons dans le dos et des fourmis aux mollets. Le prêtre officiant entonne de sa voix tremblante : *Credo in unum Deum...*

— À toi, Nille !

Nille, avec des joues sur lesquelles aurait pris feu une allumette, voit les étoiles, non point, certes, celles des cierges que venait d'allumer Rivièret, le sacristain, mais celles qui vous danseraient devant les yeux si, supposons ici le cas, on vous appliquait sur le nez un vigoureux coup de poing. Quoi qu'il en soit, je m'accroche au lutrin, je calme mon sang, je cherche et je trouve ma voix limpide et fluette de jeune pénitent bleu, et puis, rassuré tout à fait, j'enfile les perles de mon solo.

Hélas ! Jésus-Maria-Joseph ! miséricorde ! à peine eus-je ouvert le bec qu'il y eut dans tout le chœur l'abomination de la désolation ! Bottiers, savetiers, cordonniers, *patiniers*, tous les engendreurs de cors aux pieds — tous ! — comme s'ils s'étaient donné le mot, agitèrent soudain leurs bras, à tel point qu'ils ressemblaient à des moulins à vent : « Chut ! chut ! chut ! », faisaient-ils tous, comme s'ils donnaient la chasse à une noire volée de taons. Le maître de chœur, le visage défait, tout envenimé de rage, les yeux en fureur et hors la tête, l'écume aux lèvres, me pince et me houspille brutalement, et, pour m'imposer silence, me ferme la bouche avec son mouchoir tout souillé de tabac. Tant il en entra dans mes yeux que je crus y avoir des charbons ardents.

Coquin de sort ! Mon bon Dieu, au secours ! Ô mon beau saint Crépin, mais que vous avais-je donc fait ?

Éperdu, aveuglé, ébouriffé, déshonoré, je m'éclipsai sans dire bonjour.

Je ne me souviens pas si c'est par la petite porte ou par la grande que je sortis de l'église ; ce que je sais bien, c'est qu'une bande de chiens me harcela, et qu'un petit barbet, méchant comme la gale, me poursuivit longtemps, m'atteignit, joua des dents, et déchira le fond de ma belle culotte des dimanches !

Et c'est donc là, mon pauvre Nille ! l'éclatant triomphe que tu attendais !... Tu ne l'as pas volé. C'est une leçon. Lutrineras-tu encore désormais ? Lutrineras-tu ?

Et je jurai mes grands dieux que l'on ne m'y prendrait jamais plus.

Et je ne m'y suis jamais plus laissé prendre.

Et pourtant, en bonne conscience, était-il raisonnable de tant s'émouvoir, et de soulever un scandale pareil en pleine église, un jour de solennité, devant la respectable corporation des poisseux, au beau milieu de la grand-messe ?... Malédiction ! qu'avais-je donc fait de si abominable ?

Peuh ! rien du tout. Qu'on en juge : quand M. le Curé entonna solennellement son *Credo in unum Deum*, moi, ému, troublé, craignant de manquer le ton, — au lieu de continuer et de chanter : *Patrem omnipotentem*, j'exécutai à plein gosier le *Canta-a-a-te Do-o-o-mino* de mon fameux solo des pénitents bleus ! Rien de plus, rien que cela !

Et voilà ! c'est la fin.

CHANT DE NOËL

Ce Noël populaire, chanté avant la Dernière Guerre dans la région de Grasse, passe en revue les villages voisins de cette ville et appuie sur leurs travers caractéristiques :

Felipe emé soun courrié *Venié de la Gardo.* *Tout d'un còu, vers Sant Vallié*	Philippe avec son troupeau venait de la Garde Tout à coup vers St-Vallier
Planto sa gimbardo. *Entènd uno voua d'en aut*	Il arrête son chariot, en entendant une voix venant d'en haut
Qu'ei di : souflo toun fanau *E vai di-di-di* *E vai re-re-re* *E vai dire ei pastre* *De suivre aquel astre.*	qui lui dit : souffle ta lanterne et va di-di-di et va ré-ré-ré et va dire aux bergers de suivre cette étoile.

Felipe tout estouna
Reviro la tèsto
Ve lou ciel ilumina
Coumo un jou de fèsto.
Alors partè vers la mar
En cridant ei mountagnard
Et toui lei me-me
E toui lei sa-sa
Toui lei me, toui lei sa
E toui lei messagé
Qu'a sus soun passage.

Philippe tout étonné
lève la tête
et voyant le ciel illuminé
Comme aux jours de fête
il prend la direction de la mer
en avertissant les montagnards
et tous les mé-mé
et tous les sa-sa
tous les mé, tous les sa
 et tous les messagers
qu'il rencontre sur son passage.

Bartoumiéu a un agnèu
Qu'a la lano fino ;
A pourta sus soun capèu
Uno cardoulino
Estacado'mé de fiéu.
L'a pourtado ou fiéu de Diéu.
Bartoumiéu lau-la
Bartoumiéu lau-la
Bartoumiéu lau-léro
Uno cardoulino.

Barthélemy a un agneau
qui a la laine fine
Il a porté sur son chapeau
un chardonneret
attaché avec un fil
il l'a apporté au fils de Dieu
 Barthélemy lau-la
 Barthélemy lau-la
 Barthélemy lau-lère
Un chardonneret.

Lei Grassen soun lei premié
A si metre en routo.
Aganton soun fassumié
E meton clau souto
Que si cargo de parfum
Que si cargo de fassum.
E de fou-fou-fou
E de ga-ga-ga
E de fou, et de ga
E de fougasseto
Pèr faire sauceto.

Les Grassois sont les premiers
à se mettre en route
ils prennent le fassumié
et ferment la porte
qui se charge de parfums
qui se charge de fassum
 et de fou-fou-fou
 et de ga-ga-ga
 et de fou et de ga
 et de fougassettes
pour faire saucette !

Castèunòu s'es assembla

Ou soun dei campano.
Pourtaran doui sa de blad
Cuï dins la plano
E quauquei barriéu de vin
Dóu plantié dóu medecin.
Puis musi-si-si
Puis muco-co-co
Puis musi, puis muco
Puis musico en tèsto
Parton pèr la fèsto.

Les habitants de Châteauneuf
se sont assemblés
au son des cloches.
Ils porteront deux sacs de blé
récoltés dans la plaine
et quelques barils de vin
du vignoble du médecin
 puis musi-si-si
 puis muco-co-co
puis musi, puis muco
puis musique en tête
ils partent pour la fête.

Quand lou cuguou a canta	Quand le coucou a chanté
Ou pus aut de sa tourre	au plus haut de la tour
Lei aubanenc espanta	les habitants de Bar-Loup étonnés
Si meton à courre.	se préparent à partir.
Toutei lei congregacioun	Toutes les congrégations
S'enregon en proucessioun	s'assemblent en procession
Passon lei pre-pre	elles passent les pre-pre
Passon lei mié-mié	elles passent les miè-miè
Soun lei pre, soun lei mié	elles sont les pre, elles sont les miè
Passon lei premièro	elles sont les premières
Emé sei bandièro.	avec les bannières.
Lei Tourretan aprenènt	Les habitants de Tourrette apprenant
Qu'es na lou Messío	que le Messie est né
Vouguèron courno presènt	voulurent comme présent
Pourta de lentiho,	apporter des lentilles
E s'armant toui d'un ramas	et s'armant tous d'un gros balai
Escoubèron lei lauras	ils balayèrent les grosses dalles
Ounte elei sa-sa	où elles sa-sa
Onte elei pou-pou	où elles pou-pou
Te lei pou, te lei sa	où elles pou, où elles sa
Ounte elei poussavon	où elles poussaient
E puis lei manjavon.	et puis ils les mangeaient.
Lei gros jardinié dóu Plan	Les riches jardiniers de Plan-de-Grasse
Pouorton de lachugo	portent des laitues
E lei brave Rouquetian	et les braves habitants de la Roquette
Pouorton de messugo.	portent des messugues (cistes roses)
E lei gènt de Pegoumas	et les gens de Pégonnas
Toutei enrouma dóu nas	qui parlent du nez comme des enrhumés
Pouorton de li-li	portent des li-li
Pouorton de mou-mou	portent des mon-mon
E de li, e de mou	et des li et des mon
Pouorton de limouno	portent des anémones
De la Mourachouno.	cueillies sur les berges de la Mourachone.
Vaqui veni lei Mouanen	Voici venir les habitants de Mouans-Sartoux
Dre coumo de cierge	Droits comme des cierges

Soun toutei carga de sen'	ils sont tous chargés de bon sens (intelligence)
Pèr pourta la Vierge.	pour porter à la Vierge.
Sabon qu'en gachant darrié	Ils savent qu'en se retournant
Tout lou sen s'escamparié	ils risqueraient de perdre leur bon sens
Viron pas-pas-pas	ils ne tournent pas-pas-pas
Viron la-la-la	ils ne tournent la-la-la
Viron pas, viron la	ils ne tournent pas, tournent la
Viron pas la tèsto	ils ne tournent pas la tête
E lou sen li resto.	et leur bon sens leur reste.
La campano que vesès	La cloche que vous voyez
Es touto d'argièro	est tout en argile
Lou matau l'an fach esprès	on a fait exprès le battant
D'un trounc de figuièro	d'une branche de figuier.
Vaubouon a bèu tiraga	Valbonne peut bien tirailler
Noun pòu faire gingina	mais ne pourra faire tinter
Sei din-din, din-din,	ses din-din, din-din
Sei dan-dan, dan-dan,	ses dan-dan, dan-dan
Sei din-din, sei din-dan	ses din-din, ses dan-dan
Sei din-din, din-dasso,	ses din-din, din-dasso
Jusquo sus la plaço.	jusque sur la place.
De Mougins an toui sourti	Tous les habitants de Mougins sont sortis
Coumo poudès crèire,	comme vous pouvez le croire
Mai quand soun à Tournami	mais quand ils sont à Tournami
Si viron pèr vèire	ils se retournent pour voir
S'es bèn verai que Mougins	si c'est bien vrai que Mougins
Es pu bèu fouoro que lin	est plus beau de loin que de près
Vo s'es un ou-ou	ou si c'est un ou-ou
Vo s'es un tra-tra	ou si c'est un tra-tra
S'es un ou, s'es un tra	si c'est un ou, si c'est un tra
Vo s'es un óutrage	ou si c'est un outrage
Qu'an fach ou vilage.	que l'on fait au village
Lei canoun de Plascassié	Les canons de Plascassier
An fa la bravado.	ont fait la bravade.
Lou curat, lou counseié	Le curé, le conseiller
Tenon assemblado.	tiennent conseil
An decida de pourta	ils ont décidé de porter
Lei cor sant de Sant Dounat	les cœurs saints de St Donat (Reliques)
E de Sant Bran-Bran.	et de St Bran-Bran
E de Sant Ca-ca	et de St ca-ca
E de Bran, et de Ca	et de Bran et de ca

E de Sant Brancàssi	et de St Pancrace
Pèr demanda grâci.	pour demander grâce.
D'en tout païs, d'en tout liue	De tous pays, de tous lieux
Vèn de caravano	viennent des caravanes.
A pèd, sus d'ai, sus de muou	À pied, portées par des ânes ou des mulets
Toutei van vers Cano.	toutes se dirigent vers Cannes.
Lei patroun sus sei batèu	Les patrons sur leurs bateaux
Embarcon aquéu troupèu	embarquent ce troupeau
E toutei fan-fan	et tous font-font-font
E toutei ve-ve	et tous voi-voi-voi
Toutei fan, toutei ve	et tous font et tous voi
E toutei fan vèlo	et tous font voile
Pèr suivre l'estello.	pour suivre l'étoile.
Mai lei paure mountagnard	Mais les pauvres montagnards
Dins la traversado	durant la traversée
Pau ou proun crègnon la mar	plus ou moins craignent la mer
E fan de fusado	et ont des brusques vomissements
Quant à Felipe lou couchié	quant à Philippe, le responsable
Noun si crei fouoro dangié	il ne se croira hors de danger
Paure mi-mi-mi,	pauvre mi-mi-mi
Paure se-se-se,	pauvre sé-sé-sé
Paure mi, paure se,	pauvre mi, pauvre sé
Paure miserable,	pauvre misérable
Qu'en sentènt l'estable.	qu'en arrivant à l'étable.

À L'HÔPITAL

Jacques Rousset (on l'appelait Trompe-la-Mort), et sa femme Jeanne (on la surnommait la Rapiécée), tombèrent malades tous les deux d'une mauvaise indigestion d'escargots. On les porta à l'hôpital, car ils étaient pauvres, vieux et fort hypothéqués ! car leur aîné, leur cadet, leurs jumeaux, leur cinquième et leur fille, la plus jeune, étaient tous mariés, établis, l'un ici, l'autre là, et pauvres comme père et mère, ils ne pouvaient les secourir.

À l'hôpital, ils le méritaient bien, on en prit grand soin, rien ne leur manqua.

Jacques Rousset, peu à peu, alla de mieux en mieux, et le médecin l'avait mis à la demi-portion. Et la pauvre Rapiécée ? Ah ! la pauvre Rapiécée, hélas ! peu à peu alla de mal en pis, et si mal qu'elle en mourut.

La sœur, qui était de service quand la malade se pelotonna et rendit le dernier soupir ; la sœur, qui l'avait entendue, à l'agonie, lui faire pour son brave Jacques Rousset tant de recommandations, alla porter au veuf la triste nouvelle ; et prenant des précautions pour lui adoucir le coup et l'y préparer doucement :

— Rousset, lui dit-elle, que Notre Seigneur vous conserve ! Comment sommes-nous aujourd'hui ?

— Toujours bon appétit, grâce à Dieu ! répond le convalescent.

— Tant mieux, tant mieux !

— Merci, toujours bon appétit.

— Allons, ce ne sera rien... il faut l'espérer... avec la grâce de Dieu... Votre femme... sûrement... va bien à cette heure... Car, voyez-vous ! nous sommes tous sous la main de Dieu... Et puis, il faut se faire une raison... Eh bien ! votre femme, cette nuit... a fini de souffrir.

— Elle est morte ! vraiment ?

— Elle est morte. Que Dieu la repose !

— Eh bien ! alors, ma brave sœur, pourriez-vous pas me faire donner portion entière ?

L'ABBÉ TABOUISSOUN

L'abbé Tabouissoun était, avant 1789, curé de Cucuron, joli petit village provençal perché sur un mamelon du Luberon, comme un moineau sur une courge.

Et il se devinait qu'il était Tabouissoun[1] de nom et de taille, petit, grassouillet, et tellement court que, s'il n'avait pas eu la précaution, quand il prêchait, de se mettre sous les pieds escabeau sur escabelle, M. le Curé, avec ses mentons, — car il en avait deux, — aurait frôlé le rebord de la chaire.

Il est vrai de dire que, quand on exécuta le plan de cette chaire, on aurait dû en diminuer l'ampleur et la profondeur. On ne l'eût certainement établie ni si ample ni si profonde, si l'on avait pu deviner que l'abbé Tabouissoun y monterait un jour... Eh bien ! vous verrez cependant que c'est ainsi qu'il la fallait.

Nous sommes donc ici pour constater que cet abbé Tabouissoun côtoyait la soixantaine, environ ; et certes, il portait bien ses ans, ferme et droit sur ses

1. Petit bouchon de liège.

La Sainte Baume en 1834

mollets rondelets ! Si de longs cheveux blancs ne lui avaient pas fait une couronne, et s'il n'avait pas sifflé en parlant, — car les dents de devant lui étaient tombées, — vous lui auriez donné tout juste la quarantaine, encore auriez-vous cru faire verser la mesure. Et la bonne pâte de curé que c'était là ! Heureusement la graine ne s'en est pas perdue : bien dans son devoir, avenant, rien scrupuleux, pieux, pas méticuleux, — et surtout charitable : il n'avait rien à lui, il se serait, les grands hivers, levé le morceau de la bouche pour nourrir qui pâtissait de faim à son entour, et la roupe qu'il avait sur les épaules pour garantir du froid les pauvres vieillards souffreteux.

Quoiqu'il parût fleuri de santé, et que ses mentons, ses joues, son ventre rebondi et son œil vif disent qu'il n'était pas à plaindre et que sa servante lui donnait la becquée avec soin, il avait pourtant, cela semble incroyable, une maladie opiniâtre, — non mortelle, mais ennuyeuse. Qu'y faire ? En ce monde, il faut que nous ayons tous quelque mal : ceux qui se portent le mieux sont ceux qui sont le moins malades.

Quelle était donc la maladie de l'abbé Tabouissoun ?

C'était d'avoir continuellement la bouche et la langue sèches comme un morceau de bois. S'il avait trop de sang (vous auriez dit qu'il allait jaillir de ses joues), il manquait de salive. En conséquence, il fallait qu'il se la tînt mouillée, cette pauvre bouche toujours sèche, et qu'il mît tremper sa langue comme on fait d'une merluche. Et il buvait, toujours il buvait, sans avoir soif. Un vrai supplice !

Pourtant, n'allez pas croire que c'est de ma part un biais pour vous faire entendre que M. le Curé était un ivrogne. Ah ! Dieu m'en préserve ! Le pauvre homme ! il buvait comme remède l'eau du puits de son presbytère. Vous conviendrez avec moi qu'il ne commettait pas un péché mortel s'il coupait ce boire avec un filet de vin blanc de ses messes. Son médecin, quelques années de suite, l'avait promené, quand venait l'été, de Vacqueyras à Montbrun et de Montbrun à Propiac. Hélas ! il partait avec la langue sèche, avec la langue sèche il revenait. Il fallait toujours recourir au premier remède. Et le plus gênant pour notre malade, c'était de monter en chaire, ce qui arrivait tous les dimanches de l'année, pour le prône, et toutes les grandes fêtes pour le sermon. Le pauvre abbé Tabouissoun en faisait pour deux : il n'avait pas de vicaire.

Mais voici le truc : avant le sermon, il faisait monter son sacristain comme pour enlever la poussière sur le rebord de la chaire, mais en réalité, pour y cacher dans le fond la petite bouteille du remède. Inutile de dire que, selon le plus ou moins de longueur du prône ou du sermon, le sacristain avait soin, sur l'ordre de M. le Curé, de préparer et de cacher une fiole plus ou moins ventrue.

Et puis, le prédicateur prêchait, et quand l'accès de sécheresse le prenait, le pauvre homme ! et qu'il semblait en parlant mâcher de l'étoupe, il feignait de laisser tomber sa calotte ou son mouchoir, se baissait pour les ramasser... tétait une goutte ou deux, et se relevait vite en s'épongeant le visage avec son mouchoir. Que croyez-vous ? ce *tombe-lève* se voyait à peine d'en bas, tant l'abbé Tabouissoun en avait pris l'habitude et le faisait vite et bien. La grande chaire cachait tout. D'ailleurs les Cucuronais s'y étaient faits, seulement il leur était avis à quelques-uns que le petit curé ramassait trop souvent sa calotte ou son mouchoir.

Mais baste ! M. l'abbé Tabouissoun, pour le prononcer un jour de grande marque dans l'année, avait longtemps mûri, puis mis posément par écrit un sermon... On ne pouvait rien lire de mieux fignolé ni de plus touchant : c'était une *Passion.* Il l'étudia consciencieusement ; puis, quand il la sut sur le bout du doigt, il fit la répétition dans sa chambre, devant son miroir, et en s'humectant la bouche bien à son aise, quand il en avait besoin.

Vint ensuite le jour désiré, le beau Vendredi Saint. Jamais plus nombreux auditoire ne s'était pressé dans l'église de Cucuron, trop étroite ce jour-là. La servante de M. le Curé avait fait courir le bruit dans le village qu'on n'entendrait jamais rien de plus triste que la *Passion* de M. le Recteur. Il n'y eut pas assez de bancs ni assez de chaises pour tout ce monde qui courut l'entendre, et beaucoup s'assirent par terre.

Quand le sacristain eut bien... épousseté la chaire, le prédicateur se fraya péniblement un chemin pour y monter. Il y arriva tout suant, front haut et cœur battant. Dès qu'il se fut signé, un silence solennel se fit : vous auriez entendu le bruissement d'ailes d'un moucheron. La voix émue de l'orateur sacré s'entendit, claire et tremblotante ; Cucuronais et Cucuronaises buvaient les saintes paroles et n'en perdaient pas une goutte. Rarement, même dans son jeune temps, M. Tabouissoun ne s'était mieux comporté, et en vérité, il n'eut que quatre ou cinq fois besoin... de ramasser sa calotte. Il gesticula, sua, se démena, et sans cracher, pas n'est besoin de le dire, deux grosses heures d'horloge. Et quand finalement il en fut au passage émouvant où, selon l'usage, le prêtre élève le saint Christ et où tous les fidèles, touchés et repentants, s'agenouillent, baissent le front et pleurent :

— Mes frères, dit l'orateur, le voilà le saint Sauveur. Voilà le Dieu qu'il faut aimer...

De tant de têtes inclinées, il y en eut d'abord une ou deux, des fillettes nez en l'air, qui se tournèrent vers le prédicateur, et vite de cacher leurs rires ! Il y en eut tout de suite vingt, — des femmes et de grands garçons, — et puis quarante qui, pour ne pas donner scandale, étouffaient leurs rires. Tous enfin, filles, garçons, hommes et femmes, se mordaient les lèvres pour ne pas éclater.

Ah ! si ce n'avait pas été un Vendredi Saint ! et dans l'église !...

C'est alors que Misé Praxède, la servante de M. le Curé, ne pouvant plus y tenir, se dressa sur son banc, bouleversée, pâle comme une morte et les mains sur la tête, s'écria :

— Prenez garde, monsieur le Curé ! prenez garde !

Ah ! quand M. le Curé, éperdu devant une telle abomination, muet, bouche béante, tremblant comme la feuille de l'arbre, s'aperçut de la monstrueuse erreur qu'il venait de commettre, il eut mal au cœur, s'évanouit et s'abîma dans la chaire comme dans un puits. On ne le vit plus...

C'est ce qui pouvait lui arriver de plus heureux.

Jugez un peu ! dans l'entrain et le feu de l'action, tant il y mit du sien, tant il s'émut pour émouvoir qu'il en perdit la tête, et qu'au lieu de sortir et d'élever le crucifix, il venait de sortir et d'élever une grosse coquine de bouteille !

Le sacristain, croyant avoir fait un péché en coupant avec trop de vin l'eau du puits, voulut faire la pénitence : il alla vite ramasser le pauvre mesquin évanoui, le chargea sur ses épaules et le porta dans la sacristie.

Là, il déchargea son fardeau, assit le dolent, et vitement ouvrit la fenêtre : le bon et grand air ranima M. le Curé.

Quand il se réveilla, jamais de sa vie et de ses jours l'abbé Tabouissoun ne s'était senti la bouche plus sèche. Et vite, vite il fallut recourir à la fiole.

MADEMOISELLE D'INGUIMBERTI

Dans l'église de Bonnieux-du-Comtat, il existait, à l'époque où s'est passé ce dont je vais vous parler, — il y a de cela longtemps, — un tableau représentant saint Antoine et son fidèle compagnon. La main qui les avait peints était si habile et si experte, elle leur avait donné des couleurs si vives que lorsqu'on regardait le saint et la bête, ils semblaient que le saint allait ouvrir la bouche pour vous parler et élever la main pour vous bénir, et que le cochonnet allait pousser un grognement et remuer sa petite queue nouée en trompette.

À Bonnieux et à sept lieues à la ronde, ce saint Antoine avec son compagnon, chef-d'œuvre de Parrocel et don offert par un vice-légat d'Avignon, a toujours eu et aura longtemps un grand renom ; et l'on y raconte encore ce qu'il advint, au sujet du tableau, — il y a de cela près de cent ans, — à une demoiselle de bonne maison nommée Antoinette d'Inguimberti.

Mlle d'Inguimberti était une grosse dévote ; elle avançait en âge, si bien que, de l'avis de pas mal de gens, elle radotait, — de fois à autre. Pour tout dire, elle était, par nature, un peu simple et crédule. Pauvre innocente !... Elle n'était pas tombée en plein au sein de l'enfance, mais elle s'y acheminait à grands pas. Ce n'est pas qu'elle ne fût, à l'occasion, capable d'un gentil raisonnement, mais ce saint Antoine l'avait tant et si souvent émotionnée ; sa foi en son céleste patron était si ardente ; elle en avait si fréquemment contemplé la face éblouissante, la barbe noire et blanche ; elle était restée, dans sa vie, tant de fois bouche béante à ses pieds, égrenant son chapelet, qu'elle s'était prise de passion pour lui à en devenir autant dire amoureuse. Il fallait bien qu'il en fût ainsi, car lorsqu'elle était ou qu'elle se croyait seule dans l'église et dans la chapelle de son seigneur saint Antoine, elle parlait au Bienheureux comme s'il eût été de chair et d'os et plein de vie.

Et elle lui disait : « Beau Seigneur saint Antoine, ne me regardez pas ainsi, que les rayons de votre face me font baisser les yeux, comme le ferait le soleil. »

Un samedi, veille de Notre-Dame de Septembre, que Mlle d'Inguimberti avait plus que jamais l'âme bouleversée et l'esprit dans les nuages, elle vint et lui dit :

— Antoine, ô beau Seigneur, mon patron, n'êtes-vous point fatigué de rester là, toujours seul dans votre désert, seul avec cette sale bête ? N'êtes-vous pas dégoûté de ne ronger que des racines et de ne boire que de l'eau claire ?... Ah ! si vous veniez me visiter, un de ces soirs ? Nous souperions ensemble, et vous vous referiez un peu. Il y a du bon pain blanc chez nous, et, dans un coin, du vieux vin d'une vigne que nous possédons au quartier de la Claparède ! Quand donc, bel ami, quand donc viendrez-vous me voir ?

— Demain, dans la soirée, si cela vous convient, lui répondit aussitôt une voix claire et caressante. Demain soir, dès que huit heures sonneront.

— Ô Monseigneur saint Antoine, s'écria la demoiselle affolée, enfin ! vous me répondez ! Ah ! soyez à jamais béni, divin ami de mon âme !

— Dès que huit heures sonneront.

— Je vous attendrai.

— J'irai.

— Vous frapperez à la porte : je veux avoir l'honneur d'aller ouvrir moi-même.

Cela dit et convenu, Mlle d'Inguimberti s'agenouilla et fit son acte d'action de grâces, le cœur ravi d'espoir et rempli de reconnaissance. Puis, elle se leva, et s'inclina courtoisement pour saluer son seigneur et patron.

De l'église à sa maison, il lui sembla que les anges la portaient ! S'ils ne la portèrent pas, j'incline à croire qu'ils l'empêchèrent de dégringoler, tant elle était émue, les quatre-vingts marches et plus que compte l'escalier par lequel on monte, jusque là-haut, là-haut, à l'église de Bonnieux, et par lequel on en descend jusqu'en bas, en bas.

C'était, — il faut vous le dire, car peut-être ne le devineriez-vous pas, — ce vaurien de Luquet, le sacristain, qui donnait ainsi rendez-vous à la pauvre innocente. Un sacristain coulé au moule et très réussi ! Le souvenir s'en est conservé à Bonnieux, et il s'y est longtemps répété que Luquet ne fit jamais fi du bon vin blanc de la sacristie et ne bouda jamais aux bons morceaux ; et d'ailleurs, nonobstant cela, le cou penché comme une figue trop mûre, le front incliné sous une calotte de soie noire qui lui tombait sur les yeux, le regard perçant, luisant et oblique ; le téter doux, la voix câline, — et si dolente, que, lorsqu'il disait : « Pour les âmes du purgatoire ! » il vous tirait les sous du fin fond de la poche.

Et ce fut juste ce samedi que Luquet mit à exécution le projet qu'il avait conçu.

À midi, heure à laquelle il n'y a personne dans l'église, — après qu'il eut déshabillé les grands chandeliers et la croix du maître-autel, et versé de l'huile dans la lampe qui y brûle nuit et jour, devinant que la vieille hallucinée allait venir, — ainsi qu'il l'avait maintes fois surprise tenant conversation avec son seigneur et patron, — lui faire les yeux blancs, à genoux, gémir, sourire et pleurer, le gueusard se pelotonne et se cache dans l'angle le plus obscur de la chapelle de saint Antoine.

Il avait bien calculé : la demoiselle vint, soupira, et, — vous le voyez — son patron entendit ses soupirs.

La demoiselle partie, le sacristain s'esquiva, riant à se déchirer la peau du ventre. Et lorsque Antoinette, les joues pourpres et les yeux noyés de larmes de joie, arriva à son logis :

— Martine ! cria-t-elle en entrant, Martine ! Martine !

— Votre servante, Mademoiselle.

— Voici ! fait mademoiselle, en avalant la moitié des mots, tant sa langue a la fièvre et tant les paroles affluent sur ses lèvres... voici : un ami, un grand ami de la famille... ami respectable, viendra demain, demain soir, au coup de huit heures. Il viendra demain me tenir compagnie... me tenir compagnie et souper avec moi... à huit heures précises... Il frappera, j'irai lui ouvrir.

— Mademoiselle, il n'est pas nécessaire que vous...

— J'irai lui ouvrir... car vous aurez assez d'ouvrage... Et que la table soit mise de bonne heure, et comme il convient, entendez-vous ? et que rien ne manque sur table.

— Cela suffit, mademoiselle.

« Que sera-ce encore que tout ceci ? se disait la servante. La cervelle lui part toujours davantage et son chien fait la farandole. Que le Seigneur Dieu ait enfin pitié de nous et y mette sa sainte main !... »

Le lendemain soir, pourtant, la cuisine de Martine embaumait, et sa bonne odeur était bien faite pour aiguiser l'appétit. Pot-au-feu conduit avec lenteur, à petits bouillons ; carbonnade de haut goût ; petits poissons et coquilles d'écrevisses de Saint-Symphorien, plus fines et plus délicates que celles de l'Isle ; pois gourmands de la Canourgue ; lapereau de la Val-Masque rôti ; et pour dessert, pêches et clairettes, langues de chat, macarons, biscuits et sucreries. Et, — ce qui dans un festin jamais ne doit être oublié, —

pour coup du milieu, liqueur de couvent ; tout le long du repas, vin vieux des d'Inguimberti, et pour couronner la fête, café exquis et flacon de ce coudounat comme on sait si bien le faire à Bonnieux.

Mlle d'Inguimberti était de bonne maison, et, par tradition, l'on y faisait très bien les choses.

Huit heures n'avaient pas sonné que Mlle d'Inguimberti était prête. Elle avait mis sur elle tout ce qu'elle avait de plus riche et de plus beau dans sa garde-robe et ses coffres : robe de soie à ramages toute garnie de dentelles, collier de perles fines au cou et bracelet d'or au bras ; étoiles de diamants aux oreilles et aux doigts. Et avec ça (pourquoi ne pas le dire ?), les pommettes légèrement teintes de fard, elle piquait une dernière épingle et donnait un dernier coup d'œil à son miroir, lorsqu'on frappa violemment à la porte.

Il ne manqua pas l'heure, le gourmand !...

Et mademoiselle, la main sur le cœur, — car l'émotion le lui mettait sens dessus dessous, — descendit pour ouvrir...

— Entrez, Monseigneur saint Antoine ! soyez le bienvenu dans la maison des d'Inguimberti. Quel honneur pour la famille et quel grand jour pour moi !... Entrcz.

Et saint Antoine et mademoiselle, se donnant le bras, entrèrent dans la grande salle, et furent bientôt assis à table en face l'un de l'autre, car... saint Antoine avait faim !

Peu s'en fallut que Martine ne laissât la soupière lui tomber des mains quand elle entra pour servir, et qu'elle vit, les coudes sur la table, ce grand escogriffe, cet étrange ami de la famille, sous une ample robe carmélite, capuchon en tête, longue barbe grise au menton, grosse corde sur la bedaine, un frère mendiant... quoi ? un faux récollet ? un capucin de hasard, que sais-je, moi ! un rouleur, un voleur de poulailler, un affreux pied-plat, crasseux et puant, un mort de faim, se pourléchant les babines, à la seule vue de la vapeur qui s'élevait de la soupe...

Martine finit pourtant par se remettre et se résoudre à attacher le bouc où le voulait sa maîtresse. Elle s'acquitta de son service en conscience. Et Mlle d'Inguimberti faisait galamment, avec une aisance aristocratique et une grâce suprême, les honneurs de la maison et de la table, et elle disait : — Beau Seigneur, ne prendriez-vous pas encore un peu de ceci ? Encore ce petit morceau de râble ! cette petite aile de perdreau !

La servante n'y voyait plus. Elle se croyait le jouet d'un rêve infernal.

Ah ! mais, voilà qu'après le coup du milieu, — déjà gonflé de bons morceaux, rond comme un O, la barbe envispée de sauce et de graisse, le nez rouge comme la crête d'un coq de ferme, la flamme de l'eau-de-vie lui sortant des yeux, l'abominable et faux ermite oublie de contrefaire sa voix, caquette, bredouille, parle et déparle, si bien que Martine reconnaît Luquet !

Elle sort précipitamment, feignant d'aller chez le

confiseur chercher une assiette de plus pour le dessert, et court à la cure. Elle sonne si violemment que la sonnette en est fêlée :

— Sainte Croix ! miséricorde ! Monsieur le Curé, crie-t-elle, haletante, au secours !

— Que vous arrive-t-il, Martine ?

— Une abomination !

Et elle lui raconte ce qui se passe, telle chose comme ceci, comme cela... Luquet par-ci... capuchon en tête, barbe au menton... Saint Antoine par-là... Mademoiselle, le cerveau tout à fait détraqué...

— Une abomination, vous dis-je, qui doit faire pleurer, à cette heure, les anges et les saints du paradis ! Et qui sait tout ce qui peut arriver, si vous n'y venez pas mettre bon ordre ?

M. le Curé avait grand-peine à ne pas éclater de rire.

— Martine, dit-il, allez-vous-en vite. Soyez tranquille, je vous suis. Cela ne sera rien.

— Il boit, je vous l'affirme, comme un trou, il mange comme un porc, il parle à tort et à travers ; il est saoul comme une grive. C'est une confusion !

— Je suis sur vos talons, vous dis-je, pour tout réparer. Ce ne sera pas long...

Et vite, vite ! Monsieur le Curé, — qui, certes, le fait pour un bien, — de jeter sur ses épaules une vieille chape hors de service, de se fabriquer avec du coton en rame une barbe blanche, de se la coller au menton et sur les joues, de prendre les grosses clés de l'église et de la cure et de partir. D'un saut, il est à la maison des d'Inguimberti. Il entre tout à coup, Martine ayant eu la précaution de laisser la porte ouverte, et... Tac ! tac ! tac ! à la porte de la grande salle.

— Qui frappe ? dit la demoiselle.

— Moi ! répond M. le Curé, faisant sonner ses grosses clés.

— Qui êtes-vous ?

— Saint Pierre.

Et mademoiselle ouvre.

— Entrez, grand seigneur saint Pierre ! Soyez le bienvenu dans la maison des d'Inguimberti ! Salut à vous et gloire à Dieu ! Oh ! si cela continue, notre maison sera le paradis même. Entrez.

Dès que le curé aperçoit son Luquet tout attablé, la face rouge comme le feu :

— Ah ! bon ! dit-il, c'est toi que je cherchais. Enfin ! je te mets la main au collet ! Ah ! c'est ainsi que tu fais l'école buissonnière, galopin !

Quoiqu'elle eût mis du fard sur les joues, Mlle d'Inguimberti devint pâle comme la mort, et Luquet se leva, branlant comme une sonnaille, et de la peur il s'affaissa sous lui. Et saint Pierre, continuant :

— Veux-tu te relever, ou je te relève, moi ? Est-ce possible !... Comment se fait-il, misérable, que tu te sois ainsi esquivé du paradis sans ma permission, profitant, pour sortir, d'un moment où, fatigué d'avoir ouvert et fermé ma porte, je m'étais endormi, et l'avais laissée entrebâillée ? Eh bien ! c'est à moi que tu vas avoir affaire.

Et à grands coups de pieds là derrière, à grands

coups de clefs dans le dos, saint Pierre met dehors saint Antoine, qui, dégrisé, hurle :

— Aïe ! aïe ! aïe ! Pardon, monsieur le Curé !

— Que je t'y reprenne ! ajouta saint Pierre.

— Je ne le ferai plus !

Et ils disparurent l'un et l'autre sans dire bonsoir.

Et Mlle d'Inguimberti, dans cette lamentable échauffourée, sentit, la pauvrette, le cœur lui défaillir, et s'évanouit dans son fauteuil. Et Martine, cachant autant qu'elle le pouvait sa jubilation et son envie de rire, délaça la pauvre toquée, et la fit revenir à elle, en lui frottant de vinaigre les tempes et les mains, les pouls et le creux de l'estomac.

LA CHÈVRE

Quand ils se furent plu, Tonin et Gothon s'épousèrent. Il se trouva que Gothon était une bonne âme et Tonin un braillard brutal. Si la soupe était fade, ah ! pauvre Gothon ! Et quelles tripotées, s'il y avait un peu trop de sel ! Tonin tapait dessus... comme un maréchal ferrant.

La pauvrette lui disait :

— Tonin, tu n'es vraiment pas raisonnable ! Toujours le pied ou la main en l'air !... C'est un martyre !... Est-ce une vie, ça ? Tu me feras devenir chèvre[1].

Plaintes inutiles ! Gothon était malheureuse comme les pierres du chemin. Où chercher un refuge ? Elle s'en alla, *pecaire,* trouver M. le Curé. Où voulez-vous qu'elle allât ? Quand elle eut exposé son cas de fil en aiguille :

— Gothon, lui dit le curé, je te trouve bien à plaindre, certes ! et je ne voudrais pas être à ta place... Il ne faut pourtant pas perdre patience ni jeter le manche après la cognée... Voyons, que dis-tu à ton grand brutal d'homme, quand il te *secoue les mites* de cette façon ?

— Que voulez-vous que je lui dise, mon bon monsieur le Curé ? Qu'il n'est pas raisonnable et qu'il me fera devenir chèvre... Ah ! vous qui en savez tant et qui avez les bras si longs, si vous trouviez un remède qui guérît mon Tonin, vous me rendriez un fier service !

L'homme de Dieu, tout soucieux, se grattait le front et, comme les aulx en terre, il travaillait de la tête.

— Gothon, dit-il tout à coup, je tiens le remède, et je le crois bon.

— Dieu vous entende, monsieur le Curé, et y mette sa sainte main !

— Voici ce que c'est, Gothon : retourne à ton logis ; sois toujours une brave femme, et prends patience...

— Ça vous est bon à dire ! mais si vous étiez à ma place...

1. En provençal, proverbe : « *Faire veni cabro,* « Il vous ferait sortir des gonds. » (F. Mistral, *Dictionnaire provençal-français.*)

— Notre Seigneur a bien plus souffert !... La première fois que ton mari te battra, deviens chèvre !

— Comment !... deviens chèvre ?

— Oui. Rien n'est plus aisé, mon enfant. Comment font-elles, les chèvres ? Elles font : *Bé ! bé !*... Ne sais-tu pas faire bé, Gothon ?

— Si... Bé !... bé !

— C'est ça même : bé !... bé !... Et sois chèvre jusqu'à ce que je te dise de ne plus l'être. Entends-tu ?

— Ah ! si ce n'est que ça, soyez tranquille, monsieur le Curé... je deviendrai chèvre... Grand merci !... et adieu !

Et Gothon retourna au logis.

Quand, le soir, rentra son hérisson d'homme :

— Eh bien ! souillon, dit-il, la soupe est-elle trempée ?

— Bé ! répondit Gothon.

— Tu dis ?

— Bé !

— Comment ? bé !... bé de quoi ?... Oh ! la masque !... Tout à l'heure je te secoue !

— Béé !

— L'impertinente !... Ah ! je vais te faire dire bé, moi... attends !

Et pif ! et paf ! Pif sur les joues ! paf sur l'échine ! Il la désarticula, le monstre !

— Or ça, comment trouves-tu le bouillon, guenille ?

— Bé ! bé ! répond la martyrisée.

— Peut-être ne l'ai-je pas suffisamment salé ?

— Bé ! bééé ! gémit toujours Gothon, très scrupuleuse à suivre les prescriptions du curé... Bé ! bé ! bééé !

Tonin alors se dit : « Est-ce que, par hasard ?... Bah ! ce n'est pas possible ! » — Gothon ?

— Bé !

— Si nous allions nous coucher ?...

— Bé ! bééé !

— Sapristi !... Serait-elle devenue chèvre ?... Elle est devenue chèvre ! Ah ! miséricorde du bon Dieu !... Ah ! *pecaire*... elle me l'avait bien dit !...

— Gothon ?

— Bééé !

Ils se couchèrent sans souper. Gothon riait sous cape ; Tonin avait la fièvre et ne put fermer l'œil. Entre-temps, pour voir si son malheur était bien réel :

— Ma belle, ma chérie ! disait-il à Gothon.

Et Gothon toujours et de plus en plus enchevrée, répondait :

— Bé ! bé ! béé !

Avoir pris femme, un beau jour, et se trouver en puissance de chèvre ! Vous concevez que Tonin en fut tout penaud et tout désorienté... Et, dans son lit, il se démenait, et pleurait, et se mordait les poings et s'arrachait les cheveux ! « Ah ! mon Dieu ! aïe ! aïe ! aïe ! se disait-il, quel sort est le mien ! Et qui me la désenchèvrera ? Cela n'est rien encore : bé, bé !... ce sera bien autre malheur quand elle ira à quatre pattes par les chemins, qu'il lui faudra faire de l'herbe ou l'attacher dans le pré, qu'il lui poussera des cornes et qu'elle m'encornera ! Qu'en diront les gens, mon beau Jésus ! » Gothon ?...

— Bééé !

Dès qu'il fit jour, Tonin fut sur pied et courut chez le bon curé pour lui conter son cas, et le prier, à mains jointes, d'exorciser sa pauvre femme.

— Mais... que t'arrive-t-il, Tonin ? lui dit le prêtre... te voilà bien matinal !... Tu as l'air d'un déterré !

— Il m'arrive un gros malheur ! Je suis perdu ! Je me noierai !... Ma pauvre femme !

— Qu'y a-t-il ?... faut-il aller l'administrer ?

— Ce ne serait rien...

— Ce ne serait rien !... Mais, voyons, Tonin ! ta femme ?...

— Elle est devenue chèvre !

— Devenue chèvre !... Oh ! oh !..

— Et je me suis dit que, peut-être, vous pourriez me la désenchevrer. C'est pitié de l'entendre bêler nuit et jour : Bé ! bé ! béé !

— Malheureux !... Je vois ce que c'est : tu l'as battue !

— Ah ! que trop, pour mon malheur !

— Tu n'as pas honte, Tonin ? Quels sont les hommes qui commettent ce gros péché mortel de battre leur femme ? Tu ne veux pas, après ça, que Dieu te punisse et se mette en frais d'un miracle ?

— Je ne le ferai plus, monsieur le Curé... Je vous en demande pardon !

— Désenchevrer une femme, ce n'est point petite affaire, Tonin !... Pourtant, j'essaierai. Dieu seul est grand et bon, et prête son aide à qui l'aime et plie sous sa loi. Si tu veux que ta Gothon (quel dommage ! une si brave femme !), que ta Gothon, de chèvre qu'elle est, — (dis ton *mea culpa,* gueusard !) — redevienne femme, jure-moi que, jamais de ta vie et de tes jours, tu ne la battras plus.

— Je le jure, *la main dans l'enfer tout ouvert !*

— Si tu la battais encore, brutal, ce serait bien fini, crois-en ma parole... Et cette fois, je t'en préviens, elle en aurait pour la vie... Allons, va-t'en vite, va, et dépêche-moi ta chèvre.

Tonin, un peu tranquillisé, courut vers sa chèvre et lui dit :

— Gothon ?

— Bé !

— Bon ! bon ! tu feras bé, bêtasse, quand tu seras chez M. le Curé. Vas-y vite, il t'attend. M'entends-tu ? M'entends-tu ?

— Bééé !

La chèvre mit dare-dare une coiffe propre et son tablier des dimanches, jeta sur son miroir un petit coup d'œil, et partit.

Elle fut d'un saut au presbytère.

— Ma fille, lui dit l'homme de Dieu, il est excellent, le remède ! Tout va bien : ton homme est guéri il ne te battra plus, et je te désenchèvre. Cours vite chez

Tonin et baise-le sur les deux joues. Sois honnête, travaille les jours ouvriers, et viens au prône le dimanche.

Et Gothon s'envola dans les bras de Tonin, et elle lui dit :

— Mon bel homme, il en sait long, monsieur le Curé !

— Ah ! ma chère, fit Tonin en l'embrassant, s'il ne t'avait pas vite désenchevrée, j'étais dans le cas de devenir bouc !

LES POIS CHICHES

I

Mon aïeul me disait qu'un vieux curé aurait bien voulu voir un merle blanc avant de mourir. Il était d'un bel âge : sur le dos il avait neuf croix, nonante ans ! Bien sûr il n'y en aura pas autant pour tous.

Un jour de grande fête et de romeirage, — il cherchait toujours son beau merle blanc, — étant curé d'un hameau, il monte en chaire et dit :

— Mes enfants ! *Deo gratias !* Dieu est un bon père ! Bénissons-le, car tout ce que nous avons tombe de ses mains, à lui nous le devons. Mes pois chiches m'ont

Les enfants souhaitent la fête à Monsieur le curé.

rapporté — ils ne pouvaient mieux faire — quarante pour un... Ô bénédiction ! du bien de Dieu ô sainte provision ! Il fait grener les pois et vêt les lys, comme il nous le dit dans son Évangile.

Dieu envoie du bien pour que nous le donnions : je donnerai mes pois, et ni plus ni moins, car les curés, hélas ! nous ne sommes pas riches ! Puisque vous êtes mes enfants, vous êtes tous frères, et, tous, au don vous avez même droit. Seulement, — je vous prie d'ouïr bien mes raisons, — si je faisais entre vous un juste partage, le lot de chacun ne serait pas gros, vous auriez maigre soupe et peu de grains. Voici donc ce que j'ai décidé : je donnerai ma récolte, une grosse émine et le surplus ; mais il faut qu'elle soit gagnée ; pour la mériter, il faut, — c'est de rigueur, — être marié, avoir fait toujours bon ménage ; il faut, si vous avez des enfants, avoir des enfants sages, ne s'être pas battu, ne s'être pas crié des propos qui sont des gâte-mariage, et pas plus que ça. Je vous ai tout dit ; maintenant voyons qui aura le prix.

II

Pas plus tôt sortis de la sainte messe :

— Il a un coup de marteau sur la caboche, le pauvre curé.

— S'il fallait le mettre à Saint-Paul ! C'est une folie !

— Je me trompe, peut-être, mais je crois que Dieu ferait mieux de garder ses pois que d'en approvisionner M. le Curé !

Il n'est pas si fêlé qu'il vous semble l'être, disait un autre. Assurément, il est maître de donner sa récolte, mais il la gardera ! et m'est avis que personne n'en aura une indigestion. Le curé veut rire... Et chacun ainsi tenait son propos. — Moi je dis que si ! — Moi je dis que non ! — Mais nous ne parlerons pas de tant d'opinions ; ce serait trop long à redire.

III

Notre curé attendit longtemps pour voir venir quelque prétendant, fût-ce même une prétendante... À la fin, pourtant, se hasarda Lelon, fidèle moitié du brave Paul, un peu pointue, oh ! mais avenante ! un nez arrogant avec un parler mielleux. Elle rendait, pourtant, son Paul heureux...

— C'est toi, perdreau ? lui dit le prêtre, je devinais bien que tu me viendrais voir, car Paul et toi, vous vivez, vous aimant, et d'accord comme sont deux doigts de la main ! Je vous ai toujours vus tels que je vous vois maintenant. Ah ! je n'en dirais pas autant de tous les couples ! Tu peux préparer la marmite, et voici les pois.

— Il est vrai que cela nous aidera, lui répond Lelon, inclinant la tête ; nous ne sommes pas riches, monsieur le Curé ! cependant, nous vivons joyeux... À quoi bon pleurer ? Vous me parlez d'amour : nous en avons de reste ; si quelqu'un venait nous en emprunter, nous lui en céderions la grosse moitié. Il y en aurait encore assez, si peu qu'il y en eût, pour fleurir la vie, et plût à Dieu que cela durât ! Je suis femme, il est homme, et nous vivons d'accord ! Nous avons deux enfants : un petit qui tète, et Rouset qui marche seule... Et en jouissant de la vie, nous attendons la mort.

— Tu parles comme un livre, tu as bouche d'or ! Parle bien, agis mieux, ma bonne Lelette ; tu as gagné les pois !... Où viderons-nous l'émine et le reste ?

— J'ai une serviette.

— Il me semble qu'elle sera étroite.

— Eh bien ! nous reviendrons, et nous ferons deux voyages.

— C'est un sac qu'il fallait apporter, cette serviette n'est pas assez grande, et le serait-elle assez, nous viderons les pois sur le plancher et ils rouleront.

— Vous avez raison ! Que voulez-vous y faire ! Mon homme me l'a dit, et je l'ai envoyé se promener ; il me l'a redit, mais j'ai tenu bon, tellement qu'il allait me battre. Il est vif comme l'ambre, et je suis têtue. S'il m'avait donné un soufflet, je l'aurais bien gagné, et je n'aurais rien dit, car qui l'a le garde : c'est un mal de chien.

Le curé alors :

— Ma mie, dit-il, vous n'avez pas été d'accord ! et tu lui as si bien fait monter la moutarde au nez qu'il s'en est fallu de peu que le brave Paul n'étourdît Lelon avec une gifle ? Eh bien ! en conscience, il est juste que je pèse et ton entêtement et le soufflet qui allait tomber sur ta joue. Donc, Lelon, mon enfant, laisse là les pois !

IV

On devine bien qui fut étonné !... Un autre couple eut-il la récolte, l'émine de pois et puis le surplus ? Je vous le dirais bien, mais on ne me l'a pas dit.

UN MAL AUX YEUX

I

Une dame jeune, jolie et des plus cossues avait un chagrin. Sa vue allait s'ennuageant de plus en plus, du moins elle se l'imaginait. Bien des gens sont ainsi ; ils sont florissants de santé, mais, à force de se croire malades, ils le sont et vont au médecin. Adoncques, la jeune dame en alla voir un. Pour ne point se tromper, elle le choisit sur vingt. (Aussi quel travail !) Il avait des malades à foison, et il entassait louis d'or sur louis d'or ! Quelle bénédiction pour les croque-morts ! C'est qu'il en faisait rudement partir pour l'autre monde !

II

Mais ne nous amusons pas en route. Quand elle fut chez son médecin, madame expliqua le mal qui l'inquiétait, ce qu'elle sentait, ce qu'elle mangeait et ce qu'elle buvait ; elle fit voir sa langue : « Cette maladie est grave, dit le médecin. Le mal aisément se prend, malaisément se quitte... Il fallait venir plus tôt. — Se peut-il que j'en meure ? — Non, mais vous pourriez devenir borgne... ; borgne, ce ne serait encore rien, mais aveugle ! — Aveugle ! — Cependant, je puis, moi, vous guérir ; ce sera long, voilà tout. Il faut prendre patience. Avec le temps, mes soins..., les conseils de la science..., cataplasmes..., régime..., onguents..., *et cœtera*, votre vue s'éclaircira. Et surtout point d'imprudence ! » Baste ! Le docteur fit tant et si bien, que la pauvre malade fut remplie d'épouvante. « Et pour me guérir, que faut-il faire ? — Il faut que je vienne vous voir au moins deux fois par jour ; et... si vous aimez la lecture, il faut ne lire guère ; il faut... prendre l'air, il faut vous distraire, et il faut boire... pendant six mois, — peut-être un peu plus, peut-être un peu moins, — sept à huit fois par jour d'une eau que je vous donnerai... ; et vous serez bientôt guérie. »

III

Notre malade fit donc ce que lui avait dit le médecin : elle but son eau, bien qu'elle la trouvât mauvaise ; la pauvrette en but tant qu'elle avait peur souvent de couver la pépie... Sa vue dut bien en être un peu éclaircie ? L'eau de ce *sicut et nos* était comme un emplâtre sur une jambe de bois ! Et le gueux entassait ses visites : « Eh bien ! comment sommes-nous ? — De mal en pis ! — Vous cuisent-ils ? — C'est un martyre ! — Vous en aurez peut-être trop bu... Cela prouve, pourtant, que nous avons, comme il faut, attaqué votre mal même dans sa racine... Maintenant il faut du lin en farine... et de la moutarde, de la fine... ; vous en ferez deux cataplasmes, un pour chaque mollet : le feu qui est en haut descendra par en bas, et vite, vous verrez... Puis... il faudra vous bassiner les joues avec de l'eau tiède... »

La malade se bassine les joues, englue ses mollets... Ah ! si elle ne guérit pas, ce ne sera pas de sa faute !

IV

Le remède n'opéra point ; et le mal par contre empira ; et le nombre des visites augmentait, et décampaient aussi les louis d'or.

« Tiens ! dit un jour la dame... je commence à comprendre... M. le bateleur s'est assez moqué de moi ! Je suis guérie ; et, par ma foi ! tous ses médicaments m'ont éclairci la vue ! Je vais lui faire mes compliments et lui offrir ses honoraires. »

V

Aussitôt, elle s'affuble d'une robe en lambeaux, d'un manteau rapiécé ; à ses pieds elle met des savates... Finalement, quand elle s'est déguisée, bésicles sur le nez, à la main un bâton, notre jeune vieille va chez son médecin. Là, son tour venu, — riche elle passait la première, elle est la dernière, maintenant qu'elle est pauvre ! mais cela va bien...

VI

« Monsieur, je vous donne le bonjour ! — Qu'avez-vous, bonne femme ? — Une humeur. — Où donc ? — Sur les yeux. — Depuis ? — Un mois. — Faites voir... Ce n'est rien. Vos deux yeux sont sains. — Monsieur, ne les trouvez-vous pas rouges comme le sang ? Ils me cuisent tellement ! Ils me cuisent tellement ! Quoique vous me voyiez déguenillée, l'an prochain, je pourrais, en me serrant le ventre, vous payer en bel argent blanc si j'étais débarrassée de ce mauvais mal. — Cela n'est rien, vous dis-je. — Eh bien ! mon médecin, bon monsieur, ne me parle pas ainsi... et, le matin ! il a de la lecture ! — Et que dit-il ? — Que mon mal est très dangereux ! — Eh bien ! je dis, moi, qu'il est un âne de nature ! »

La dame aussitôt, découvrant son visage : « Alors, docteur, dit-elle, il paraît que l'âne c'est vous ! »

LE BON DIEU ET SAINT PIERRE

Le bon Dieu se promenait un jour à pas lents avec le grand saint Pierre et, chemin faisant, de sa bouche d'or à Pierre il parlait d'Ève notre mère, et du père Adam.

Voici que non loin de leur promenade deux personnages se battaient : ah ! quels coups de griffes ! Il fallait voir comme ils se secouaient ! Le bon Dieu, alors, plein de compassion pour les malheureux qui se meurtrissaient :

— L'un n'est pas assez fort, l'autre le tuera ! Pierre, cours vite, va les séparer ! Pierre, va vite !

Le brave saint Pierre d'un saut les rejoint... Stupéfait, il voit une belle femme et Satanas à grands coups de poings se déchirer le nez.

— Qu'est-ce que c'est que ça ? C'est invraisemblable que vous deux ne vous trouviez pas d'accord et, si grands amis, frappiez aussi fort !

— Tiens ! que veut le vieux ? Où se fourre-t-il ? Que t'importe donc ? Il nous plaît ainsi ! répondit Satan. File ton chemin, ou je joue des cornes !... Cela te regarde ? Prends-moi de cette herbe et prends-en bientôt.

Et que dit la femme ?... Ma foi, comme lui !

Pierre qui sentait monter la moutarde, le regard furieux, tira du fourreau son grand sabre nu brillant au soleil, et pour en finir de cette bataille, en serrant les dents, se jette sur eux, frappe, et en un clin d'œil, leur tranche la tête. Et il les laisse là, noyés dans leur sang, puis vers le bon Dieu s'en revient tout droit.

— Ils sont séparés ?

— Comme il convient, Maître !

— Tu les as mis d'accord ?

— Ils ne sauraient l'être davantage.

— T'auraient-ils fait mal ? Qu'as-tu à la main ?

— C'est un peu de sang.

— Je vois. Ça chauffait !

— Maître, écoutez-moi. Ça chauffait si bien, le grand diable était si arrogant, et la femme aussi tant le provoquait, ils grondaient si haut... que j'en ai eu peur, et qu'à tous les deux... j'ai coupé le cou !

— Tu leur as coupé le cou ! c'est abominable ! il fallait patienter... Va, cours, malheureux, va tout réparer... Tu es fou, je crois ?

— Eh ! que réparer ? Il n'y a plus rien à faire ; tout ce qu'on ferait servirait de peu, je les ai jetés raides sur le sol.

— Tu auras donc toujours la même incroyance ? Qui commande ici, voyons, toi ou moi ? Il faut que soit fait ce qu'ordonne Dieu. Pas tant de raison, Pierre, obéissance et rien que cela !

Pierre obéit donc ; il guérit le mal du mieux qu'il le put ; seulement voici l'erreur qu'il commit : il se trompa de tête ! C'est impardonnable ! il mit à la femme la tête du diable, et celle de la femme, le diable l'eut.

Et voilà pourquoi, sans parler du reste, les femmes ont, depuis, si mauvaise tête.

LE JOUEUR

Nous disions donc, comme bien vous savez, que saint Pierre et son divin Maître, quand il leur plaît, dévalent du paradis en terre, pour voir comment vont les choses en ce pauvre monde.

La dernière fois qu'ils dévalèrent, quand ils eurent vu que tout allait à peu près à l'accoutumée, et qu'il s'en allait nuit, ils demandèrent la retirée à un brave fustier (charpentier), qui leur fit manger un morceau et boire un coup, et tant de bon cœur que le divin Maître lui dit :

— La paix de Dieu soit toujours avec vous, brave homme ! Pour grand-merci de votre assistance, je veux vous accorder de faire trois souhaits. Vous les ferez de votre mieux, — ça vous regarde, — et moi je les accomplirai. Ce que je promets, je le tiens, et ce que j'ordonne se fait.

Saint Pierre alors s'approcha du fustier, et lui dit à l'oreille : — Demande ton salut !

Et le fustier de répondre : — Mon ami, je sais ce que j'ai à faire. Je demanderai ce que bon me paraîtra. Et avec ça, il dit à Notre-Seigneur :

— Toujours jouer, jamais gagner !... Voyez, Maître, accordez-moi, si vous pouvez, de toujours gagner, quand je jouerai aux cartes.

— Je te l'accorde. Et d'un. À l'autre.

Saint Pierre s'approche encore du fustier, et se penchant à son oreille : — Malheureux ! fit-il encore, demande ton salut !

— Laissez-moi la paix, vous. Est-ce que ça vous regarde ? lui répond le fustier. Je sais mieux que vous ce qui me convient. Je veux demander ce qui m'agrée. Vous êtes une scie !

Et puis, à Notre-Seigneur : — Maître, accordez-moi, si vous pouvez, que qui s'assoira sur mon plat, il s'empeige, et ne puisse plus se dépeiger sans ma permission. Je sais pourquoi...

— Je te l'accorde, dit Notre-Seigneur. Et de deux. Maintenant... au dernier.

Saint Pierre s'approche encore du fustier, et à son oreille : — Misérable ! tu n'en as plus qu'un ! Ton salut ! demande-lui vite ton salut !

— Tu finiras par me faire monter à l'échelle, vieux ronchonneur ! lui répond le fustier. Te l'ai-je assez dit !

— Maître, divin Maître ! cria saint Pierre, les mains jointes, vous le voyez : cet homme est une bête brute ! Vous qui êtes autant bon que grand, accordez-lui son salut. Je vous le demande pour lui.

— Pierre, répond le Maître, ça ne te regarde pas. Tais-toi ! et toi, parle, que je t'écoute.

Et alors le fustier : — Avez-vous vu, à main droite, en entrant dans la boutique, le figuier qui ombrage mon puits ? Ils me volent toujours mes figues... Eh ben ! Maître, ô vous qui êtes autant bon que grand, je vous demande en grâce que, qui sur mon figuier montera, n'en puisse plus descendre sans ma permission.

— Accordé. Et de trois. Et voilà tout.

Deux grosses larmes perlèrent sur les joues de saint Pierre et se perdirent dans sa barbe blanche.

— Maintenant, nous n'avons plus rien à faire ici, dit le Seigneur...

Et les deux pèlerins du ciel resplendirent soudain, et se dissipèrent comme une fumée.

Ravi de ses trois souhaits, le fustier voulut vite savoir si c'était bien vrai, ce que le Maître lui avait dit : « Ce que j'ordonne se fait. »

Adoncques, il commença par aller jouer. Effectivement, il gagna honnêtement, gagna tant, que de pauvre il devint riche, riche à ne plus savoir que faire de son argent et de son or. Et, ce qui est extraordinaire, il ne fut pas avare ; et, — ce qui est aussi fort singulier, — fustier il était et fustier il resta.

Comme, dans le fond, il était brave homme, tout joueur qu'il était, il rendait service tant qu'il pouvait et faisait des heureux tant qu'il voulait. Tout pauvre venant lui faisait joie. Et comme, quand il n'y en avait plus, il y en avait encore, il avait la main trouée. Et quand il dissipait ainsi ses trésors, il riait, et goguenardait plus que pas un.

Et avec ça, pas moins, un jour vint la Mort, fagotant ses os dans un grand linceul blanc, car il faisait frisquet.

— Oh ! que je suis lasse ! dit-elle en arrivant.

Et elle s'assit sur le plot du fustier.

— Allons ! qu'elle dit, fais ton acte de contrition et ton paquet, car c'est ton heure, et je viens te quérir.

— Tu es bien pressée, la Camarde ! lui répond le charpentier, qui charpentait, tranquille comme Baptiste. Si tu es lasse, repose-toi.

— J'ai force ouvrage : faut que je parte.

Et la Mort veut se lever, et pour se lever, fait effort, mais pas mèche : elle est empeigée sur le plot, et se dépeiger ne peut. Elle tape du pied, et, si elle en avait, elle s'arracherait la bourre... De plus en plus se perforce-t-elle. Peine perdue !

— Eh ben ! maintenant, que faire ? dit-elle au fustier en grommelant. Et mon ouvrage ? J'ai tant d'ouvrage !

— Je t'ai domptée et je suis ton maître, dit le fustier... Si je n'étais pas bon enfant, ô laide Mort, tu passerais là belle vie !... Si, pas moins, tu veux, je te délivrerai, à condition...

— À condition ?...

— Que tu me laisses la paix cent ans, pour le moins. Veux-tu ?

— Nenni ! Tu m'en demandes trop !

— Ah ! quoi ? nenni ?... Eh ben ! si ça te plaît, restes-y ! Qui est bien, qu'il y reste.

Et le fustier riait... et goguenardait comme pas un.

À la parfin, la Mort lâcha, et ils tombèrent d'accord à cinquante ans.

Dépeigée, la Mort se leva, et ronchonnant, fusa comme un éclair, pour aller faire son ouvrage.

Et le bon charpentier d'aller au levage de ses charpentes, satisfait de son premier souhait, de sa pache avec l'Édentée et du voir-venir, et il laissa courir l'eau. Et de temps en temps le jeu lui profitait.

Quand vous êtes heureux, que rien ne vous manque et que vous ne languissez pas, cinquante ans sont tôt passés. Voilà que revient la Mort, fagotant ses os dans un grand linceul blanc :

— Ah ! hisse ! qu'elle lui fait. Cette fois, c'est tout de bon, et c'est l'heure !

— Te voilà encore, vieille Marque-mal ! dit le fustier. Qui te demande ? Ce n'est pas encore l'heure : manque d'une petite demi-heure (si mon coucou va bien).

Et la Mort, toujours en avance, attendant l'heure, admirait le grand figuier du fustier.

— Les belles figues ! qu'elle dit. Elles font le miel, et vous tirent aux yeux.

— À ton service, si tu en veux.

La Mort a toujours faim : elle monta donc sur le figuier. Ah ! qu'elle en avala !

La petite demi-heure prit fin, et la vieille Marquemal, comme un affreux oiseau de rapine sur la branche, d'en haut cria au fustier :

— Eh ben ! cet acte de contrition est-il fini, oui ou non ?

— Tu peux dévaler : je suis prêt, répond le fustier.

Et la Mort veut dévaler, mais elle est clavelée sur le figuier et ne peut se déclaveler. En vain elle s'éreinte en efforts.

Et le fustier de rire, et de goguenarder comme pas un.

— J'ai été, je suis et serai ton maître, fait-il. Si, pas moins tu veux, je te délivrerai, car je suis pitoyable. Je te déclavellerai, mais à condition...

— À condition ?...

— Que tu me laisses tranquille pour le moins cent cinquante ans. Veux-tu ?

La Mort et le fustier disputèrent assez, mais enfin tombèrent d'accord à cent ans. D'ici là, se dit le fustier, il en passera de l'eau au Rhône ! D'ailleurs, mes jambes tremblotent, et je sens que je me fais un tantinet vieillot.

La Mort dévala, et prit la poudre d'escampette, mordant ses doigts.

Les cent ans passèrent. La Mort arriva, trouva le fustier ecclené comme un vieux tonneau, bavant, branlant le chef et tout replié sur lui-même. Elle le saisit pendant qu'il sommeillait, le chargea sur son échine et l'emporta dans l'autre monde.

Quand ils sont devant la porte du paradis, elle décharge son fardeau sur le seuil et frappe. La porte s'ouvre :

— Tiens, Pierre, lui dit la Mort, en voici un qui a bien gagné votre paradis : il a vécu deux cents ans !

— Quel est ce tant patient ? dit le porte-clefs.

— Le brave fustier, répond celui-ci, qui, vous en souvient-il ? vous a donné la retirée, un jour que vous étiez tant las !

— Ah ! c'est toi, têtu ! toi qui, lorsque je te disais une fois, deux fois de demander ton salut, m'appelas vieux ronchonneur ? Tu n'as pas voulu ton salut, et tu veux à cette heure entrer dans le paradis ? Eh ben ! mon homme, va-t'en au diable !

— Pas moins, saint vénérable, j'ai fait du bien tant que j'ai pu et des heureux tant que j'ai voulu. J'ai été fidèle à ma pauvre femme tant qu'elle a été en vie, et mêmement après sa mort...

— Ils n'entrent pas ici, ceux qui paillardent avec la Dame de pique ! Nenni, tu n'entreras pas. Qui t'a apporté, qu'il te remporte.

Et la Mort, en riant, le charge encore sur son échine. Et vogue la galère !

Quand elle fut devant la porte du purgatoire, elle déchargea son faix sur le seuil et heurta.

— Qui est là ? dit une voix d'enrhumé.

Et la Mort de répondre :

— Ouvrez, c'est moi. Je suis la Mort ! Je vous apporte un pauvre fustier qui m'a donné grand souci. Il a vécu deux cents ans ! Une tant longue vie est presque un purgatoire ; mais comme il était joueur un tantinet...

— Les joueurs sont les enfants du diable, cria la voix. Qu'il aille au diable, le joueur !

Et la Mort, éclatant de rire, apporte et pose son faix sur le seuil de l'enfer.

Quand Cifer reconnut le fustier : — Holà ! est-ce toi, lui fit-il ? Je me languissais de te voir. Eh ben ! maintenant nous y voilà ! On va faire ton lit, et va, tu y seras à l'aise !

Alors, pitoyable, la Mort lui dit :

— Pas moins, faut pas trop souffler les gaviots. Il fut grand joueur, mais il faut, puis, être juste. Qui diable ne jouerait pas, s'il gagnait toujours ? D'ailleurs, il a été fidèle à sa femme tant qu'elle a été en vie...

— Et mêmement après sa mort. Je sais ça ! répliqua Cifer en sacrant et en faisant ronfler les *r* ! Mais, grand coquin de... sort ! il est mien, bien à moi ! Je l'ai, le tiens et le garde.

— Joueur ! fit le fustier, tremblant comme le roseau des étangs, c'est vrai ! Il y a longtemps de ça, je l'étais. Bien que je gagnasse toujours, je gagnais toujours honnêtement. Eh !... que voulez-vous ?...

Alors Cifer, le coupant :

— Toujours gagner ? dit-il et sans faire tort ? Ça ?... ça ne s'est jamais vu et ne se verra jamais...

— Excusez, fit le fustier. Si vous ne l'avez jamais vu, je vous le ferai voir, moi. Avez-vous des cartes ici ?

Et Cifer, qui, pour damner tant d'âmes, inventa les cartes ; Cifer, qui a toujours entretenu, irrité, envenimé la diabolique passion du jeu, qui d'un joueur fait un larron, — Cifer haussa les épaules :

— Pauvre innocent ! fit-il... tu ne veux pas que nous ayons des cartes ! C'est ici qu'il s'en est fait et que s'en conserve le moule... Eh bien ! tiens, allons ! jouons. Tu en apprendras que tu n'as jamais sues. Que jouons-nous ?

— Ici, balbutia le fustier, je n'ai plus rien... rien que ma pauvre âme, hélas ! Je vous la joue..., si ça peut vous faire plaisir.

Un démon, noir comme la poêle, apporte soudain un jeu de cartes, et le baille respectueusement au Roi des enfers. Les joueurs s'assoient, mêlent les cartes. Le fustier a la donne. Cifer coupe. A la première.

Et ils entament la partie.

La Mort les apinchait en ricanant, au milieu d'un vol de diables qui, le cœur battant, ouvrant des yeux enflammés, retenant leur flat, faisaient cercle autour des joueurs. Cifer et le fustier se serraient de près. Il y en avait pour tous deux...

Qui gagna ? — Le fustier !

Les diables, épouvantés, s'encafournèrent dans le gouffre embrasé. Et Cifer, en se levant :

— Cré nom de nom ! qu'il hurla... Mais qu'as-tu donc fait, prédestiné que tu es ! pour être ainsi l'ami de Dieu ?... Passe ton chemin, ô juste, et que jamais je ne te revoie !

Et la Mort ne riait plus ; et le temps de virer l'œil, elle emporta le fustier sur ses épaules à la porte du paradis, le déposa plan-plan sur le seuil, fit son bonsoir, et, rapide comme l'éclair, dévala sur terre, où, depuis quelque temps, personne ne trépassait plus. Et elle reprit tranquillement son ouvrage... Elle ne l'a plus quitté depuis.

Le fustier attendit quelque temps encore après que la Mort l'eut posé. Il avait beau heurter et prier : Pierre ne voulait entendre à rien.

Mais Jésus, à la parfin, ouït le dolent qui priait ; et comme il écoute toujours qui le prie, Notre Seigneur et Sauveur dit à Pierre :

— Pierre, mon ami, apaise-toi. Il fut joueur, j'en conviens, mais il a été fidèle à sa femme tant qu'elle fut en vie, et mêmement après sa mort ; il a fait des charités tant qu'il a pu... et il m'a prié. Adoncques, que devant lui s'ouvre toute grande la porte d'or du paradis, et que, par ma grâce et ma miséricorde, il entre dans l'éternelle gloire de Dieu.

Saint Pierre finit par s'apaiser, et ouvrit. Le fustier entra, éblouissant comme un soleil. Et le grand saint Joseph, patron des fustiers, vint au-devant du fustier charitable, pour lui souhaiter à jamais bonnes fêtes et lui faire une embrassée.

LE COQ

(Conte de ma mère-grand)

Il était une fois une poule. À sa dernière couvée, — tant il est vrai de dire qu'il ne faut jamais compter sur tous les œufs qu'on met sous les ailes de la couveuse, — elle ne fit éclore que sept poussins ; tous les autres œufs furent clairs ou couvis, et sur les sept qui vinrent à bien, il y eut six poulettes... et un petit coq : — c'est lui qui porta malheur à la couvée ! — à lui tout seul, il donna plus de peine et de souci à sa mère que toutes ses sœurettes ensemble.

À peine un brin de crête commençait à poindre sur sa tête, qu'il se dressa sur ses ergots et se serra les flancs pour crier ki-ki-ri-ki ; et quand, au moindre gloussement, ses sœurs obéissantes accouraient se serrer sous l'aile de la mère, lui, M. Poulet, courait la prétentaine, si bien qu'un jour il faillit tomber sous la griffe d'un gros chat noir. Il s'en tira par miracle, et en fut quitte (avertissement du ciel dont il ne sut point profiter) pour boiter légèrement. S'il avait été un brave petit poussin, le gros chat noir l'eût à coup sûr dévoré.

Un matin qu'il se battit avec les poulettes, il en éborgna trois et endommagea fort les autres. Sa mère l'appela pour lui faire une semonce, mais le mauvais petit garnement lui coupa la parole :

— Ki-ki-ri-ki ! lui cria-t-il. Ah ça, vois-tu, mère, ça m'ennuie, et je ne puis plus manger tes œufs durcis et ton petit-riz. Je veux m'en aller. Na !

— Tu veux t'en aller !... Et où veux-tu t'en aller, petit morveux ?

— Voir du pays.

— Du pays ! Voyez-vous ça ! fit la mère poule. C'est tout juste si ta crête commence à paraître, — si l'on peut appeler ça une crête ! Tu peux à peine digérer la pâtée de son, et les grains que je te trouve en picorant, et tu veux t'en aller ? Tu n'as pas de queue ; tes plumes ne sont encore que poils follets... Allons ! nigaudet, fais-toi grand et sage ; et quand tu auras toutes tes plumes, quand ta crête aura fini de pousser, alors, si tu veux t'en aller, eh bien ! tu partiras.

— Moi, je te dis que je veux m'en aller...

Un mois, deux mois passèrent ; et quand petit poulet fut devenu gros coq, quand sa queue retomba en longues plumes d'or, et qu'il eut une crête rouge comme du sang ; quand, finalement, son frêle ki-ki-ri-ki fut devenu un sonore et fier ka-ka-ra-ka, il s'en crut beaucoup plus que Maître-Mouche, — ce premier moutardier du pape !

— Cette fois-ci, la vieille ! cria-t-il à sa mère, c'est pour de bon, jour de Dieu ! Je pars.

— Mon enfant, lui dit sa mère, tu veux donc me laisser seule ?... Oui, je suis vieille... et malade !...

— Je veux voir du pays et faire fortune.

— Eh bien ! pars ; car, à la fin, tu m'assommes. Ah ! tenez, faites des coqs, pauvres poules !... ils ne sont pas

Partisanes (femmes des environs) au marché de Marseille.
Dessin de Jules Duvaux, d 'après Decamps (1857).

plus tôt sortis de leur coquille qu'ils veulent s'en aller. Et puis, parlez des enfants ! Tu t'en repentiras... Mais laisse-moi te donner quelques conseils, ingrat : garde-toi, si tu t'en vas, des ennemis que tu peux rencontrer en route, des mauvais compagnons, des lectures malsaines, des mauvaises maisons, des poulettes folâtres, eh ! que sais-je moi !... des joueurs, des cuisiniers, et surtout de saint Pierre. Je te contais la chose l'autre jour : il eut, dans le temps, de grosses raisons avec un de tes devanciers.

Ainsi parlait mère poule, et son galopin de fils ne l'écoutait pas !

Et il partit, oubliant, le malheureux ! de faire ses adieux à sa mère, qui en pleurant le regarda s'éloigner.

Et notre coq de marcher, de marcher pour voir du pays et faire fortune.

Quand il fut proche d'Avignon, il rencontra Seigneur le Vent hors d'haleine : il avait tant soufflé que, n'en pouvant plus, il allait rendre l'âme.

— Brave coq, lui dit Seigneur le Vent, le souffle va me manquer, tu le vois. J'ai soif : fais-moi, au nom de Dieu, la charité d'une goutte d'eau.

— De l'eau ?... Il y a de l'eau au Rhône, lui répondit notre vagabond, en lui lançant un railleur ka-ka-ra-ka !

Et de marcher ! de marcher !

Alors Seigneur le Vent, indigné d'une telle dureté de cœur, ne souffla mot ; mais se dit en lui-même, si jamais je le pince, il me le paiera !

Et le jeune routier voyait du pays, encore du pays ! mais... de fortune point !

Il cherchait comme il pouvait sa misérable vie : ici, près des paillers, dans les aires ; là, par les chaumes et les friches ; et, la nuit venue, blotti dans quelque vieux tronc de saule, il ne dormait que d'un œil, de peur que maître Renard ne vînt le réveiller avant l'heure.

Un matin aussi, après avoir fait un mauvais songe, dont il était encore tout inquiet, il rencontra Monseigneur le Feu, qui avait faim (il a toujours faim, Monseigneur le Feu), et qui, mourant d'épuisement, lui dit :

— Charitable coq, mon ami, aie pitié de moi ! J'ai faim. Je sens que je vais m'éteindre, si tu ne me fais pas, au nom de Dieu, la charité d'une poignée de paille !

— De la paille ?... Si tu veux de la paille, répond le mauvais drôle, va-t'en au mas de mon maître : il n'en manque pas dans la crèche de l'âne. Va manger de la paille, mon bon ! et grand bien ça te fasse !

Là-dessus, il lui tourne le dos, en chantant ka-ka-ra-ka !

Alors, Monseigneur le Feu, rougissant de s'entendre plaisanter de la sorte par ce petit vaurien : « Toi, pensa-t-il, je te ferai ton compte quelque jour, et il n'y manquera pas un sou ! Oh ! ce polisson ! »

C'est ainsi qu'allant, venant, clopinant d'un pays à l'autre, et souventes fois pâtissant et regrettant la pâtée de son et les œufs durcis de son mas, il se trouva — pour son malheur ! — devant l'église de Saint-

Pierre, éblouissante de candélabres d'or et de la lumière étoilée des cierges, et tout embaumée d'encens. L'orgue chantait et soupirait doucement, tous les fronts étaient baissés : c'était l'Élévation ! saint Pierre, lui-même ! disait la messe !

Notre coq — ah ! folle tête de jouvenceau malappris et mal embouché ! — entre en tapinois dans l'église, se faufile dans un coin, et, de toutes ses forces, fait éclater un formidable ka-ka-ra-ka ! puis s'esquive vite, vite !

Grand fut le scandale ! On ouït un long murmure. Les fidèles se retournaient et chuchotaient entre eux. Ah ! malheureux, si l'on t'avait pris ! L'insolent ! Se permettre dans l'église un tel carnaval ! Le calice faillit tomber des mains du vieux prêtre, qui eut grand-peine à achever la messe. Ce maudit ka-ka-ra-ka — pensez donc ! — était venu lui remettre devant les yeux l'horrible péché de sa vie ; et, pour un peu, l'affront qu'il venait de recevoir lui aurait fait croire que le bon Dieu ne lui avait pas encore pardonné son reniement.

Pourtant, messe dite, — un peu emporté, comme de coutume, — le grand saint Pierre voulut punir le coupable.

Le coupable, pressentant bien qu'on allait lui donner la chasse comme à un larron, avait couru se cacher dans l'écurie d'une auberge, où, un instant après, vint le cuisinier plumer une poule. Pas plus gros qu'un pois, notre ka-ka-ra-ka se pelotonna derrière une trousse de foin. Le cuisinier s'en avisa, le saisit, ouvrit son couteau, et...

— Pitié ! lui crie alors le malheureux. Je suis innocent... J'ai perdu ma mère, et je la cherche ! Il faut me juger avant de me tuer. Prenez pour juge qui vous voudrez, et vous me condamnerez, si je suis en faute.

Le cuisinier, voyant que le vagabond cherche à gagner du temps, n'en veut point perdre : il ferme son couteau, ouvre la porte...

Et à pleine porte, entre soudain comme un follet Seigneur le Vent, qu'une bonne pluie venait de ranimer.

— À mort ! dit Seigneur le Vent, à mort l'effronté qui, l'autre soir, me voyant près de rendre l'âme, m'a refusé une goutte d'eau, et s'est moqué de moi.

— À mort ! s'écria Monseigneur le Feu, que l'hôtesse venait d'attiser ; à mort l'impudent malappris qui me renvoya insolemment à la crèche de l'âne, quand, au nom de Dieu, je lui demandais la charité d'une poignée de paille. Ce va-nu-pieds !

Le cuisinier allait rouvrir son couteau, lorsque entra, tout suant et faisant sonner les clefs pendues à sa ceinture, un vénérable vieillard, belle tête chauve et crâne luisant, barbe tombant en longues mèches blanches.

— Voici mon sauveur ! se dit le patient tout tremblant.

— Voilà le misérable ! dit saint Pierre, — car c'était bien lui ! — dont le chant impie, dans l'église et devant tout le monde, m'a fait rougir jusqu'au blanc des yeux. L'affront a été si sanglant que je n'osais plus, encore un peu, me retourner pour bénir le peuple : je ne l'avais que trop entendu rire de ma faute et de ma confusion ! Or donc, que le coupable soit puni.

Toi, cuisinier, bourreau de coqs, saigne-le, plume-le, et que la broche vire !

Toi, Feu, rôtis-le !

Et moi, Pierre, je m'en vais le planter, lui et sa broche, à la belle cime de mon clocher, afin que là, désormais, il serve d'exemple aux coqs orgueilleux, galopins et mécréants.

Et toi, Seigneur Vent, — que tu viennes du septentrion ou du midi, de l'orient ou de l'occident, — souffle ! souffle ! Secoue-le ! harcèle-le ! fais-en ton jouet, et qu'il grince et geigne sans trêve, aujourd'hui, demain et dans les siècles des siècles !

Ainsi dit, ainsi fait.

Pauvre coq !... — Imbécile ! que n'écoutais-tu ta mère !

Et saint Pierre disparut comme une fumée.

Et voilà d'où vient, nous disait ma mère-grand, que tant de coqs geignent et grincent sur la boule de tant de clochers !

LA VERGE D'OSIER

— Chers petits ! nous disait un soir ma pauvre mère-grand (ah ! si je notais par écrit tout ce qu'elle nous racontait, l'aimable livre que je ferais !) Mes enfants ! vous ignorez pourquoi l'homme bat la femme, pourquoi le chien saute sur le loup ? Vous ne le savez pas ? Eh ! bien, prêtez-moi vos ouïes : je vais vous le dire en douceur.

Quand le bon Dieu, — oui, bon, mais juste, — eut expulsé du paradis notre père Adam et notre mère Ève, coupables de désobéissance, et quand arriva le jour de l'an, Ève fut sur pied dès l'aurore pour souhaiter la bonne année à son homme et lui demander ses étrennes. Elle le réveilla, et lui dit :

— Adam, mon petit chéri, bonne année ! bien nourrie ! bien accompagnée !... Mes étrennes !...

— Ah ! c'est toi ! fit Adam... Tu seras donc toujours la même ? Pourquoi ne pas me laisser faire encore un somme ? Tu es bien pressée ! Avant tout, ma belle, nous devons aller saluer le bon Dieu... sinon, il se fâcherait encore.

— Tu as raison, répond notre mère Ève ; je n'y songeais pas. Saluons d'abord le bon Dieu ; sans quoi, il se fâcherait encore.

Malgré l'heure matinale et son envie de dormir, Adam se leva en bâillant. Ils s'habillèrent tous deux autrement qu'en paradis, et, se tenant par la main, ils allèrent à la rencontre du bon Dieu.

— Beau Seigneur Dieu ! lui dirent-ils, bonne année ! bien nourrie ! bien accompagnée !...

Après quoi ils l'adorèrent.

— Voilà qui est bien, mes enfants ! répliqua le bon Dieu... Faites-le bien, et laissez dire.

Et notre souverain Maître, qui veut être adoré, fut si content de leur hommage, qu'il donna à Adam, pour ses étrennes, une verge... oh ! mais une verge divine ! Vous allez voir.

— Tiens, Adam ! lui dit-il, voici une verge, cueillie dans le jardin de délices, que vous avez perdu par votre faute, malheureux que vous êtes ! Je l'ai coupée tout exprès pour toi, qui es et dois rester maître au logis. Toi seul t'en serviras, selon ton bon plaisir. Et toi, Ève, écoute bien ce que je vais te dire... Tu la regarderas tant que tu voudras, mais sans y toucher, entendons-nous bien ! Adam, mon pauvre patient, toutes les fois que tu frapperas de cette verge, dans une bonne intention, quelqu'un ou quelque chose, tu en verras immédiatement sortir un objet agréable et bon. C'est moi qui te le dis !

Adam reçut avec reconnaissance, de la belle main du bon Dieu, les précieuses étrennes ; mari et femme, respectueusement inclinés, dirent avec ensemble :

— Merci !

— Adieu, mes enfants ! dit alors le Seigneur.

Et il disparaît.

— À vous seul, Seigneur Dieu, honneur et gloire !

Et ils s'en retournent.

À présent, me direz-vous, quelle fut la première bonne intention de notre brave aïeul ? Je vous le donne en mille !... Ce fut de battre sa femme ! Et vous allez voir s'il eut raison.

Ève voulait la verge ; elle voulait — ô l'incorrigible ! — l'essayer, et savoir si le bon Dieu avait parlé sérieusement ou pour rire. Elle la voulait *mordicus*...

Adam se garda bien de la lui prêter... Oh ! pour cette fois, non ! c'eût été trop fort ou trop faible !

— Et moi, je la veux !

— Et tu ne l'auras pas !... Et de plus, tu m'ennuies.

— Je te dis que je l'aurai.

— Non !

— Si, grand nigaud !

— Ah ! serpent, tu la veux ?... Eh ! bien, tu l'auras !... Voilà pour toi, mangeuse de pommes !

Et v'lan ! et pif ! et paf ! sur les blanches épaules.

— Aïe ! aïe ! aïe !... Miséricorde ! mes pauvres épaules... Brutal ! ruste ! manant ! tu me le paieras !

— Voilà tes étrennes ! dit Adam.

Mais, ô surprise ! voici que de ces épaules, rudement époussetées, sort... une brebis ! une brebis superbe, vive, laine épaisse et blanche comme la neige... et elle bêlait, bêlait de la façon la plus caressante.

— Oh ! oh ! ma femme ! dit Adam épaté, la jolie brebis ! Vraiment c'est à me donner envie de recommencer... Ô verge bénie !... Ça va bien !... Ne pleure plus, ma belle ! la brebis fera des agneaux ; elle nous donnera de la laine blanche pour notre lit, qui sera mollet ; nous aurons du lait, et, si nous avons avec cela des œufs, quel régal !

Pour lors, Adam, toujours en méfiance, — patriarche échaudé craint l'eau froide, — va cacher la verge.

Ève, consolée, oubliait la bourrasque en caressant la brebis, qui lui disait gentiment : *Mè ! Mè !* et venait manger dans sa main.

— Heureux, mon mari ! se disait-elle, oui, bien heureux !...

Rien que pour avoir à son bon plaisir et sous la main une verge miraculeuse comme celle-là, elle eût donné sans regret tout l'or fin, ruisselant, éblouissant, de sa magnifique chevelure.

Peu s'en fallut qu'elle n'allât, seule et en cachette, trouver le bon Dieu, pour avoir, elle aussi, ses étrennes. Car enfin, — il n'y a pas à dire, — la pauvrette n'avait pas fait ses frais ; le Seigneur, en ne lui donnant rien, avait sous-entendu un assez mauvais compliment. — Mais non ! se dit-elle, il n'y faut pas aller. Le jour des étrennes est passé. D'ailleurs, m'est avis que le bon Dieu se souvient, hélas ! de cette pomme fatale, abominable, exécrable... et pourtant excellente !

Nuit et jour, Ève songe au présent divin ; pour que son homme se décide à la lui prêter un moment, elle le caresse, le cajole, avec du miel sur les lèvres et dans les yeux. — Adam ! mon petit Adam ! — Elle lui passa la main dans les cheveux, sa main si douce ! — Non ! non ! répond Adam ; crois-tu donc que je me laisse mener par le nez ? — Eh bien ! par le menton, — murmure l'aïeule du marquis de Bièvre... Oh ! qu'elle est fine ! qu'elle a le parler doux !... Et comme elle est déjà... ce que seront un jour ses filles !

Adam se laisse caresser et la laisse dire ; mais de verge, point ! Que diable ! on est homme ou on ne l'est pas ! — et tout porte à croire que notre père Adam était homme.

Ève, pourtant (oh ! les femmes ! le diable furète pour elles !), Ève ne tarda pas à deviner l'endroit où Adam cachait prudemment son trésor.

Un jour que son malheureux époux — sa victime ! — travaillait et gagnait sa vie à la sueur de son front, elle attrapa la verge. — Ah ! dit-elle toute joyeuse, je l'ai, je la tiens... qu'on y touche !... Impatiente de voir ce qu'elle fera sortir de la terre, elle dirige de son mieux son intention, et tape sur le sol à tour de bras.

Aussitôt sort... une fraîche giroflée d'une odeur suave... Allons donc, une giroflée !... il sort un loup !... Et qu'aurait-on vu sortir, grand Dieu ! si l'intention n'avait pas été bonne ! Oui, vous dis-je, un loup énorme, furibond, la flamme aux yeux, l'écume à la gueule, hurlant, montrant les dents, battant l'air de sa queue !... Ah ! pauvre brebis !

Ève crie : Adam accourt, voit la catastrophe, ramasse la verge tombée des mains d'Ève épouvantée. — Ah ! c'est ainsi que tu oublies la parole divine : Eh bien ! attends !

Et, redoublant de bonnes intentions, il redouble aussi de vigueur verbérante... Pan ! pan ! v'lan ! sur le dos de sa femme ! Pour la faire danser, pas n'eut besoin de flûte ou de violon.

Ô prodige ! et que vous dirai-je ? D'où était sortie la brebis blanche, sort un chien, un gros chien de Camargue (heureusement !). Il aboie, s'élance, sauve la brebis, court après le loup ; le loup s'enfuit, et tous deux de courir, et de courir si bien qu'ils courent encore.

— Et voilà, chers enfants, disait ma pauvre grand-mère, voilà pourquoi l'homme a l'habitude de battre sa femme, le loup de sauter sur la brebis, et le chien sur le loup.

LE GROS POISSON

Un Martegau[1] venait tous les jours à Marseille pour les affaires qu'il avait ; et tous les soirs, quand il était de retour aux Martigues, ses voisins venaient :

— Eh bien ! Genèsi, qu'y a-t-il de neuf à Marseille ?

Et le bon Genèsi racontait, de fil en aiguille, tout ce qui était arrivé de neuf dans la capitale du Midi.

Un jour surtout, le bon Genèsi n'ayant rien à dire de neuf à ses finauds compatriotes, et s'attendant

1. Habitant des Martigues (Bouches-du-Rhône).

cependant, comme toujours, à la question ordinaire, se dit en lui-même : « Oh ! pour cette fois, il faut que je leur en fasse une, à ces farceurs, une, ma foi de Dieu, qui éclate. »

Voilà qui va bien.

Il arrive sur le tard aux Martigues et du plus loin qu'ils le voient :

— Eh bien ! Genèsi, qu'y a-t-il de neuf à Marseille ? lui crient les Martegaux.

— Ah ! mes pauvres, fait Genèsi, je vous en vais dire une aujourd'hui qui peut compter pour deux. Ah ! mes bons, vé, si je ne l'avais vu, l'ase me quille, si je l'aurais cru.

Et tout d'un temps, comme si le trompetteur avait passé par la ville, tous, femmes et hommes, enfants et vieillards, viennent autour de lui et le conteur entame le plan qu'il avait tiré :

— Vous saurez, dit-il, Martegaux, que ce matin est arrivé en rade de Marseille, un poisson, mais un poisson si gros, si gaillard et si long, que sa tête est amarrée dans le port et que la queue va toucher le château d'If. Oh ! croyez-le ou ne le croyez pas, ce poisson prodigieux s'est embarrassé la tête entre le fort Saint-Jean et le fort Saint-Nicolas et tout Marseille est monté en haut de Notre-Dame-de-la-Garde pour voir comment les pêcheurs feront pour le retirer de là.

Les Martegaux, pécaïre ! avalèrent ça comme miel et, ni que vaut ni que coûte[1] : « Allons ! zou ! par-

1. Sans se demander ce que vaut le récit.

tons ! » Et sans songer qu'il allait être nuit, femme, homme, fille, vieux, enfant, tout part pour Marseille comme s'ils allaient à la noce.

Genèsi, lui, le fin tireur de bourdes, était sur une hauteur pour les voir passer, et se crevait de rire... Pas moins, en voyant que tout le monde partait (sauf les malades) :

— Oh ! tron de nom d'un laire ! se dit-il, tout ébaubi, voilà tous les Martegaux qui filent ; faut que ce soit vrai.

Là-dessus, il noue les cordons de ses souliers et se met à courir de toutes ses forces pour rattraper les autres, et marche avec eux pour Marseille.

ES O CAMBIO QUE T'ESPERO

Une fois — c'était à la fin de l'été, au moment où les jours diminuent de longueur, et où, cependant, il fait encore chaud, — les poissonnières étaient à la fin de leur vente et cherchaient à se débarrasser à tout prix de leur poisson, qui menaçait d'être avarié avant le lendemain.

Or, un pauvre diable d'étameur napolitain vint à la poissonnerie pour acheter son souper, et il s'approcha humblement d'une revendeuse pour lui marchander du poisson.

Au lieu de lui laisser une modeste petite friture pour quelques sous — ce qui eût été dans les prix ordinaires — la marchande eut la mauvaise pensée d'exploiter l'inexpérience du pauvre diable en matière de fraîcheur du poisson et du prix qu'on peut y mettre raisonnablement ; de sorte qu'elle choisit un lot de pièces avariées et lui en demanda une somme relativement élevée.

L'étameur, très gêné, essaya de marchander ; il comptait et recomptait d'un air indécis les quelques sous de cuivre qu'il avait dans les mains. Mais la marchande ne voulut pas démordre de ses prétentions, de sorte qu'elle exigeait la sortie d'une pièce blanche.

Le combat qui se livrait dans l'esprit de l'acheteur était visible, et la marchande le suivait d'un œil d'observation malveillante, lorsqu'enfin l'étameur parut prendre une décision définitive. Après de longues hésitations, il sortit une vieille bourse de cuir, en tira une pièce de cinq francs d'argent, et la tendit à la marchande. Celle-ci, persuadée qu'elle avait réussi à tromper son client, se hâta de la changer et de lui en rendre la monnaie, après s'être payée grassement de son poisson avarié.

Le marché terminé, notre homme s'en alla ; la marchande l'accompagna de mille lardons qu'elle disait à mots couverts, pensant que l'étameur ne comprenait pas la portée de ses paroles. Mais à chaque plaisanterie, qui avait d'ailleurs le don de faire rire aux éclats les voisines, notre homme répondait entre ses dents d'un air sournois : « *Es o cambio que t'espero !* — C'est au change que je t'attends ! »

En effet, le lendemain matin, notre marchande, qui avait bien ri du bon tour qu'elle croyait avoir joué à un naïf, sortit sa pièce blanche pour la montrer triomphalement à ses voisines et constata avec une douloureuse stupéfaction qu'elle était fausse.

On devine que les rieuses ne furent plus de son côté ; et elle comprit alors, à ses dépens, la portée de ces paroles jusque-là incomprises par elle : « *Es o cambio que t'espero !* »

LA PLUIE DE MACARONIS

Il y avait, une fois, un Mentonnais qui demeurait rue du Palmier. Il s'appelait Bartoumé[1] et avait une femme idiote qui faisait son désespoir. Chaque matin, Bartoumé, avant de partir pour le travail, recommandait à sa femme de ne pas faire de sottises. Tous les samedis il mettait dans une armoire percée dans le mur le gain de la semaine. « Pour qui tout cet argent ? » demandait la femme au mari. — C'est pour *Madjou-long*[2] », répondait Bartoumé. Un jour, Bartoumé partit pour sa campagne ; il devait y rester deux

1. Barthélemy.

2. Long mai. Pendant ce mois à Menton le travail, et conséquemment l'argent, manque, ainsi il paraît très long.

ou trois jours pour soigner et arroser ses citronniers. La femme restée seule s'était assise sur le seuil et tricotait. Tout à coup elle vit un homme de haute taille. La femme de Bartoumé le regarda attentivement, puis prise d'une idée subite, elle lui dit : « Bel homme, est-ce que vous êtes *Madjou-long ?* » L'homme, flairant une aventure, lui répondit : « Oui, belle femme, mais pourquoi cette demande ? — Alors, entrez vite. Il y a longtemps que mon mari a mis de l'argent de côté pour vous ! » Et elle lui remit le mouchoir où il était noué. L'homme remercia et s'empressa de déguerpir au plus vite. Vers le soir, le mari arrive, sa femme lui dit : « Sais-tu, j'ai vu aujourd'hui *Madjou-long ?* » Le mari s'écria : « Malheureuse ; elle m'en a fait encore quelqu'une ! » Il court à l'armoire ; le mouchoir avec son contenu n'était plus là ! N'y tenant plus, il se décida à se défaire de sa femme. Le lendemain, pendant qu'elle dormait, il lui couvrit les yeux avec de la poix de cordonnier ; puis, la prenant par la main il la conduisit près du Cap Martin. Arrivés là, Bartoumé fit monter sa femme sur un noyer et l'abandonna. La pauvre aveuglée ne savait ni où elle était ni ce qu'elle faisait. Tout à coup deux voleurs vinrent s'asseoir sous le noyer après avoir allumé quelques branches sèches pour se réchauffer. Ils se mirent à compter leur argent. La chaleur fit fondre la poix qui couvrait l'œil droit de la femme et celle-ci de s'écrier : « Et d'un ! » Les voleurs se levèrent d'un même mouvement : « Qu'est ceci, dit l'un ? — Un *matagan* », fit l'autre ! La chaleur, continuant à faire son effet, dégagea l'œil gauche : « Et de deux », dit la voix ! Sur le coup les voleurs détalèrent laissant leur argent et leur butin sur l'herbe. Pendant ce temps, la femme y voyant bien clair, descendit de l'arbre et apercevant l'or qui était éparpillé sur l'herbe, le ramassa, puis s'achemina vers la maison. Son mari était chez lui, assis près de l'âtre, il fumait sa pipe avec béatitude. Tout à coup : « Bartoumé !... Ouvre, c'est moi ! — *Vaï aou Diaou !* (Va-t'en au diable) s'écria-t-il furieux, la voilà qui revient ! Je croyais m'en être débarrassé. » Toutefois comme la femme frappait à coups redoublés, le mari ouvrit. « Voilà ce que je t'apporte », dit-elle, et elle montra les sacs d'or. Bartoumé la fit entrer et se mit à compter l'argent et à réfléchir : « Elle est idiote, elle dira bientôt à toute la ville l'histoire de la forêt ; il faut à tout prix que je rende sa langue inutile. » Il ferma la porte et sortit. Il faisait noir dans la rue, néanmoins il s'achemina vers une boutique où il acheta pour plus de dix kilogrammes de macaronis. Il rentra chez lui et envoya sa femme dormir. Pendant qu'elle dormait Bartoumé fit bouillir les macaronis ; puis les éparpilla sur les arbres de son jardin. Le lendemain sa femme s'éveillant se mit à la fenêtre. « Oh, Bartoumé, viens donc voir ! Il a plu des macaronis ! » Le mari répond : « Tu m'en contes ! Ah, par exemple !... tiens... c'est vrai ! » À quelque temps de là, comme il l'avait bien pensé, sa femme raconta à tous que son mari ne la battait plus parce qu'elle lui avait apporté des sacs pleins de pièces d'or. Le juge ayant entendu parler de l'affaire envoya chercher le mari qui dut paraître devant le tribunal ; sa femme étant appelée comme témoin. « Vous êtes accusé de receler de l'argent qui ne vous appartient pas ! — Moi ! *Chou Giugé*[1], je suis un pauvre homme qui travaille ! » Et sa femme de s'écrier : « Tu sais bien que c'est vrai ! je t'ai apporté moi-même, cet argent que j'ai trouvé dans la forêt ! — Allons mon brave homme, avouez, dit le juge. — Et quand me l'as-tu apporté, s'exclama le mari furieux, je vous jure que ma femme est folle ! — Et tu sais bien, le jour qu'il a plu des macaronis ! — *Chou Giugé,* dit le mari, avez-vous jamais vu pleuvoir des macaronis ! — Non, mon ami, dit le juge en riant ; allons, allons, je vois bien que votre femme est folle. Vous êtes acquitté. » Bartoumé se retira en emmenant sa femme. Il n'y eut plus de dispute entre eux et ils vécurent heureux pendant de longues années.

LOU CABANOUN

Sous le règne du grand Louis XIV, quand on agrandit la grande voie romaine qui conduit de Rome à Paris, le chemin formait un coude en face de la Bégude.

---

1. Monsieur le juge.

De l'autre côté, en bordure du chemin, le vieux Mérinjane, un homme d'environ soixante-dix ans, crédule, simple et bon comme l'étaient nos pères, avait dans un jardin grand comme un mouchoir de poche, un cabanon de sept rangées de tuiles.

Bien que le jardin fût tout petit, il était sa consolation, ses amours, ses délices, et son cabanon de sept rangées de tuiles, son refuge.

Comme vous voyez, son nid était modeste ; pourtant les jours du bon vieux s'y écoulaient limpides, dans le soleil et dans la paix.

Je ne sais pourquoi les gens du tracé décidèrent de passer dans le jardin et de démolir le cabanon, quand ils n'avaient qu'à rogner un coin de bois pour ménager la chèvre et le chou. Il est vrai de dire qu'ils promettaient de le payer « tin-tin », rubis sur l'ongle, au su de tous.

Quand le pauvre vieux sut qu'on rognait son jardin et qu'on faisait une brèche à sa maison, ah malheur ! le saint homme en perdit le sommeil et contait à tous son infortune.

Les gens de son âge compatirent à sa douleur, mais les jeunes gens s'en moquèrent tellement que l'un d'eux, babillard sempiternel, qui aurait fait des niches au bon Dieu, l'envoya chez le roi à Paris, en lui disant : « Qui veut de bonne eau, aille à la bonne source. » Le roi est juste, grand et bon, et quand il saura point par point ce qui vous arrive, il donnera des ordres et on ne vous ennuiera plus.

En tout temps, la vieillesse et le besoin ont été crédules ; aussi le pauvre Mérinjane partit pour Paris.

Il lui arriva, vous dirai-je, bien des mésaventures en chemin, mais tant bien que mal, le voici devant le palais du roi, regardant partout, afin de savoir quelle est la bonne porte pour entrer.

À la fin, quand il eut assez regardé, il s'avance vers la plus grande porte, se mouche, fait tomber la boue de ses gros souliers, lisse son habit, et frappe avec le marteau qui retentit longuement.

À ce bruit, le Suisse de garde qui lui tournait le dos vient droit à lui et lui demande ce qu'il veut.

Mérinjane en le voyant démesurément long sur ses jambes grêles, tout chamarré d'or et d'argent, le prit pour maître Louis. Il lui dit :

« Excusez-moi si je me trompe, monsieur le Roi, je voudrais vous dire quelque chose. »

Le Suisse le regarde, ne comprend pas ce qu'il lui dit et le croit simple d'esprit. Il veut le faire partir ; Mérinjane réplique ; le garde s'irrite, ils se bousculent, le vieillard gesticule et crie comme un portefaix sur la place de l'Horloge[1].

Le roi sortait de table et venait sur le balcon profiter de l'air et de la vue en fumant son cigare. Il les vit s'empoigner ; il entend le vieillard parler la langue pleine de vie de la Provence et, comme ce roi de France aimait le Midi, il fait signe de le laisser entrer. Aussitôt et comme par enchantement toutes les portes s'ouvrent. Devant le vieux ébahi, apparaissent les grands corridors, avec fleurs et guéridons, et le bel

1. Place principale à Avignon.

escalier de marbre s'élevant large et majestueux. Ce fut bien autre chose quand il entra dans le grand salon où, en cercle charmant, nobles seigneurs et grandes dames resplendissaient au milieu de la soie, de l'or et des miroirs. Du coup le bon vieux en eut des éblouissements et resta stupéfait. Cependant, tant bien que mal il fit la révérence, ôta son chapeau qu'il garda près de la tête, et tout intimidé dit :

— Bonjour à toute la compagnie, Monsieur le Roi n'y est pas ?

— Si, répondit le roi, grand et beau de désinvolture. Que voulez-vous, brave homme, et que vous arrive-t-il donc pour venir de si loin ?

— Oh ! vous êtes bien bon, Monsieur. Excusez-moi, je suis ahuri de voir tant de belles choses : chez nous, il y a pas mal de belles maisons : celle de M. le médecin, qui est propre comme un sou neuf ; celles de M. le prieur, qui sont blanchies deux fois par an ; puis le château de M. le comte, où les chaises sont en soie et où les meubles brillent comme des cuivres. Ce n'est rien en comparaison de la vôtre, car, sans flatterie, vous êtes logé, Monsieur le Roi, comme un petit prince.

— Oui, oui, dit le roi en riant, mais tu ne m'as pas encore dit ce que tu viens faire.

— Ô mon Dieu ! c'est vrai. Pardon, j'oubliais, vous parlez si bien que je vous écouterais tout le jour sans manger. Je suis Mérinjane du Cabanon ; je demeure à la Bégude, et comme vous savez, Monsieur, je ne suis pas riche, et je n'ai pour tout bien au soleil qu'un coin de jardin et sept rangées de tuiles pour abri, économisés, je vous dirai, sou par sou, à force de temps, de soleil et de privations. Petit jardin que j'ai fécondé de ma sueur, et qu'on veut me prendre aujourd'hui, à mon âge, à deux doigts de la tombe, quand je n'ai plus qu'à rendre le dernier soupir. Et voilà que votre arpenteur de chemin, ce méchant drôle qui depuis qu'il se voit quatre poils au menton se croit plus que Maître Mouche[1], a décidé de faire passer le chemin de mon côté, et sans même savoir pourquoi. S'il ne faut pas être borné comme les remparts de Toulon et têtu comme un âne rouge ! Une supposition, tenez, Monsieur le Roi, vous qui êtes un homme intelligent, figurez-vous que cette belle dame, assise là sur sa grande chaise, soit mon jardin, et vous, Monsieur le Roi, qui êtes devant, vous soyez la terre en friche qui lui fait face, que moi avec monsieur qui est ici soyons les deux bouts du chemin, eh bien ! je vous demande s'il est nécessaire pour nous faire rencontrer et rendre le chemin droit comme un i, d'aller piétiner la robe de madame ?

— Ah ! certes non ! dit le roi, qui pouffait de rire en voyant les autres qui se tenaient les côtes. Va, mon brave Mérinjane, cela suffit ; tu peux retourner et dormir tranquille, j'écrirai à qui de droit et l'on ne te touchera rien.

— Grand merci, Monsieur le Roi, on me l'avait bien dit que vous étiez un brave homme, mais à présent je le vois ; tout de même si vous aviez besoin de moi, à

1. Le Diable. *Cf.* Rabelais.

n'importe quel moment, de jour et de nuit, ne vous gênez pas, je suis à votre service. Je ne vous en dis pas plus, allons, au plaisir de se revoir.

Et comme il se retourne pour gagner la porte, il se heurte au Dauphin qui jouait aux billes.

— Prends garde, mignon, que je ne te fasse pas mal. Oh ! le gentil garçon que vous avez, s'écrie-t-il en le voyant si joli, est-il à vous, Monsieur ?

— Oui, lui répond le roi.

— Le bon Dieu vous le conserve.

Et des deux doigts, il lui tapote doucement les deux joues, envoie la main à la poche et lui dit :

— Tiens, mon beau, voilà un sou pour acheter des poires bouillies.

MONSIEUR COUMBESCURE

Au temps où les vice-légats la faisaient *couler si douce* aux Avignonnais, alors que, pour quelques sous, les Avignonnaises rapportaient de la place Pie leurs cabas pleins à crever, il y avait en Avignon, pas bien loin de la petite place du Change, un marchand d'ornements d'église qui s'appelait M. Coumbescure.

Pas n'est besoin d'affirmer que ce M. Coumbescure était un excellent chrétien ; mais il est bon de savoir qu'il était fort parcimonieux, ce qui le faisait traiter de

Marseille, 1835.

gros avare par les mauvaises langues. Il ne jetait pas son lard aux chiens, non, certes ! il préférait le garder pour lui. Il faisait bonne vie, était grassouillet, replet et fort bien jambé. Un peu sournois et *frayant seul*, il ne connaissait que son magasin et les prêtres qui le fréquentaient, n'en sortant que pour entrer à l'église, fêtes et dimanches, quand frappait le dernier coup de la messe ou des vêpres.

Veuf et sans enfants, il avait pour unique compagnon un petit chien-loup tout malingre, qui, le jour, aboyait aux mendiants, et la nuit, aux voleurs, si besoin était. Si le chien n'était pas gras, M. Coumbescure avait de la chair sur les os, et plus de graisse sur la chair que d'esprit dans la tête. Pourtant son petit train-train allait à merveille ; il savait faire ses comptes et mettait jaunets sur jaunets. Il n'est pas nécessaire de savoir le latin ni de voir à travers les murailles pour vendre dix écus ce qui en coûte cinq. Le tout est d'avoir de la pratique.

En Avignon, il y avait aussi, en ce temps-là, — temps de bénédiction et qu'on doit regretter, temps où les gens vivaient dans la joie, — il y avait un joyeux plaisant, si fameux et d'un tel renom qu'on parle et qu'on parlera encore longtemps de ses mystifications et des bonnes farces auxquelles il se livrait. On le nommait Maître Alary — je vous en ai parlé. Un vieux vient de mourir qui l'avait connu. Il me plaît aujourd'hui de vous conter le tour qu'il joua, un beau lundi de Pentecôte, à M. Coumbescure.

Il alla le trouver, après la messe de onze heures, et lui dit :

— Monsieur Coumbescure, vous ne me connaissez peut-être pas ? Nous sommes pourtant un peu cousins, du côté de ma femme.

— Il me semble, en effet, vous reconnaître... Ne seriez-vous pas... de Barbentane ?

— Précisément... Jacques Tavel, propriétaire. Il faudra me servir en ami.

— En parent, cousin... Voyons ! qu'y a-t-il pour votre service ?

— Il y a... que j'ai un neveu. Il a pris la soutane, et vienne la Trinité, — c'est dans quelques jours, — il dira sa première messe. Quel jour mémorable pour lui ! Et quel brave enfant nous avons là, cousin ! Je voudrais lui faire un présent. Je ne regarderai pas à la somme. Si nous tombons d'accord, comme j'espère, j'aurai l'argent au bout des doigts, et, — vous pouvez m'en croire, — il ne vous manquera pas un sou.

— Oh !... mon cousin ! fit M. Coumbescure, avec un joli sourire de marchand sur les lèvres. Eh ! que voudriez-vous de beau ?

— Je voudrais lui donner tout ce qu'il faut à un prêtre pour dire la messe, tout, moins le missel, le calice et les burettes.

— Je comprends, mon cousin, répondit M. Coumbescure, que l'espoir d'un gros bénéfice alléchait... Je comprends ! Il vous faut une aube, une étole, une chasuble et le manipule. Grâce à Dieu, cousin, vous aurez du choix... Je viens justement de recevoir de Lyon... Vous allez voir ça !

Et notre homme, âpre au gain, l'eau à la bouche, ouvre ses armoires et ses longs tiroirs, et, délicatement, il étale le long de son comptoir ce qu'il a de plus riche et de mieux ouvragé : des aubes, qui faisaient plaisir à voir, avec de fines dentelles sur les manches, jusqu'aux coudes, et, par le bas, jusqu'aux genoux ; et des étoles, et de grandes chapes, et des chasubles brodées par des mains de fée, avec de beaux grains de raisins d'or, et de superbes épis d'or ; le tout étincelant, éblouissant, et digne finalement de resplendir sur l'échine d'un archevêque. Il y avait de quoi rester bouche béante.

— Ah ! par exemple, cousin, voilà qui est superbe, flambant neuf et riche ! fit Maître Alary, fasciné. Je ne croyais pas qu'en Avignon, on pût faire emplette d'ornements aussi pompeux. Vous êtes somptueusement assorti et approvisionné. Je vous en fais tous mes compliments, cousin. Le tout est, voyez-vous, que vous soyez raisonnable, et surtout que les objets soient à la taille de notre tonsuré. Je n'ai point sa mesure, et ne peux la lui prendre, car c'est une surprise que je veux lui faire.

— Vous avez raison, cousin... On s'en passera. Ça ne colle pas, ces ornements ! Dites-moi, est-il grand, est-il petit, est-il gros, le cousin, votre neveu ?

— Ni gros, ni petit, ni grand, à peu près de votre encolure... peut-être un peu plus replet que vous, peut-être un peu moins... Tenez, mon avis, à vue de nez, est que l'aube et la chasuble qui vous iraient lui iraient comme un gant.

— Si nous essayions ? fit M. Coumbescure, de plus en plus affriandé.

— Comme il vous plaira, riposta Maître Alary.

Et M. Coumbescure, pour faire valoir sa marchandise et en faciliter la vente, s'affuble d'une aube superbe qui semble faite pour lui, et la serre sur ses hanches ; puis il croise par-dessus une étole, et noue le cordon par derrière ; et puis, *zan !* il jette sur ses épaules une chasuble splendide qui lui sied à ravir ; puis il se campe, le front haut et les yeux bas, et raide comme un pieu, il ouvre les bras comme s'il allait dire : *Dominus vobiscum...* Tout à coup, Maître Alary prend sur le comptoir une des chasubles étalées, la plie en deux temps, la fourre sous son bras, le tout en moins de temps que je n'en mets à le dire, — ouvre la porte et se sauve en courant, comme s'il avait le diable à ses trousses.

Notre marchand, qui se voit volé comme dans le bois de Cuges, s'élance à la poursuite du voleur, allongeant le pas à se décarcasser et criant comme un perdu :

— Attrapez-le ! attrapez-le !

Quand les allants et venants, qui foisonnent par les rues — pensez donc, en Avignon ! un lundi de Pentecôte n'a jamais été et jamais ne sera un jour ouvrier ! — quand les allants et venants virent ce prêtre bizarre, venant de dire la messe ou de s'ajuster pour la dire, courir, et courir, ahuri comme un juif, criant et hurlant, une main en l'air, et de l'autre, retroussant son aube pour ne pas s'y empêtrer et l'endommager, ils furent saisis de stupeur, et, ma foi ! ne surent plus s'il retournait pique ou carreau !

Le chien-loup allait devant, aboyant aux talons du voleur !

Oh ! mais, dès que l'on sut, — et la chose s'ébruita vite, car, dès le matin, Maître Alary avait eu bien soin, le gueusard ! de dire à l'oreille de Jean, de Pierre et d'Antoine, le tour qu'il allait jouer, — dès que l'on sut pourquoi M. Coumbescure se trémoussait ainsi, tout essoufflé et *emprêtrisé*, il y eut de ces clameurs folles, de ces battements de mains, de ces grands éclats de rire gouailleur !...

M. Coumbescure, *pecaire*, tirant une langue d'une aune, tout en eau, suant, la face convulsée et rouge comme un poivron mûr, avait tant couru, il soufflait si fort, tant sa bedaine lui avait pesé, que, n'en pouvant plus, il s'était effondré !

On raconte qu'un soldat du Pape, un hercule, le ramassa au Puits-des-Bœufs, où le voleur, dont le chien-loup avait mis la culotte en lambeaux, rendit la chasuble volée. Le soldat le chargea sur ses épaules, — à la chèvre morte, — et le porta comme en triomphe jusqu'à la place du Change, au milieu d'une foule immense et délirante, qui criait, transportée d'enthousiasme :

— Vive ! et vive Maître Alary !

Modeste comme doit l'être tout homme d'un vrai mérite, Maître Alary s'était éclipsé... pour aller changer de culotte.

L'ERMITE DE SAINT-JACQUES

À Cavaillon-les-Bons-Melons, il y a un antique et vénérable ermitage qu'on appelle Saint-Jacques, un petit ermitage juché sur la crête de la montagne comme un roitelet sur une grosse motte de terre. Et, grâce à Dieu, l'ermitage a toujours eu son ermite.

Il est bien vrai que l'ermite et Saint-Jacques sont toujours une paire d'amis ! Ils sont deux, et ils vivent d'accord comme les cinq doigts de la main. Quand Saint-Jacques a soif — ce qui arrive, s'il ne pleut pas en été, — l'ermite veut boire, et quand il a bu, il sonne pour faire pleuvoir, et Saint-Jacques boit, car la cloche de Saint-Jacques fait la pluie et le beau temps. Quand l'ermite dit ses Heures, sa cloche prie avec lui en chantant : « Din ! din ! din ! din ! n'oubliez pas l'ermite ! »

Il quête aussi, l'ermite, pas trop, car trop nuit, mais assez, assez suffit. Sa besace s'arrondit, et il y a de tout dans sa besace : oh ! les bonnes olives à la poivrade dans le petit pot ! des noix, des amandes et des figues sèches pour faire du nougat d'ermite ; des haricots de toutes sortes..., et des œufs frais dans son panier, et du fromage sec pour faire du *cachat*, ce fromage pétri, fermenté, odorant, qui brûle la gueule... Eh ! que sais-je encore ? d'énormes tranches de jambon, et pour faire de bonnes omelettes au lard, du petit salé... Ah ! certes, il quête, l'ermite, et plus qu'à son saint la quête lui bénéficie ; car, finalement, le saint est de bois : il ne boit ni ne mange, tandis que l'ermite est de chair et d'os : il faut bien qu'il mange et qu'il boive. Et si le saint n'aime pas l'ermite autant que l'ermite l'aime, c'est que, parfois, l'ermite a les côtes en long, et qu'il est, sans doute, un tantinet gourmand.

Cela dit une fois pour toutes, sachez qu'avant la première Révolution, il y avait à Saint-Jacques une bonne tête d'ermite. On le nommait Frère Boniface. Et je vous jure qu'il était bien nommé : légère barbe grise, triple menton, face ronde, nez cramoisi, rire à la bouche, feu dans l'œil. Oh ! la bonne face !

Quand il fit ce que je vais vous conter, il avait quatre, au moins, croix sur le dos ou cinq au plus (cinquante ans), et ça ne l'alourdissait guère. Il était dans sa fleur et gras à lard, et sur son échine et son ventre, sa robe collait sans faire un pli. Quand il riait, adieu les boutonnières ! Une panse superbe. Toujours guilleret, il descendait de là-haut tous les samedis matin, sa besace sur le bras ; et le soir, il regrimpait là-haut, plus guilleret encore, et sa besace enflée sur le cou. Le grappillage était copieux, car Frère Boniface savait les bonnes granges et les bonnes maisons... et connaissait les bonnes âmes. Et quand il levait un loquet ou tirait une sonnette, il était sûr que sa peine serait payée, et qu'il accrocherait toujours quelque friandise à son *rampau*. Mais quand la besace était comble ? me direz-vous... Ah ! les grandes poches qu'avait la robe de Frère Boniface !

Il y avait alors, à Cavaillon, des maisons fort cossues, où, certes, il ne faisait pas froid. Une de celles que notre brave quêteur affectionnait particulièrement était la maison de M. Blaze, notaire royal et loyal. À tout pauvre venant sa porte s'ouvrait. Le maître était bon comme le pain, et la servante, bien qu'elle ne sût ni lire ni écrire, était de la pâte de son maître, et si compatissante qu'elle se fût ôté le morceau de la bouche, si on le lui eût demandé au nom du bon Dieu. Étant dans la maison depuis plus de trente ans, elle était un peu la maîtresse, c'est connu. Quand elle avait trop donné de la bourse du maître, elle donnait de la sienne. Ceci compensait cela...

Une année, — c'était pour la Noël, — à la tombée du jour, le mistral soufflait ; il gelait en l'air, et la misère était grande parmi les pauvres de l'endroit. Tout le jour, Jeanne-Marie n'avait fait qu'ouvrir et fermer la porte. Elle sommeillait depuis quelques instants à peine, quand tout à coup : drelin ! drelin !

— Encore ? Il faut toujours se lever !

Et la servante court à la porte :

— Vous voilà encore, Frère Boniface ? Je croyais que c'était un pauvre. Allez-vous-en. Je n'ai rien à vous donner. Vous êtes déjà venu samedi.

— Au nom de Dieu, Jeanne-Marie ! souffrez que j'entre. Il fait un temps à ne pas oser mettre un chien dehors ! Entendez-vous hurler le vent ?

— Entrez... mais non ! sortez vite, — car vous fatiguez notre maître. Heureusement pour vous, il travaille ! Il ne peut plus ni vous voir ni vous sentir.

— Que la volonté du ciel soit faite, ma brave Jeanne-Marie ! Je pars. Que Dieu vous le rende ! Je prierai pour vous... Mais avant que je m'en aille, écoutez-moi : mes deux pieds ne sont qu'un glaçon, et je les sens à peine. Laissez-moi les réchauffer un brin à ce bon feu. Notre Seigneur et sa sainte Mère vous béniront.

Jeanne-Marie n'osa pas dire non, et Frère Boniface entra avec elle dans la cuisine, s'assit, étendit ses jambes sur la pierre de l'âtre, et tandis que sa chaussure fumait :

— Ah ! cet air de feu me restaure, dit-il.

Et puis :

— C'est demain Noël, un beau jour, Jeanne-Marie, une grande fête ! Tout cœur chrétien est en liesse. *Gloria !* Dieu est né !

— Dieu est né ! *Gloria !* lui répond Jeanne-Marie, en se signant.

— Tout à l'heure on va mettre au feu la grosse

bûche de Noël. En ce jour, les plus pauvres sont riches... Voyons ! quand, demain, il y aura partout table mise et servie à profusion, moi j'aurai, pour mon souper, du vieux pain sec et ma salive ! Et vous le souffririez ! L'enfant Jésus en pleurerait, voyez-vous, ma bonne Jeanne-Marie, et Dieu vous punirait !

Les yeux de la servante larmoyaient. Il s'en fallut de bien peu qu'elle ne dît : « Ce pauvre Frère Boniface, *pecaire !* »

— Montez, reprit l'ermite, allez trouver M. Blaze, dites-lui ma triste position ! dites-lui bien qu'il est l'ami de Dieu et la fleur des bonnes gens ; que pour lui et pour vous je prierai saint Jacques, et qu'aux pieds de ce grand saint, j'allumerai un cierge pour vous et pour lui.

Ah ! pour le coup, Jeanne-Marie n'y tient plus. Il lui semble qu'à vue d'œil tombe la bedaine de l'ermite, que ses grosses joues fondent et que sa bonne face blêmit ! Il lui semble ouïr l'enfant Jésus pleurer et le bon Dieu la maudire. Dare-dare elle monte au cabinet, où M. le Notaire, pensif, couchait sur le papier, — cra-cra, — un acte d'importance, un partage compliqué. Puis d'une voix câline, elle conte au maître l'aventure.

— Seigneur Dieu ! encore votre Boniface !... Laissez-moi tranquille ! mon écheveau est bien assez embrouillé.

— Mon bon maître, que répondrai-je ?

— Répondez... Mais non, vous feriez mal la commission... Attendez.

Et M. Blaze, prenant un bout de papier, écrivit :

Frère Boniface, vous nous ennuyez. Décampez vite, ou je descends. — Signé : Blaze.

— Tenez, sainte fille ! ajouta le notaire en pliant le poulet, voici ma réponse, donnez-la-lui. Je crois qu'il en sera content ! S'il ne l'était pas, il ne serait pas raisonnable...

N'oublions pas de dire ceci : tandis que Jeanne-Marie l'avait laissé seul dans la cuisine, Frère Boniface, qui avait les pieds chauds... et le nez fin, ouvrit vite l'armoire. Ô jour de Dieu ! que voit-il ? Il voit, une, deux, trois dindes qui pendent, cul en haut, tête en bas. Celle du milieu était un dindon, un dindon énorme, tout plumé, tout bardé de lard, tout bourré de truffes !... Bénédiction ! grand saint Jacques !... Ô parfum divin ! morceau de roi ! trésor de Noël ! délices du Paradis !

Il se pourléchait, le Frère Boniface ! Mais entendant le bruit des sabots de Jeanne-Marie sur les marches, il jeta sur le dindon un dernier regard étincelant de convoitise, ferma l'armoire, s'allongea sur sa chaise et se chauffa les pieds, les mains jointes sur son ventre.

— Eh bien ! Jeanne-Marie, parlez. Votre parole sera ma mort ou ma vie. Que vous a dit le maître ?

— Tenez, Frère, voici sa réponse, lisez.

— Il ne vous a rien dit ?

— Il m'a dit que, si vous n'étiez pas content, vous ne seriez pas raisonnable.

— Le brave homme !

Frère Boniface sort ses besicles, les campe à cheval sur son gros nez rubicond, et lit le billet de Maître Blaze. Et après avoir lu, oh ! le scélérat ! il lève là-haut ses grands yeux blancs, et soupire avec un signe de croix :

— Dieu est bon ! *Deo gratias !* Je vous l'ai toujours dit, Jeanne-Marie : votre maître est humain, est charitable, est généreux. Ah ! c'est trop ! Vous lui avez, paraît-il, rempli le cœur de pitié, car il ne veut pas que, pour Noël, un chrétien fasse fête avec des restes...

— Vous dites, Frère ?

— Je dis, Sœur, que Maître Blaze est un saint sur la terre, et qu'il me donne...

— Il vous donne ?...

— Un dindon que vous avez truffé...

— Le dindon ?...

— Tenez, Jeanne-Marie, lisez. Les papiers parlent, et jamais papier ne parla si bien.

Et Frère Boniface lit :

Donnez le dindon à Frère Boniface. Je le salue cordialement. — Signé : Blaze.

Et il tend le billet à Jeanne-Marie, muette d'ahurissement.

Que voulez-vous ? quand maître commande, servante obéit : Jeanne-Marie ouvre l'armoire, décroche le dindon, et le donne à l'ermite, qui tressaille d'aise, cache son rire dans sa barbe grise... et le grand oiseau dans sa besace.

— Bonsoir, et Dieu vous le rende ! dit Frère Boniface, en s'inclinant avec respect.

Et il partit en courant.

— En somme, il a raison, le maître, fit Jeanne-Marie : toutes ces viandes-là se seraient gâtées.

Quand il eut noirci tout son papier, M. Blaze descendit et se mit à table pour faire sa collation. Jeanne-Marie lui servit une barre de ce bon nougat d'Apt avec une fougassette à l'huile et, tout en le servant, elle dit au maître :

— Maître, vous avez demain votre fille, votre gendre et vos petits-enfants ?

— Oui.

— Quelle dinde faut-il préparer pour faire virer la broche, le soir ? la grosse, ou le dindonneau ?

— Pour faire virer la broche, nigaude, embrochez la grosse dinde... qui est toute prête et que vous avez truffée...

— Mais, Monsieur, la grosse dinde...

— Eh bien ! la grosse dinde, il la faut toute pour huit personnes, et peut-être serons-nous neuf.

— Vous rêvez, maître !... La grosse, vous venez de la donner à Frère Boniface.

— Jeanne-Marie, vous rêvez ! À Frère Boniface ? dites-vous...

— Sans doute. Où avez-vous donc votre pauvre tête ? Tenez, voilà votre billet. Vous avez fait parler le papier : que lui avez-vous fait dire ?

Et elle lui tend le billet.

— Malédiction ! vociféra M. Blaze, tapant des pieds et les mains sur la tête ! Ah ! le capon ! le coquin !... Qu'il y revienne !

Puis tout à coup il éclata de rire, — car il était bonhomme, M. Blaze, et farceur, — et il dit à la servante :

— Jeanne-Marie ?

— Qu'y a-t-il, Monsieur ?

— Il y a... ceci : pas plus tard que demain matin, fît-il un temps affreux, vous ferez, coûte que coûte, porter de ma part à l'ermite de Saint-Jacques deux bouteilles du bon coin, du vieux et du meilleur. Et vous ne les secouerez pas.

La pauvre Jeanne-Marie, stupéfaite, ne comprit pas et se dit : « Mon pauvre maître ! pour sûr, il a quelque chose de fêlé ! »

Et, pendant ce temps, la cloche de Saint-Jacques sonnait, sonnait à battant que veux-tu ! C'est par miracle qu'elle ne se fêla pas. Jamais on n'avait ouï si gaies et si railleuses volées !

Le lendemain — beau jour de Noël —, M. Blaze raconta partout dans Cavaillon, bien mieux que je ne viens de l'écrire, l'enlèvement de sa dinde. L'histoire eut bientôt fait le tour de la ville. Avec tout Cavaillon, M. le Notaire en rit... et l'ermite n'en pleura pas !

Lorsqu'à la fin, la servante eut compris, les bras lui en tombèrent : « Il me la paiera ! » dit-elle.

Mais Frère Boniface lui fit banqueroute : il ne put pas payer, car il se gorgea si bien de volaille qu'il eut une indigestion... dont il creva.

C'est égal ! jamais les gens de Cavaillon n'ont plus vu depuis, et ne verront jamais plus fumer comme, cette année pour Noël, fuma ta cheminée, ô vieil ermitage de Saint-Jacques !

BIBLIOGRAPHIE

W. James Bruyn Andrews :

Contes ligures, éditions Leroux, 1892.

Grammaire du dialecte de Menton, 1890.

Alphonse Denis :

Promenades pittoresques à Hyères, Bellule, Toulon, 1841.

Guines :

Histoire manuscrite de Malaucène, s.d.

Amédée Pichot :

Le Dernier Roi d'Arles, Amyot, 1849.

Joseph Roumanille :

Contes provençaux, Roumanille éditeur, Avignon, 1884.

Œuvres en vers, 1845.

Claude Seignolle :

Le Folklore de la Provence, G.P. Maisonneuve et Larose, éditeurs, Paris, 1967.

Armana prouvençau, 1856, 1878, 1892.

Revue des Langues romanes, 1871.

Revue de Marseille, 1855.

Revue des Traditions populaires, 1886.

TABLE DES MATIÈRES

CONTES ÉTRANGES ET MERVEILLEUX

LÉGENDES

MAGIE PROVENÇALE

CONTES ET RÉCITS FACÉTIEUX

Aubin Imprimeur
LIGUGÉ, POITIERS

Achevé d'imprimer en mars 1994
pour le compte de France Loisirs
123, bd de Grenelle, 75015 Paris
N° d'édition 23481 / N° d'impression L 45097
Dépôt légal mars 1994 / Imprimé en France